汉译世界学术名著丛书

英格兰景观的形成

〔英〕W.G.霍斯金斯 著

梅雪芹 刘梦霏 译

商务印书馆

2020年·北京

中译本根据霍德 & 斯托顿出版公司 2005 年版译出

汉译世界学术名著丛书
出 版 说 明

我馆历来重视移译世界各国学术名著。从20世纪50年代起，更致力于翻译出版马克思主义诞生以前的古典学术著作，同时适当介绍当代具有定评的各派代表作品。我们确信只有用人类创造的全部知识财富来丰富自己的头脑，才能够建成现代化的社会主义社会。这些书籍所蕴藏的思想财富和学术价值，为学人所熟悉，毋需赘述。这些译本过去以单行本印行，难见系统，汇编为丛书，才能相得益彰，蔚为大观，既便于研读查考，又利于文化积累。为此，我们从1981年着手分辑刊行，至2018年年底已先后分十七辑印行名著750种。现继续编印第十八辑，到2019年年底出版至800种。今后在积累单本著作的基础上仍将陆续以名著版印行。希望海内外读书界、著译界给我们批评、建议，帮助我们把这套丛书出得更好。

商务印书馆编辑部

2019年7月

威廉·霍斯金斯与景观史研究

（中译本序）

在中国熟悉威廉·霍斯金斯（William George Hoskins）这个名字的人并不多，即使在专业领域，一些人也是在近期才开始了解这位英国学者的。然而，在英国的情况却恰恰相反。虽然他算不上是家喻户晓，但在民间和学术界都享有很高的声誉。特别是在20世纪的70年代，以其著作《英格兰景观的形成》（*The Making of English Landscape*）为蓝本，他与英国广播公司（BBC）合作拍摄了一部介绍英格兰景观的电视系列片，并作为主持人进行了现场解说，结果在整个联合王国与西方学术界产生了强烈的反响。他本人及其著作更是为英国人所熟知，一时被誉为“英国最具创造性与影响力的一位历史学家”[1]。

一

霍斯金斯于1908年5月2日出生在英国西南部德文郡的埃克塞特（Exeter），在1929年和1938年先后获得关于德文郡郡史研

---

① David L.Wykes, “Obituaries: Professor William George Hoskins,” *Transactions Leicestershire Archaeological and Historical Society*, LXVI (1992), p. 168.

究的硕士与博士学位。他的学术研究范围很广，不只限于地方史研究，还涉及考古、城市史和农业史等领域。1935 年 9 月，霍斯金斯当选为莱斯特考古学会（the Leicestershire Archaeological Society）的成员，1938 年成为了莱斯特大学学院的候任教授（Reader）。在莱斯特大学任教多年之后，他于 1952 年前往牛津大学做经济史的候任教授。1955 年，他的成名作《英格兰景观的形成》出版发行。1965 年，霍斯金斯重新回到莱斯特大学，出任地方史教授，1968 年在莱斯特大学退休。作为颇负盛名的埃克塞特市民社会（the Exeter Civic Society）的奠基人，他还长期担任了达特莫尔保护协会（Dartmoor Preservation Association）的主席。为了表彰他多年来对德文郡地方史研究所做出的贡献，英国罗素集团名校埃克塞特大学于 1974 年授予他荣誉文学博士学位。1992 年 1 月 11 日，霍斯金斯在德文郡的卡伦普顿小镇（Cullompton）离世，享年八十四岁。

霍斯金斯毕生写过近 20 本著作，但影响最为深远的还是那本《英格兰景观的形成》，该书于 1955 年由霍德 & 斯托顿出版公司（Hodder & Stoughton）首版后，有多家出版社数次再版；2008 年霍德 & 斯托顿出版公司还发行了它的韩文和日文版。霍斯金斯的这本著作通过大量的原始资料，辅以田野考察报告及时人的记述，系统地梳理了从公元前 2500 年到 20 世纪中期英格兰景观的历史，勾勒出了一条清晰的英格兰景观形成的线索，并说明了人类活动对英格兰景观演进的深刻影响。因此，这本书被学术界称为英国景观史研究的开山之作[①]。

① 见威廉·博伊德为该书2013年版所作的序言（William Boyd, “Introduction,” in *The Making of the English Landscape*, Little Toller Books, 2013, p. 9）。

为了更好地理解霍斯金斯的这本“开山之作”，有必要对“景观”和“景观史”概念进一步地认识与了解。一般地讲，“景观”指的是某个地区或某种类型的人为景致与自然景色。在西文中，“景观”一词最早出现在希伯来文本的圣经中，被用来描绘当时圣城耶路撒冷的景致。在汉语文献里，“景观”一词最早到底出现在什么时期、什么典籍之中，还有待进一步考证。但无论在东方还是西方的文化中，“景观”一词最初更多具有美学视觉的含义。直到19世纪初，德国地理学家亚历山大·冯·洪堡（Alexander von Humboldt）才将“景观”作为一个现代科学的名词引入地理学之中，将其解释为“一个地区的总体特征”，希望“景观”成为地理学研究中的一个重要概念，并在此基础上探讨从原始自然景观发展为人文景观的过程。

在英国，被称为历史地理学“时代推进者”的克利福德·达比（Henry Clifford Darby）最早意识到了地理学与历史学相互关联的重要性。他认为历史学不能仅仅只限于对人类社会的政治、经济和文化领域进行研究，也应扩展到与人类社会发展的物质基础有密切联系的地理学。地理学不仅应受到历史学家的重视，还应该被看成是历史研究的一个重要内容。1936年，达比主编了《1800年以前的英格兰历史地理》（*An Historical Geography of England Before A. D. 1800: Fourteen Studies*）一书。从某种程度上讲，这本书为霍斯金斯创立景观史提供了一个很好的借鉴。

作为“景观史的普及与传播者”，霍斯金斯认为：人类的一切活动与生活行为都会对自然景观或多或少地产生影响，所以“景观”作为一个客观存在，不仅可以为学者们提供通过田野考察来获取一手资料的机会，也会对学者们研究景观的方式与手段产生很大的影响。20世纪中期之前，从事相关景观研究的基本上是一些地理学家。在霍斯金斯看来，这些人虽做了大量的有益工作，但大多不过是从地理学的角度来研究景观的框架结构，如景观的地质结构、地貌形成和地表植被等，却未能涉及景观自身鲜活的具体内容，以及人类活动与自然景观的内在联系和相互影响，而这恰恰是历史学责无旁贷又理所当然要承担的责任。就景观研究而言，只有从历史学的视角出发，运用历史研究的方法与手段，才能更好地认识人类活动与自然景观之间的联系。这也正如霍斯金斯所认为的那样：景观是我们所拥有的最丰富的史料，每一个学者和游人都能够从自然景观和人文景观中去了解人类社会的发展，去抚今追昔，展望未来。我认为，这就是对“景观史”的最好诠释：景观史即为从自然景观和人文景观中去了解人类社会发展的历史。

在对“景观”和“景观史”的概念有了进一步的认识之后，我觉得还有必要明确一下景观史和环境史之间的关系问题。学术界有一种观点认为，霍斯金斯所创立的景观史是英国环境史的一个分支。对此我的看法是：虽然景观史和环境史都有一个共同的研究对象，即人类活动与客观存在的联系问题，但景观史更多关注的是人类活动与山川地貌之间的联系，这些“山川地貌”基本上都是在地理学的研究范围之内。而环境史所注重的“环境”本身，已经超出了地理学的范围，涉及更广泛的领域，如气象学和生态学等。特别值得一提的是，在表现人类与自然的关系方面，景观史和环境史还有一个重要的区别。在环境史研究中，往往都会强调工业革命在人与自然关系变化过程中的作用。在工业革命之前的漫长岁月里，人类基本上只是在适应与顺应自然，甚至不得不屈从于大自然的摆布。世界各地古代的文化和宗教里对天与地的尊崇就表明了这一点。中国古代河伯娶亲的故事，也从一个侧面反映出人类对大自然的无奈。但在工业革命之后，人类与自然的关系发生了重大的变化，大自然逐渐成为人们征服与改造的对象，并由此引发了现代社会人们深为关切的环境问题，如大气污染、气候变暖等。

但在景观史研究中，人类与自然一直是处在相对和谐的状态之中。人类通过自己的努力来点缀景观，景观也由于人类的活动而日益变得多姿多彩。即使在工业革命之后，现代社会的发展虽使传统景观发生了变化，但景观始终不是人类要从主观上加以征服和改造的对象，而只是从客观上对景观产生影响与作用。这一点在霍斯金斯的《英格兰景观的形成》一书中得到了充分地体现，他以深情的笔墨描述了 18 世纪之前的英格兰景观，展现的是人与自然和睦相处的景致，以及相得益彰的状态。它也使我们能够充分体会到，在涉及人类与自然的关系时，景观史与环境史是有明显不同的。因此，就环境史和与景观史的关系来说，我觉得既不要轻言英国环境史是英国地理学的一个分支，也不要认定英国景观史是从环境史中脱胎而出的。事实上，英国景观史和环境史各自都因自身的特色，证明了它们在英国学术界独立存在的地位和价值。①

① 在中国的学科体系中，历史地理学是归属于一级学科地理学的二级学科，而环境史、历史景观和环境变迁均作为二级学科历史地理学的研究方向，俗称三级学科。

二

《英格兰景观的形成》是景观史的代表作。全书由十个章节组成，概述了英格兰近五千年景观变化的历史。通过霍斯金斯的论述可以看出，英格兰景观的形成可以分为这样一些阶段。第一阶段是从远古到诺曼征服。在这段时期里，凯尔特人、比尔盖人，罗马人，盎格鲁–撒克逊人和丹麦人先后来到不列颠岛，在英格兰大地上留下了他们繁衍生息的痕迹。但直到盎格鲁–撒克逊人入主英格兰之际，除罗马时期留下的一些点缀性的历史遗存外，英格兰基本上还是一片荒野。是盎格鲁–撒克逊人以及后来的丹麦人在这片荒野上筚路蓝缕、开荒拓地，建立起一些居民点，形成不少自然村落，这才使英格兰的景观逐渐摆脱它的原始风貌。

第二阶段是从诺曼征服到黑死病的爆发，这一阶段应被看成是英格兰景观的初步形成时期。诺曼征服之后，伴随封建制的确立，相对平稳的社会环境促使人们更大规模地清理林地、开发荒野、排干沼泽与湿地，从而极大地推动了农业的发展以及村落的扩散，形成了中世纪英格兰一次大规模的拓殖活动。随着水磨、教堂、村庄、城镇以及城堡和桥梁在英格兰大地纷纷出现，独具特色的英格兰景观开始展现在人们的视野之内与历史的进程之中。

第三阶段是从 14 世纪中期到 18 世纪初汉诺威王朝初创，这段时期应被视为英格兰景观的发展与定型阶段。黑死病的流行使得英格兰的城乡发展受到一次沉重的打击。全英格兰共有 1300 多个村庄被遗弃，英格兰的景观也被笼罩上忧伤与衰落的氛围。但这种氛围并未持续太久，英格兰人很快就以坚毅与顽强克服了种种困难，迅速摆脱了黑死病的阴影，积极恢复与发展生产。1350—1500 年间，不但往昔的阴霾一扫而空，而且英格兰各地还兴建了不少新建筑，英格兰的景观也得到了恢复与发展。

进入 16、17 世纪之后，随着地理大发现和海外贸易的兴起，英格兰的农业不仅有了长足的进步，资本主义工商业也随之发展。英格兰的城镇和乡村都呈现出一派生机勃勃的景象。乡村英格兰的兴盛，城镇英格兰的出现，林区郊外富豪大宅的建立，构成了英格兰景观中最有特色的景致。英格兰的景观应该说是处在历史上最为美好的一个时期。

第四个阶段是从 18 世纪初到 19 世纪末，这段时间可以被看成是工业革命对英格兰景观的影响和改造阶段。伴随着工业革命的进展、矿山与工厂的出现改变了英格兰的乡村风貌。运河、公路与铁路的建设使英格兰城镇的面貌发生了重大改观。特别是 19 世纪后半期英格兰城镇建设的发展，使长期以来形成的、独具特色的英格兰景观，增添了许多人们既赞不绝口又不以为然的现代成分。宁静、祥和与优雅的英格兰景观被抹上了几分喧嚣、张扬与绚丽的色彩，英格兰人从各自不同的角度对传统英格兰景观的变化，表现出了难以言表的复杂心情。

对于 20 世纪英格兰景观，霍斯金斯并未做较为详尽的描述。在《英格兰景观的形成》最后一章“现代英格兰的景观”之中，霍斯金斯更多地是在表达自己对英格兰传统景观的追忆与缅怀，对英格兰现代景观的反思与批评；展现的是对英格兰景观的深情与厚爱，以及呼吁人们珍视环境、热爱景观、保护自然的热切愿望。

霍斯金斯的《英格兰景观的形成》还有一个鲜明的特色，即它是英国史学界以长时段研究方法来阐述英格兰历史进程的一部代表作。关于这一点，早在20世纪90年代初，我的导师王觉非先生在谈到年鉴学派对英国史学的影响时，就曾这样认为：至少在20世纪60年代之前，由于年鉴学派的不少著作没有被译成英文，使人们对年鉴学派的一些重要观点和概念没有足够的了解，因此从总体上讲，年鉴学派对英国史学的影响并不大。但至少有两位学者借鉴了一些年鉴学派的研究方法来进行英国史的研究。一位是我们所熟知的历史学家霍布斯鲍姆（Eric Hobsbawn），另一位是我们还不太了解的霍斯金斯，他所写的《英格兰景观的形成》一书，开创了以长时段来研究英国历史的先例。

我们都知道，传统的英国史学大多是以专题研究、区域研究和个案研究为主体的，涉及的研究层面相对较窄，但深度可观。如果一位学者的研究范围超过了一百年以上，那至少会被认为是一个难以驾驭的时段。但霍斯金斯的《英格兰景观的形成》一书涵盖了英格兰从远古到现代约4500年的历史，系统地阐述了英格兰景观变迁的历史进程，探讨了从凯尔特人到现代英国人与英格兰景观形成的内在联系，驳斥了“英格兰景观是17、18世纪才形成的人为活动之结果”的观点，认为“英格兰的一切比我们的想象更为古老”，现今英格兰地图上的几乎每一个村庄在11世纪的时候都已经存在。指出英格兰景观的形成的确一直受到人为因素的影响，但它决不是在17、18世纪后才出现的人为因素所影响的结果。

霍斯金斯这个通过长时段历史考察所得出的结论，不仅得到了英国学术界的认可与接受，而且还对此后的英国景观史研究产生了深远的影响。1991 年迈克尔·里德（Michael Reed）所出版的《从远古到 1914 年的不列颠景观》（*The Landscape of Britain: From Beginnings to 1914*）一书，就是继承和发展了霍斯金斯研究方法的又一部英国景观史研究的重要成果，其研究范围也从英格兰扩展到了整个不列颠。

三

在霍斯金斯这本关于英格兰景观形成的著作中，还有不少观点和看法，可以促使我们对一些具有重要意义的英国史问题进行新的认识与思考，如罗马-不列颠时期统治对英格兰的影响问题、诺曼征服后英格兰乡村的发展问题和黑死病及疫后恢复与重建问题，等等。尤为值得一提的是：英国圈地运动的占地面积和波及范围的问题。

在我们的世界史教科书中，当谈及英国的圈地运动时，一般都认为：从 14、15 世纪开始，英国的资产阶级和新贵族就开始把农民从他们自己的土地上赶走，并把这些土地圈占起来。到 16、17 世纪以后，英国的圈地运动进一步高涨。在 1688 年光荣革命之后，英国政府又通过议会立法的方式公开圈地，使圈地以合法的形式进行。特别是在工业革命之后，英格兰的贵族地主为生产更多的粮食和肉类，愈发加速圈地，英格兰上下出现了一个圈地建大农场的热潮。直到 1845 年左右，英格兰的圈地运动才逐渐平息下去。然而，就是在这些阐述中，对英格兰在这几百年的圈地运动中，到底圈占了多少荒地、多少敞田以及圈地的范围到底多大，一直没有准确的说法。只是给人们一个印象，从 14 世纪到 19 世纪中期的这段时间内，英格兰到处都出现了大规模圈占土地的行为。

就在霍斯金斯这本书中，他给了我们一个较为准确的说法。霍斯金斯认为：1761—1844 年间，议会通过了 2500 部圈地法案，一共圈占了 400 多万英亩的敞田。在 1845 年总圈地法案（General Enclosure Act）颁布之后，又陆续圈占了 20 多万英亩敞田。而在议会圈地之前所进行的圈占土地行为，大多发生在我们所说的土地所有者之间，是通过私人协议的形式进行的。霍斯金斯还认为：从 1700 年以来，大约有 200 多万英亩的荒地是通过议会圈地的形式被圈占的。而在 18 世纪的英格兰，根据比较合理的推测，大约有 700 万英亩左右的荒地（本书第 179 页）。

至于英格兰的圈地运动所波及的范围。霍斯金斯也给了我们一个明确的答案。他认为：英格兰的圈地运动主要发生在中部和东部连成一片的 16 个郡，议会圈地的影响在这些地区特别明显。"这些郡的档案局都收藏了由圈地专员颁发的相当数量的裁定书，通常连带有一张标明教区新布局的地图，上面标出的田地和道路与我们今天所见的相当一致"（本书第 186 页）。而在那一段历史时期，据相关资料表明，英格兰当时有 30 多个非都市郡。由此可见，英格兰圈地运动的影响和规模也不及我们想象的那么大。显然，霍斯金斯在《英格兰景观的形成》一书中所提供的有关圈地运动的历史资料，使我们对英格兰圈地运动整体发展进程有了一个更为深入的理解和把握。

除此之外，霍斯金斯关于工业革命肇始年代的看法，也颇为引人关注。他在第七章开篇就谈道："17世纪初，英格兰依然是一片安宁的农业国度。虽然她正在经历人们所谓的第一次工业革命……"（本书第211页）当我们第一次接触到霍斯金斯这一看法时，也许还有些错愕之感。因为在我们的教科书中，一般都认为英国的工业革命是从18世纪中期开始、到19世纪中期结束的，几乎没听说过英国在17世纪就经历了第一次工业革命。实际上，霍斯金斯的这一观点只是反映了英国学术界关于工业革命肇始年代的一种说法。一位名叫查理·威尔逊（Charles Wilson）的学者就提出过：英国经济发展的转折点不是1760年，而是1660年。因为在斯图亚特王朝复辟之后，英国实行了重商主义政策，使英国的经济得到了较快的发展，为日后英国工业革命的发生打下了坚实的基础。另一位名为奈夫（J. U. Nef）的学者则在《英、法的政府与工业，1540—1640》一书中明确指出：在英国有两个工业革命，他认为在16世纪中叶到17世纪中叶，英国就发生了一次工业革命。[①] 霍斯金斯关于工业革命肇始年代的观点，明显是受到了这些学者的影响。而我们又从霍斯金斯的这本著作中，进一步拓展了对英国工业革命进行深入认识的视野。

① Charles Wilson, *England's Apprenticeship*, *1630—1763* New Jersey: Prentice Hall Press, 1971; J. U. Nef, *Industry and Government in France and England 1540—1640*, Ithaca: Cornell University Press, 1957 转引自王觉非:《欧洲史论》，南京大学出版社1992年版，第413—414页。

“半亩方塘一鉴开，天光云影共徘徊”，霍斯金斯的《英格兰景观的形成》就像方塘一鉴，映出了英国学术界的“天光云影”；而商务印书馆通过“英国史前沿译丛”所推出的该书中译本，则为中国的世界史同好提供了一个与英国史学大家进行学术徘徊的园地。伴随着这样的信步徘徊，我们在了解英国政治、经济、文化与社会历史的同时，也能够对史学发展的新领域、新方法和新观点有更全面的把握，从而促使我们在“世界日益变成地球村”的日子里，为整个人类社会更美好的明天，略尽自己的绵薄之力。

高岱

2017 年 7 月

目　　录

第一版序

尽管有许多描绘英格兰景观与风貌的书籍，也有大量从整体上研究其地形地貌的作品，但是还没有一部探讨英格兰景观形成与发展的历史著作。我们最有可能听到的是，英格兰的景观是17、18世纪人造的产物，这甚至连半吊子真理都算不上，因为这一说法只适用于乡间大宅及其猎园，以及议会圈地。这给我们造就了大量的现代模式的田地、树篱和小路。这一说法忽略了一个事实，即英格兰超过半数的地方根本没有经历过这种圈围，而是沿着完全不同的方式发展的，在一些地方，其景观实际上在黑死病爆发前夕就完全成形了。

实际上没有一本书叙述这种转变的方式方法，它如何使这片国度的各种景观最终呈现出如今的形状和模样，为什么德文郡的篱坝和小路与米德兰的那些竟然如此截然不同，为什么诺福克郡有那么多倒塌的教堂，林肯郡有那么多消失的村庄，抑或在萨默塞特郡沼泽蜿蜒的沟渠背后、康沃尔郡偏僻的花岗岩农庄背后以及北安普敦郡孤寂的高地牧场背后掩藏着怎样的历史。

确实有一些好书，它们论及英格兰景观背后的地质情况。它们关注事实，不理会多愁善感、捉摸不定的情感，这种东西困扰着许多只关注肤浅外表的书籍。因此，那些好书可能集中反映了我们还不曾关注的这一主题的最佳著述。然而，尽管地质学家可能还不错，他却只关注这个主题的一个方面；越出某一点，他就感激不尽地要让历史学家去继续完成这一研究。地质学家向人们解释了景观的框架，即令那片风景成形、多姿多彩，并造出某种地貌和天然植被的基本结构。但覆盖框架的鲜活内容以及富有特征的细节，是历史学家的关注，他的任务是要揭示人类在比较晚近的过去是如何覆盖那地质框架结构的，主要是过去的15个世纪，当然在一些地区比这一时间要长得多。

因此，在本书中我所关注的是方式方法，人们用这些方法来清除天然林地，开垦湿地、沼泽和荒原，在一片荒野中造出田地，修建小路、大道和人行道，设立城镇并建起村庄、小村子、农庄和村舍，修建乡宅及其猎园，开挖矿藏，修建运河与铁路。简言之，是关注一切已改变自然景观的东西。不回溯其背后的历史，就不可能理解英格兰景观，不可能充分享受它，不可能捕捉它从一地到一地（通常是在几英里的距离内）的令人惊叹的所有转变。

常见的沟渠可能是某座王室庄园的那道存在千年之久的边界；某个篱坝可能更古老，是一座凯尔特地产的边界；某一条遥远而蜿蜒的小路可能是12世纪农民的作品，如果我们孜孜不倦地搜寻，可能会记住其中一些人的名字。要找到这些东西，我们就必须走近作为历史学家原材料的文献，搞清楚什么事碰巧产生了这些结果，查明它们是在何时产生，又是如何产生的。但是，作为历史学家指南的不仅仅是文献。人们不可能通过阅读其他某个人的著作，甚至通过阅读某个契据室的档案，就写出一部关于英格兰景观主题的书。英格兰景观本身，对那些知道如何恰当地阅读它的人来说，是我们所拥有的最丰富的历史记录。针对那些没有书面文献的景观或者曾经存在过的景观，从中将会有很多的发现。要撰写景观的历史，就需要将文献研究和田野工作结合起来：无论在哪里，踪迹都可能引领一番辛勤的徒步攀爬。结果，会产生一种新的历史，希望它将吸引所有喜欢明智地旅行的人，抛开指南手册展示的一鳞半爪，去揭示隐藏在他们所观察的事物背后的原因。

我所做的，是如它今天所示的那样来呈现英格兰景观，竭尽所能地解释它到底是如何呈现出当前的模样，那些细节到底是如何添加的，是什么时候添加的。在所有地方，我都试图将我的解释与任何一位游历祖国的好奇的聪明旅行者今天所能看到的东西联系起来。尽管乍看上去并非如此，但对那些有历史感的人来说，英格兰没有哪个地方不存在大量有待解决的问题。

我也情愿尽可能按年代顺序来考虑这一主题，从整体上而不是分田地形制、篱笆、小路等主题来阐释景观式样的发展，即使对一些小地块也是如此处理，后者是另一种方法。重要的是要说明英格兰景观不断变化的面孔背后的逻辑，只有按年代顺序处理才能得出这一点。那些对风景中的特定方面感兴趣的人将会发现，他们的意图将会通过该书的主题索引得到满足。

对于在本书中无法找寻的内容，可能有必要告诫几句。这本书涉及各种各样的主题——譬如工业革命、乡间住宅建设、城镇发展、铁路建设等，但它并不打算写一部连贯的关于这些事情的历史。在这方面有大量的其他书籍。只是因为这些主题影响了现有的景观，我才在这里触及它们的历史，而读者诸君除此之外并不会发现其他内容。

一部这样篇幅适中的著作，涵盖如此之大、如此复杂的主题，人们可能很想说，为展现英格兰景观的细节美，必须省略许多东西。因此，根据建议，在对英格兰景观的历史做过一般的介绍之后，接下来将会有一系列著作，论及有关各郡特别有趣的事物。在这些著作中，人们将会发现，真正考察英格兰松树的人在各个时期是如何细致地对待它们的。第一批有相关作品出版的郡将是兰开夏郡和康沃尔郡，接下来是格洛斯特郡、莱斯特郡和萨默塞特郡，其后将会是因独特的景观史而好像在呼唤人们单独考察的郡。由于这部论英格兰景观形成的著作是开拓性的研究，在其中人们一直只得触摸一个人的研究方式，因此，就不能指望它所阐明的一切会普遍令人满意，或者不犯些错误；但是我希望，论及各郡的每一部著作会有助于填补空白，并使我们更加接近事情发生方式的确切真相。

W. G. 霍斯金斯

斯蒂普尔巴顿，1955 年

1977 年版序

回顾 1955 年，当我首次出版这本书的时候，它还是一部先驱 xxiii
之作。这本书开拓了一片广阔的历史领域，此后这一领域一直为其他作者所开发，现在仍然如此。景观史文献正在迅速增加，既有探讨特定方面的书籍，例如《盎格鲁-撒克逊定居点及景观》（*Anglo-Saxon Settlement and Landscape*），1974 年特里沃·罗利（Trevor Rowley）主编；又有涉及微观性地方研究的书籍，例如索普（Thorpe）的《领主与景观》（*The Lord and the Landscape*），描写沃里克郡的沃姆雷顿（Wormleighton），1965 年出版，以及杰克·拉文斯代尔（Jack Ravensdale）的《易遭洪灾》（*Liable to Floods*），研究剑桥郡的三面皆沼泽的村庄，1974 年出版。这些书籍以其不同的方式代表了两类最为丰硕的探讨景观史的著述，从中我们可能会获得大量的常常出乎预料的新知识。

对于当前景观的古代风貌的了解，考古学家给我们提供了很大帮助，这或许主要归功于他们充分展开的对河畔砂砾层的调研；这是在砂砾层即将被彻底浇灌成新的高速公路之前，因紧急需要而强制进行的“抢救性挖掘”。就像任何求快的行动一样，“抢救性挖掘”有许多不足之处，但它们至少挖出了大量的证据，否则，这些证据也许会永远湮没无闻，或者只是相隔很久才会被偶然发

xxiv 现。甚至连英格兰中部地区的黏土地带，一度被认为是对于早期定居点来说不适宜居住的地方，沿着穿过格洛斯特郡南部修普尔砂质泥灰岩（the Keuper Marls）[①]的M5高速公路，平均每隔一英里就会发现四个罗马-不列颠时期的定居点，包括同一时期的可耕地。这样，关于英格兰景观的另一个谜团就被解开了。

我们先前对罗马-不列颠时期人口的所有估计都过低了，甚至对史前时期不列颠人口的估计恐怕也都过低。这也意味着我们对于有多少土地得到了清理和耕作的了解——比如说到罗马时代，如果不是更早的话——需要彻底地修正，因为人们必然会为了满足其物质需要而从事农耕。在这一领域，人们也许很难高估考古学家的贡献，其原因是，尽管景观得到清理的时期也许比我们先前了解的早得多，但是由于沼泽地带以及其他地区地平面的沉降等自然变化，或者人们在耕作中造成的种种变化的影响，这些景观也可能早已消失得无影无踪。这样，我们所掌握的不同时期农耕和田制（field-system）的大量证据都由航拍得来，在地面本身通常都看不到什么痕迹。如果想要在其上看到罗马时代的田地，那么，英格兰最著名的地区就是林肯郡、剑桥郡北部和诺福克郡西北部的沼泽地带。虽然这些田地大都因为在有价值的土地上所从事的密集的现代农耕而被毁，但是从空中依然能看到其踪迹，并在地图上标示出来（Christopher Taylor, *Fields in the English*

① 已被废弃的一个指称三叠纪时期多层叠加的泥岩和粉砂岩的术语，这些岩石在英格兰中部地区地势较低的地区，以及诸如柴郡、诺丁汉郡、德文郡、伍斯特郡东部和约克郡西部等毗邻区域皆有发现，其典型的颜色是红色，偶尔也呈绿色或灰色。——译者

Landscape, 1975）。

人们也会想到，最近在地势较高的湖区[①]中央山脉和海拔达两千英尺的林间空地，发现了新石器时代的“石斧打造所”（Axe-factories）。或者与这一高度相反，穿过萨默塞特郡沼泽区，10世纪以来那里的富庶修道院不得不重新开垦的一个区域，发现的新石器时代用木头铺设的古道。这时候，人们可以有把握地得出如下结论：**一切都比我们想象的更为古老**。甚至有证据表明，早在中石器时代[②]，也就是七八千年前，人们就开始清理林地来发展农业。只是由于那时的农耕规模有限，对森林的砍伐也有限，同时，随着树林和灌木的重新覆盖，早期农耕的所有痕迹业已消失（譬如在多塞特荒原［The Dorset Heaths］之上，特别是在温福瑞斯纽堡村［Winfrith Newburgh］就曾发生过这样的事情）。

关于英格兰景观的形成，考古学家不仅大大地扩展了我们关注的时空范围，而且还表明，我们可能不得不考虑的以往景观的 xxv
模样是何等的复杂。因此，在《泰晤士河上游河谷：对河砾石的考古学调查》（*The Upper Thames Valley: An Archaeological Survey of the River Gravels,* Benson and Miles, 1974）一书中，戴维·迈尔斯（David Miles）这样说道：“诸地图表明，在泰晤士河上游河谷，我们所面对的并非只是一系列孤立的遗址，而是重叠覆盖、

① 湖区（Lake District），位于英格兰西北部山区，旅游胜地，以湖光山色著称，并因与华兹华斯及其他湖畔派诗人的名字和作品相联，而享誉世界。——译者

② 指的是西北欧旧石器时代和新石器时代之间的古代技术和文化阶段（约公元前8000—前2700）。由于欧洲以外没有一个和中石器时代直接对应的阶段，因此，这一术语现在不再用来反映假设性的世界社会文化演化的序列。——译者

通常还彼此关联的史前、罗马和撒克逊时期的景观，它们有时躺在现在的地表之下，有时则塑造着它，在一些地方甚至是横穿而过……”因此，英格兰景观的研究者有时可能需要处理埋藏在地下的证据，不过我在本书中加以分析的终究是今天能在地表看到的景观。在没有考虑地下可能埋藏着什么的情况下，可视景观已经给我们带来了足够的刺激和乐趣。换言之，我所构想的景观史与考古学之间的界限十分恰当，而且我并不打算在这早期阶段给景观史下定义，即使我完全有能力这么做。

我在上文已提到，景观中的一切都比我们想象的更为古老。这一论断的证据既没埋在地下，也不仅仅属于专业考古学家关注的范畴。在英格兰的许多地方，巨大的界堤都或多或少地保存下来，其中的一些仍有待解释。在牛津郡，人们已相当确定地查考了古罗马维拉[①]地产迪奇雷（Ditchley）的边界，它圈围了大约 875 英亩的地区。这些边界大都是公元 1 世纪中期垒起来的土堤，为人熟知的部分叫格利姆堤（Grim’s Dyke）。堤上有一些缺口，此处由茂密的林地有效地防护着。甚至直到今天，在该维拉地产四周，依然能看出几乎很完整的古代林地的外围边缘。还有一件引人注目的事，始于 1 世纪的大多数这种巨大边界都有撒克逊来源的行政教区（Parish）[②]边界所伴随：也就

① 维拉，即 villa 的音译，原指古罗马上等阶层的庄宅，即一种与农业相连的乡村住所，后推广至包括房主所拥有的土地以及对这片土地的经营方式。因此，有人将“维拉”称为罗马式庄园。——译者

② 行政教区（Parish），此处指英格兰乡村的基层行政单位。——译者

是说，还有一个可辨别出自于撒克逊时代的农耕单位。土地所有者来了又去，但农事持续不辍。无论做了什么样的准备工作，每一次收获都不啻是一场赌博：维拉也许会被损毁，甚至也许会像许多现代房屋一样败落，但佃农们却会生生不息，年复一年，代代相传。

在萨福克郡，有一座巨大的堤坝穿越而过，两边都是深深的沟，将波斯米尔（Bosmere）百户区和哈提斯米尔（Hartismere）百户区分隔开来；它还有自己的名字——百户区道（Hundred Lane），教区边界紧随该堤绵延数英里。作为百户区的一条分界 xxvi
线，它一定始于 10 世纪早期。现代的农业机械正在慢慢摧毁它，但存留下来的部分应当作为一个古迹列为历史文物保护单位。此外，我敢肯定，这座堤在 10 世纪时就已经存在，并且很可能是一座或许以斯托纳姆阿斯帕尔（Stonham Aspal）为中心的罗马-不列颠维拉地产的边界线。在这座拥有两条沟的大堤南部，有一个叫作米克菲尔德（Mickfield）的行政教区，其字面意思是“广阔的田野”。盎格鲁-撒克逊移民初来乍到时究竟看到了什么？我认为，他们看到的是一大片已经因农耕而得到清理的地区，古老的维拉地产的一部分，于是他们接管了那道现存的边界线。为何要费劲铲掉它呢？现代机械才做这种事。因此我相信，总的来说，在英格兰景观中，**边界线**是最古老的特征之一——行政教区、郡、百户区、庄园地产莫不如此。不过在现代，有些不太重要的边界线已遭到清除或者被改变了。

这一推断，如此深入地考虑那条百户区道及其与某座古罗马维拉地产可能的关联，指引着我们关注以 *-field* 结尾的地名所具有的联系，及其与已知（和未知）的罗马–不列颠遗址的关系。我认为*field*这个词有可能保留了这一古代含义，应当相应地加以考察。在这一语境下，诺曼·斯卡夫（Norman Scarfe）在《萨福克郡景观》（*The Suffolk Landscape*）一书中详细讨论了布拉德菲尔德（Bradfield）这一地名，以及它与周边地区已知的罗马大道和遗址的关系。

在埃塞克斯郡（Essex）中部，布雷因特里–芬奇菲尔德区（Braintree-Finchingfield）有一组引人注目的以*-field*结尾的地名。这包括三个巴德菲尔德（Bardfield）、芬奇菲尔德、威瑟菲尔德（Wethersfield）、戈斯菲尔德（Gosfield）和潘菲尔德（Panfield）；不远处的菲尔斯塔德（Felsted）则包含了和*-field*相同的成分。并且，在这一地区，有重要的罗马大道穿越而过，维拉遗址和其他已知且更多的罗马–不列颠时期的证据也无疑等待着发掘。英格兰的这一小块地区将成为地方史家进行微观研究的绝佳对象。

所有这一切提出了一个重要问题：英格兰的村落到底有多古老？我们一定不要让自己被某些清晰的古英语地名或英格兰东部的某个斯堪的纳维亚语地名所蒙骗。虽然这一问题是公认的充满错误危险的领域，不会轻率地遭到忽视，但我们很清楚有些地方在不断改名，由古不列颠南方人的凯尔特语地名改成了古英语地名，又由古英语地名改成了斯堪的纳维亚语地名。

xxvii 尽管我们还不知道这一问题的答案，但在这里举个小小的例子就够了。古罗马人的城市埃克塞特（Exeter）有一个港口，位于埃克斯河[①]下游四英里处，该地今天叫作托普沙姆（Topsham）——意为“托普的小镇”（Toppa’s *ham*），纯粹是英语地名。但在它作为河畔的一个古罗马人定居点将近四个世纪的时间里，一定还有另外一个名称。戴维·迈尔斯细致地考察了牛津附近的一小块地方（拉德利［Radley］附近的巴顿庭院［Barton Court］/ 巴罗山丘［Barrow Hills］），并总结说，整个这片地区已经被大范围开发了 5000 年以上。

在诺福克郡西部的纳尔河（Nar）河谷，J. P. 斯莫伍德先生记述了肖尔德姆（Shouldham，又一个古英语地名，不过意思不太确定）教区，说它提供了可回溯至 5000 多年之前人类居住的证据。他在 1976 年 3 月的诺福克郡研究会通讯中说道：

> 在这片土地上，人们发现了新石器时代和青铜时代早期的燧石工具。那座修道院农场建在吉尔伯丁小隐修院遗址之上，这种独特的英格兰惯常做法在诺福克郡仅此一例。在被毁掉的小隐修院地层之下是一座青铜时代晚期的墓地……修道院农场后面的田地上有一座铁器时代的农场和一个古罗马人的工业社区，人们在这里熔铁，并用教区里露出地表的黏土制作陶器和瓷砖。

废弃的圣玛格丽特教堂提供了更多的古罗马人居住的痕迹，还有一座铁器时代的武士墓葬。

---

① 埃克斯河（Exe），英格兰西南部河流。发源于埃克斯莫尔（Exmoor）高地，向南流经德文郡，在埃克塞特注入英吉利海峡。——译者

教堂遗址周围也有撒克逊中晚期和中世纪定居的痕迹。村庄转而再往西发展，在残存的教堂边的草地上（该村以前有两个教堂，在东盎格利亚[①]这种安排并不罕见），有老村的废弃街道和小块菜园地的遗迹。很明显，这样的例子不胜枚举……

在1975年的春天，人们有了更多的发现。肖尔德姆并非诺福克郡唯一拥有丰富定居史的村庄。附近的沃米盖伊村（Wormegay）、普特尼村（Pentney）和西迪勒姆村（West Dereham）“都具有很诱人的研究前景……其实，仅仅在诺福克郡西北部就不难列出一份二三十座村庄的名单，它们都值得密切注意”。我们之所以了解所
xxviii 有这一切，是因为诺福克郡有一个活跃的研究会，尽管如此，我们所了解的仍然不过是皮毛而已。诺福克郡并非是因其村庄和田地的古老而拥有如此丰富证据的特例。这并不是说那证据表明几千年来人们的居住**连续不断**：这是一个我们或许永远也搞不清某种确切答案的问题。因为各种各样的原因，许多村庄已改变了基址，不过大多数村庄可能并未如此。它们只是修了又倒，倒了又修，于是将其真正的年代藏在了村庄花园的腐殖质及瓦砾和房屋地板下的数英尺处。在我自己所属的德文郡，在新红砂岩地区的沃土上，青铜时代中期的墓地在我看来很可能与在埃克斯河谷中部河砾石上航拍所显示的“古田”联系在一起。这一点还有待证明，不过我自己相信，

① 东盎格利亚（East Anglia），英格兰最东端的地理区域，由诺福克、萨福克两郡和剑桥郡、埃塞克斯郡的一部分组成，自中世纪以来一直是英格兰重要的农业区。——译者

这片肥沃的土地已经被人连续耕作了至少 4000 年之久。

当我为本书第一版写下结语时，我所描写的是从牛津郡最深处的一栋维多利亚时期教区牧师住宅的窗户看到的风景。现在，我住在我土生土长的城市中一个会被许多人称作郊区大道的地方，人们可能认为它了然无趣。这条路本身始建于 1839 年，修建的时候这里还是一片空地。然而，离我办公室几码远的地方有一条源于盎格鲁-撒克逊时期的小路，通往一个叫作麦德沃西（*Madaworthi*，现在叫作迈特福德［Matford］）的盎格鲁-撒克逊农场。这条小路本身偏离了从埃克塞特到托普沙姆港的那条罗马大道。迈特福德路——仍然这么叫——有一个直角弯，这相当不寻常，因为在它像这样拐弯的地方并没有什么障碍物；我因此假设，这么设计是要绕过某一块已存在的撒克逊地产。甚至一个维多利亚时代早期的郊区都能形成自己的景观以及待解之题。

人们也许会认为，过了 20 年左右，大量的新作已问世，这本书应当加以修订了。但是有很多事情我们还不了解，很多工作还在进行当中，以至于修订版本仍旧是不成熟的。此外，在过去的一代人左右，英格兰的景观始终在变化，速度越来越快。变化中最为明显的就是大规模地铲除树篱。为了适应体量不断加大的农业机械和随之而来的田地的增长，现在每年都有几千英亩的树篱被连根拔起，在英格兰东部“大麦男爵们”（the barley barons）[①] 控 xxix
制的地方尤其如此。接着，为了新的大道和其他建筑物，还有高速公路本身的修建，到处都在采掘砾石，东米德兰的威尔兰德河

① 传统上指英国农业中最富裕的阶层。——译者

谷和泰晤士河上游河谷首当其冲。人们有时说，这是自罗马时代以来道路修建方面最异乎寻常的革命，不过这种说法完全忘记了17、18世纪修建的里程很长的收费公路（turnpike road）。数千英里的铁路反而被废弃，只留下路堑、路堤等形状的土方，以及弃置破损的车站。在自然世界，荷兰榆病①几乎毁掉了整个景观，这在英格兰的一些地方比其他地方尤甚。最后，太多的“老”村都以小平房的形式向四面八方扩张，以至于失去了其历史的样貌。（不过在这里我们一定不能忘记，在过去的几个世纪中，村庄一直都在发展或衰落。②）

这是一些主要的变化，现在可能还不能确定其中的一些能持续多久。像这样的变化，正如此前说的，通常都只停留在某些地方：英格兰景观的许多部分依旧保留了很久以前我们的先辈留下的样子。正是在这些安谧悠闲的僻静处，也许主要是在旧时的公地上，我们还能满怀感激地转而恢复活力，找到能远离嘈杂而又无意义之活动的庇护所。

W. G. 霍斯金斯

埃克塞特

1976年11月

---

① 一种由真菌引起的榆树病，会使榆木生褐色条斑，并最终导致树木死亡。——译者

② 在特里沃·罗利定名为《景观中的村庄》（Trevor Rowley, *Villages in the Landscape*, Dent, 1978）一书中，早期村庄的发展和衰落得到了明确的阐述。考古学家工作的一个主要结果，即是为很久前消失，在地面上没留下可视踪迹的盎格鲁–撒克逊村庄提供了证据。

第一章　英格兰的原始风貌

诗人往往成了优秀的地形学者，华兹华斯[①]的《湖区揽胜》就 1
是一本写得非常好的旅行指南。他在开篇即描写了湖区的景色，认为这方水土经大自然造化而成。接下来，他在第二段转而描写湖区居民对这方水土的影响。这时，他开始恳请读者去想象湖区景观在远古时期的清新风貌，想象大自然以其伟力完成的这一杰作如何恭候捷足先登者的光临。

> 任何人在他自己的脑海中都可以想象出这样一幅画面：潮水反反复复地涌向河口，海浪猛拍着光秃秃的崖壁，河流沿着河道流入广阔无边的水域。他也许还能欣喜地看到或听到，风轻柔地拂过湖面，或在山巅中呼啸。最后，他也许还能想到，原始森林在悄悄地抖掉落叶，萌发新芽，可是却无人驻足观赏，也无人为此感时伤怀。

---

① 威廉·华兹华斯（William Wordsworth，1770—1850 年），英国著名的浪漫主义诗人，主要诗作有《抒情歌谣集》、《序曲》、《丁登寺旁》等。其《湖区揽胜》一书全名《英格兰北部湖区揽胜》（*A Guide through the District of the Lakes in the North of England: With a description of the scenery, &c., for the use of tourists and residents*），出版于 19 世纪 30 年代。在书中，他非常注意遣词造句，力图恰如其分地描述这一地区的优美景致。——译者

无论在英格兰的哪个部分，当一个人坐在波涛茫茫的河口，看
着冬日夜晚的天光一点点亮起来的时候，常常会试着想象以上的画
面，抹消景色中所有无关的人类痕迹，只留下闪亮的水面、天空和
幽暗的山峦，以及麻鹬鸟[①]亘古不变的鸣叫；这叫声响彻于泥潭上
空，消失在河流岸边。我们感觉到，这幅景象正是百代之前我们的
祖先初次踏上那砂石覆盖的河边时所见的。一切都没有变。我们仿
2 佛在透过三四千年前的逝者之眼审视着自然世界，并偶尔明了死者
的心神。抑或在一些荒无人烟的英格兰荒原[②]，甚至更容易感觉到这
种同一性：那些长眠于锥型石堆附近或石南丛生的墓地之中的青铜
时代仙逝者，与我们所见的是同一片风景。在依然杳无人迹的海滩
上，看夏日清晨的海浪带着沉思一般的冷漠席卷而来时，我们也很
容易感觉到自己与古人的亲缘关系。这种永不改变的景色有很多，
进行这种思维游戏会带来强烈的略有忧思的愉悦，不过，也并非总
是这么容易。如果我们踏上人烟稀少的荒原，靠近破晓时僻静的
港湾，或站在临近一片悠久海岸的海边，就很少能看到或几乎看不
到与自然风貌格格不入的事物。我们所见的，就是初来乍到者所见
的。想象力在这样的景象中可以自由地驰骋。

3 不过，今天并没有多少地方能让人们十分有把握地觉得，这
里俨然就是那些先驱者在“早期世界的新鲜景色”中所见到的模

---

① 欧洲最大的涉水鸟，体长约 60 厘米。在英国所有的海岸边终年可见。——译者

② 荒原（moorland），地理学上称之为高沼地，一种存在于温带草原、热带草原和灌丛生物群落的生境类型，发现于高地地区，其特征是在酸性土壤上生长着低矮的植被，并且浓雾弥漫。——译者

样。不管第一眼看上去会想象有多么原始，其实英格兰的很多地方，即使是比较偏远的人迹罕至的地区，也没能躲过人类以这种或那种微妙方式所施加的影响。过去的舍伍德森林[①]和维肯沼泽[②]与今天看上去的样子大不相同。历史学家试图走进那些闯入一片处女景观的第一代居民的精神世界，并精确地想象他们所见的、

图 1. 达特莫尔（Dartmoor）中央荒原。这一景色很好地展现了中世纪开拓者在见到荒原之乡时，其自然景观所呈现的模样。他们可以在荒原南半部的浅滩河谷中拓殖。虽然这里今天看上去是一片空荡荡的荒地，但达特莫尔在史前时期曾被作为高地草场，在青铜时代宜人的气候条件下来此定居的人为数不少。

① 舍伍德森林（Sherwood Forest），位于英格兰诺丁汉郡的一片皇家森林，由于历史上与罗宾汉传奇的关联而闻名于世。——译者

② 维肯沼泽（Wicken Fen），位于英格兰剑桥郡维肯村附近的一块湿地自然保护区，英国最古老的自然保护区之一。——译者

不复存在的景观，他们意识到这项工作即使并非全然不可能，也还是存在一些困难的。一个人必须同时是植物学家、自然地理学家、博物学家和历史学家，才能够确认他掌握了所有事实，才可以对着一片景色的那些小小的细节发挥想象力。除非相关的事实正确，否则，一旦我们将覆盖这片景观的树木种类弄错了，或者将实际上只是因最近一些变化才进入这片地区的鸟类和植物纳入其历史之中，或者没能注意到这一地区的河流在历史时期曾多次改道，那么，这一富于想象力的游戏就会了然无趣。我们可能必须做各种考虑，在这里减点什么，在那里加点什么，才能使人类还未触及的自然景色还原出其纯净而又新鲜的面貌。一旦我们成功地还原了湮没已久、景色原始的风貌，并想与他人交流它带给我们的乐趣，我们又会发现，如果不用地理学家或经济史家或其他一些学术门类的令人不快的行话，要做到这一点是多么的困难。

至于乐趣，那是多方面的：它存在于观察英格兰任何一个地方的宽广景色之中，如从莫尔文山[①]之巅观看西米德兰平原（the West Midland Plain）的景色，不是简单地将这些景色视为阳光普照的整体，渐渐暗淡下去，最终消失在莫名的蓝色天际；它也存在于观看令人愉悦的乡村迷你景观中，如古朴的贝德福德郡的沃本岭（Woburn ridge）。但是，乐趣还在于按名称逐个地辨认英格

① 莫尔文山（the Malvern Hills），包括英格兰伍斯特郡、赫里福德郡的一条山脉和格罗斯特郡北部的一小片地区，俯视着周围的乡村和莫尔文区的城镇和村庄，以泉水著称。——译者

兰的每一细节；弄清楚每个名称是如何、又在何时安在了那里，了解那里为什么恰恰是那种，而不是其他什么颜色、形状和规模；还可以在弄清各种不同的样式以及不同部分如何嵌在一起从而构成那整体的风貌中获得乐趣。人们可以将英格兰景观，特别是宽广视野下的景观比作一部交响乐，这就能够将它当作和声加以欣赏；这和声好似建筑的高低错落的韵律，优美动听，会给人深刻的印象。在这种情况下，无须具备从细节上分析它，或认识其结构的逻辑发展的能力。这种乐趣可能很真实，不过在范围上会受到限制，最后在情感上也会茫然无措。然而，如果我们不止是听
听交响乐的和声，还能辨别进入其间的那些主旋律，能明了这些 4
音符是如何一个个精巧地衔接在一起并交织出魅力无穷的新的和声，而且，不管它会怎样掩饰，也能识别某个主旋律的多种微妙的变奏，那么，这乐曲的整体效果就会大大地增强。英格兰的景观几乎处处都是如此，因为它们不仅有历史深度，而且外形各异。只有当我们了解了英格兰景观的所有主旋律及和声所在，我们才能开始欣赏其全部的美好，或者在每一次访问它时都会发现其中新的微妙之处。英格兰景观所提供的也不止是这种酷似交响乐欣赏的乐趣。单单浮光掠影地欣赏那些郡的雄伟景色，也会令人厌腻。在室内乐般的贝德福德郡或拉特兰郡景观中，也有着同样多的乐趣。人们也许会认为，在发现这些更朴素、更小巧的景观精髓的过程中，会体会到更深奥、更微妙的愉悦。本书就是这样的一种尝试。它将英格兰景观的发展当作一首乐曲或一系列不同强度的乐调加以研究，以便我们能理解潜藏于这一美丽整体背后的逻辑联系。

古罗马人征服之前的不列颠景观

像我们今天所知的那样，英格兰的景观几乎完全是过去1500年的产物，这是由5世纪中期的那些最早的盎格鲁-撒克逊村落开启的。史前文化对景观施加的直接影响很小。诚然，当执着于细节研究的时候，在英格兰的一些地方，它的景观比其他地方的景观给人的印象会更加深刻，譬如康沃尔郡西部雄伟的铁器时代村庄遗迹，或威塞克斯郡山上的要塞，不过，从对整个景观的影响来考虑，它们却并不重要。确实有那么一些郡，在那里，这类遗迹的影响不容被忽视，但是，如果将这片国度作为整体进行一般的考察，我们就不必在这上面消磨时间。

不再往前看，即使到新石器时代的公元前2500—前1900年，不列颠岛的人口最多可能也不过两万左右，大致相当于今天萨默塞特郡的布里奇沃特（Bridgewater）这种大乡镇的人数。那时，谷物种植仍附属于牧场养殖业，生活方式多多少少带点游牧色彩，直到青铜时代晚期（公元前1000—前500年）依然如此。可识别的最古老的谷“地”，即与达特莫尔西侧小屋圈（hut-circle）[①]相连的小片不规则地块，大致出现于青铜时代早期（公元前1900—
5 前1400年）。在康沃尔郡博德明荒原（Bodmin Moor）的拉夫突岩（Rough Tor）的西坡，有另外一些谷地；在约克郡的荒原上，则发现了同样的曲线状小地块的遗址，它们都归属于青铜时代中

① 屋圈，即标志史前房屋遗址的环形石堆或土堆。——译者

期（公元前1400—前1000年）。然而，这些史前的田地只有考古学家才能辨认出来；即使是他们，也只有在一年中的特定时候才能办得到。因此，无论它们位于何处，都难以称作景观中的一个特征。只因为它们是这片国度上所知的最早的谷地，它们才令人感兴趣。就我们的议题而言，这恰似达特莫尔的小屋圈（主要集中在南部和西南部的山谷中），只是作为最早可辨识的住宅遗迹，才惹人注目；它们大致出现于青铜时代早期到铁器时代早期这段时间。

随着青铜时代晚期，特别是铁器时代早期的到来（从公元前500年开始），农业的进一步发展促使定居村出现，这是人类生活中的一次革命，其重要性堪与19世纪工业革命的影响相媲美。在

图2. 伦敦旧址的自然景观（临摹伦敦博物馆收藏的福瑞斯提尔［Forestier］的一幅画作）

6 青铜时代的达特莫尔曾有过某种“村落”——譬如塔维悬崖（Tavy Cleave）上方斯坦顿丘陵（Standon down）上出现的以定居农业社群为中心的村落，据说可能只是在古罗马人征服前的那几个世纪才产生。这样的一个村落，或更严格地说，这样一个至少由八栋房屋组成的小村子[①]，已在康沃尔郡最西端、彭赞斯（Penzance）以北足足三英里的柴索斯特（Chysauster）被完整地挖掘出来。在柴索斯特的发掘是非常令人兴奋的，甚至对于那些对史前史的兴趣不过是在假日里闪现一下的人而言也是如此；因为在这里，我们拥有一座大体上依然完好无损的村落，用花岗岩清水墙[②]建成的房屋仍稳稳地矗立在那里，高达数英尺。所建的这些房屋有多个房间，每个房间都通向没有屋顶的中心庭院，用大卵石铺砌的
7 街道的每一边各有四栋房屋。柴索斯特村的居民开垦了房子周围的园地和小块可耕地，也在其上开掘、炼锡。从公元前 2 世纪左右起直到罗马时期，这个村落好像一直有人居住，之后则被遗弃。更晚一些时候——但不可能说出究竟在何时——在大约往南半英里的低地上，有人占用了一座新的地基，他们大概是创建现今的柴索斯特农场的中世纪移民及其家庭成员。向西北方向走三公里，穿过那片荒原，在圣埃弗斯-地角路[③]附近，便是新发掘出来的博斯米奥尔村（Porthmeor），村里有同样类型的花岗岩房屋，主要在

① 西方的村落（village）一般是有教堂的，没有教堂的村称作 hamlet，规模远比村落小，故译作小村子。——译者

② 花岗岩清水墙（Dry Walling），英国传统砌墙技术，不用任何黏合材料，以石头的形状配合排叠技术而筑墙，虽然不用黏合土，但稳固耐用。——译者

③ 圣埃弗斯-地角路（the St Ives-Land’s End road），康沃尔郡海边步道，全长 24 英里（38 公里）。其中的地角，亦译兰兹角，系英格兰的最西端。——译者

图 3. 康沃尔郡的柴索斯特，位于潘维斯半岛（the Penwith peninsula）的铁器时代的村落遗址，露出了由房屋墙壁构成的花岗岩碎石建筑。这是由八栋房屋构成的小村，这种小村现如今在康沃尔郡西部各处都有发现，一直到罗马时代都有人居住。

公元 2—4 世纪间为人居住。虽然其他的铁器时代的村落在英格兰也很有名，但对外行来说，绝没有像康沃尔郡西部这两处村落遗址那么清晰可见，那么令人印象深刻的了。

铁器时代早期的人们大都住在单个农庄或小村子，其中，柴索斯特和博斯米奥尔就是范例。单个农庄首先由航拍揭示出来。人们通过现代庄稼地上的标记来探测其存在，但它们在地表上并没留下什么可见的痕迹，而且对于我们的景观研究而言，也难说它们有多大的意义。然而，这些凯尔特农庄有另一个相关之处，即，英格兰西南部的许多现存的农庄和小村子（其他地方或许也有，但我不大可能谈到）代表着最初的凯尔特农场，甚至从它们

图 4. 位于白垩[①]高地，即威尔特郡马尔博罗（Marlborough）附近的法伊菲尔德丘陵（Fyfield Down）上的凯尔特田地。

在古罗马人征服之前或罗马不列颠时期初现以来，这里就一直连续不断地有人居住，这一点显然是很有可能的。在这一漫长的时期，这些地方的农庄本身一再被重建，虽然它对考古学家来说通常没什么引人入胜之处，但作为同一地基上的某个凯尔特农庄的派生物，它对历史学家来说却是一个令人着迷的地方。

① 白恶（chalk），石灰岩的一种，主要成分是碳酸钙，由古生物的残骸集聚形成，一般主要是指分布在西欧的白恶纪地层。——译者

这些早期农场景观中另一明显可见的证据，是在英格兰东南部白垩丘陵地上大量存在的田埂或耕作梯田，当然它们在其他地区也有零星的发现。比起青铜时代农夫耕作的不规则的小块谷地，这些凯尔特田地代表着巨大的进步，因为它们几乎都是长方形地块，常常近乎正方形，大小不一，从半英亩到一英亩半的都有。其长度很少超出 400 英尺[1]，通常要短很多，宽度很少低于 100 英尺，常常更宽一些。正是这一异乎寻常的宽度，将它们与时间上紧随其后的敞田制[2]中可耕种的条田清楚地区分开来。这种田地从空中最易辨认，譬如位于威尔特郡马尔博罗附近的法伊菲 8
尔德丘陵上的田地，或坐落在萨塞克斯郡伊斯特本（Eastbourne）附近的温都华山（Windover Hill）上的田地便是如此；不过，它们从地面上通常也容易加以分辨。在威尔特郡和萨塞克斯郡的丘陵地带，这种田地遍布于许多平方英里的范围内。紧挨着布莱顿（Brighton）的北边，不小于 11.5 平方英里的一块地方，仍布满了凯尔特田制的田埂。

这些上古的田地在今天能完完全全地幸存下来，是因为它们分布在位于相对干燥土壤上的白垩岩区域的平整草地上，并且因为在早期的某个时候，当耕种和定居迁移到河谷地带比较粘重的、回报更高的土壤时，它们被遗弃了。在英格兰的其他地方，

---

① 约 122 米。——译者

② 敞田制（openfield），是 18、19 世纪之前英国除西北、西南之外曾广泛采用的一种田制，在其中，耕地和草地被划分为条田，在收获后的休耕期，田地要敞开用于公共放牧，其受到一定程度的公共控制，又被称为公田（common field）。——译者

要找到这样的田地是比较困难的，在后来因耕种而改变了地界的地方尤其如此。不过，凭着大比例尺地图，连同其他的证据，人们还是会发现一些可能的踪迹。例如，在偏僻的达特莫尔巴贝
9 尼（Babeny）农场周围，现今的田地类型绝对会使人联想到小方块地上的凯尔特农耕。紧挨着这些地块下方流淌的瓦拉溪（Walla Brook）在途中急转直下，与东达特河（the East Dart）汇流在一起。现在的瓦拉溪最初名为“Weala Brōc”，意思是“威尔士人或布立吞人的溪流”，这一名称由荒原边缘上的第一批撒克逊定居者所赋予，用来命名其岸边的一条小溪。远溯而上，进入荒原内部，只见稀稀落落、三五成群的凯尔特农夫依然生活着。在巴贝尼村，我们有可能探明那田地中分布着的他们的某块农场的痕迹。凯尔特农夫并非只生活在白垩丘陵地带，只不过在那种土地上，他们留存在景观上的遗迹更显而易见。在英格兰西部和北部较为崎岖的地势中以及南部和东部的低地上，我们完全有可能找到他们存在的踪迹。

不列颠西部农庄和田野

要谈论凯尔特农庄这一主题，特别是它在景观中的可见证据，是有难度的。我们很可能会在康沃尔郡，尤其是那遥远的西部找到最可靠的证据，因为凯尔特王国杜姆诺尼亚[①]在这里一直存在

① 杜姆诺尼亚（Dumnonia），自铁器时代至罗马时期统治英国西部诸郡的凯尔特王国，位于大不列颠岛西南部最远端。——译者

到10世纪早期。就其田地和树篱而论，这里许多现存的农场维持着原状，并且几乎完好无损地落到了我们的手里。农庄本身曾多次被重建，但是由数英里花岗岩卵石墙围起来的小块不规则田地网络，一旦形成就很难改变。在六英寸康沃尔郡西部地图①上，这种形状的田地大量存在，例如在圣埃弗斯和地角之间的赞诺教区②就是如此。博西格兰农场（Bosigran Farm）或许就是这种形状的田地的突出代表（示意图1）。在农庄的东部和西部都发现了铁器时代柴索斯特类型的房屋，这对于判定这些田地的年代很有意义。③在不远处的博斯米奥尔，正如我们已看到的，这座铁器时代的村庄主要在公元2—4世纪为人占据；在更往东北一点的崔恩（Treen），已知存在着另一座铁器时代的村庄。（831号地块，全国地形测量局［OS］25英寸地图。）

并不是所有的凯尔特田地形状都是博西格兰类型的。在保罗教区的卡斯托拉克（Castallack），那份六英寸地图显示，连绵不断的树篱圈围出一大片约1/3英里长、几乎等宽的方形地块。这 10
块地后来大约被划分成15块，没有特别明显的特征，因此，即使善于观察的读图者，也完全会忽略最初的这片圈围地。先前，最初圈围的那一大片地是一个占地大约60英亩的牧牛场。由于紧挨着卡斯托拉克农场北面一处已知存在的铁器时代的地下隐

---

① 六英寸代表一英里，约等于比例尺为一万分之一的地图。——译者

② 赞诺教区（Zennor），位于康沃尔郡北部海岸，按字母顺序排列，系英国的最后一个教区。——译者

③ H. O'N. Hencken, *Archaeology of Cornwall and Scilly* (Methuen, 1932), p. 311.

图 5. 潘维斯半岛最西端康沃尔角附近的凯尔特小村子和田地。所有建筑和田地边界线都是用地面上的花岗岩或花岗石建成的。

居处（*fogou*），而此地西北 350 码的地方有一堵被称为“环路”（Roundago）的堡垒状砖石围墙，这有可能是铁器时代的一座小堡垒，于是，我们可以有把握地断定，那片圈围的牧牛场是同一时期的产物。

这大片圈围地是在何时被分成平均 3—4 英亩一块的许多小块
12 土地的？我认为，很可能是在 13 世纪人们再次进驻卡斯托拉克的时候。较早时，这里的农场可能一度遭到废弃，就像我们所知的在柴索斯特和博斯米奥尔发生的那样。最初那厚实的围墙保存了

11

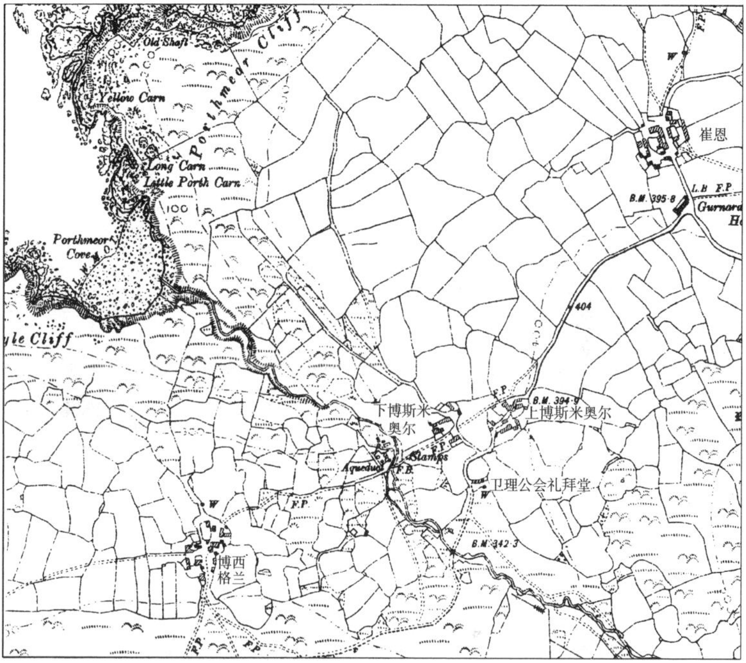

示意图 1. 康沃尔郡赞诺教区的凯尔特田地

康沃尔郡西部潘维斯半岛几乎完全具有以下这一特征：崔恩和博西格兰类型的小村庄，以及几千块形状非常不规则的小块土地。这些田地被从地面上收集来的粗糙花岗岩块搭成的碎石墙围着（见图 6），因此几乎不可移动。那田地与散布于整个半岛的无数的“不列颠村庄”兴建于同一时期。其中只有两个村庄被发掘出来，即柴索斯特（图 3）和博斯米奥尔。后者（没有标在上面那幅图上）于 1933 年在卫理公会礼拜堂（Methodist chapel）附近被发现。挖掘结果显示，这里从公元 1 世纪中叶起就有人居住，直到 5、6 世纪才被遗弃。今天的下博斯米奥尔和上博斯米奥尔都是人们在大约中世纪时重新定居的产物。然而，因为有大规模的边界墙，并且重新为人占据，所以铁器时代的田地保留了它们的特性。它们构成了一种非常独特的形状，甚至比中世纪的田地形状更凌乱、更不规则（见第 114 页示意图 9）。的确，博斯米奥尔北部、崔恩西部的那些比较开阔但仍不规则的田地形状，很可能是中世纪清理后的结果。这样，我们在上图中就能看到两个不同时期的田地。

图 6. 康沃尔郡的花岗岩巨石墙，系卡斯托拉克环路（Castellack round）的北侧。这很可能是铁器时代的一块田地的边界。

下来（图 6），但里面却完全淹没在蕨丛和荆豆花之中。1284 年的一份记录使我们首次重新得知卡斯托拉克，这表明它在此前不久再次为人所占据；并且似乎可以肯定，那大片圈围地中的小块圈地是这个时候形成的。这样，我们就有两种年代完全不同的土地边界供景观史家研究。

没有什么地方我们可以证明它自凯尔特时代起至今连续有人居住，因为实际上并无记载可以使我们做到这一点。大量的抑或大多数铁器时代农庄确实有可能在某个时期曾被废弃，到中世纪迫于人口增长的压力才再次为人占用。前文提及的达特莫尔的巴贝尼农场可能就是如此，那里的田地形状和溪流名称一同表明了凯尔特农夫曾生存于那里。另一方面，一些农场可能始终有人居住。瓦拉溪，即“威尔士人或布立吞人的溪流”，最早在 7 世纪晚期撒克逊人到

达德文郡的时候，才能得到这样的称谓。这一事实证明，凯尔特农 13
耕沿着这溪流（譬如在巴贝尼）持续到了比较晚的那一时期，不过，巴贝尼之名直到1260年才出现在记录中。考虑到迟至公元700年左右，这里还有一个为人所知的幸存者，我认为没有理由否认自凯尔特时代起这里连续不断地有人居住的可能。

在切里顿主教（Cheriton Bishop）的教区，恰好位于达特莫尔北部山麓丘陵下方，有一座被称为翠柏（Treable）的农场，在这里可得到早期的一些相当令人感兴趣的证据。翠柏是德文郡至今尚存的少数凯尔特地名之一，意为“埃贝尔的农庄”（The *trev* or homestead of Ebell）；埃贝尔是一个与高卢语[①]中埃庇卢斯（Epillus）相关的人名。虽然直到1242年翠柏才作为地名载入文献，但是可以十分确定，它与一处名为“海浦尔旧地”（Hyple's old land）的大地产有关联。这是976年爱德华国王[②]赐给其忠实的封臣艾尔弗塞格[③]的。海浦尔是埃贝尔的讹误拼法，而与“海浦尔旧地”的关联则表明，这位凯尔特地主在不久前还拥有此地，这肯定是在10世纪以内。他的名字还出现在了德文郡南部的伊浦尔盆（Ipplepen）上。[④]不管怎样，这里有一块凯尔特地产，

① 高卢语特指罗马占领高卢前人们所说的凯尔特语，Ebell系高卢语中Epillus的昵称。——译者

② 殉道者爱德华（Edward the Martyr），975—979年在位。——译者

③ 艾尔弗塞格（Aelfsige），温彻斯特主教（951—959年），958年调任坎特伯雷大主教。959年前往罗马接受教皇约翰十二世授予的白羊毛披肩，途中冻死于阿尔卑斯山。——译者

④ 有关翠柏的这些评论主要基于以下文献：H. P. R. Finberg, *Early Charters of Devon and Cornwall* (University of Leicester, Department of English Local History, Occasional Paper no. 2, 1953), pp. 27ff。

它占地6000英亩，在诺曼征服后的一百年间几乎一直幸存下来，并且没有理由怀疑，至少其中的一些地方连续有人居住。虽然在翠柏农场的树篱中确实发现了哈德良统治时期（2世纪早期）的一枚硬币，但若将此地连续有人居住的历史推至那一时期，却有些冒险。

今天翠柏的田地形状并没显示出久远年代的指征。1842年什一税地图上的相关信息令人失望，就这一议题而论，这可是我们手头最古老的地图。不过，正如976年的特许状中所示，那地产边界中有一方面使我们得以了解英格兰景观的细微特点，因而值得详述。在其东部边界上的某一处，那份特许状带着我们“一路前往年久的地沟”。借助2½英寸全国地形测量局地图，沿边界前行，不久你会发现自己来到了一道陡峭的山坡上；这道坡沿着一条小车道伸展，小道两边被高达几英尺的土堤围了起来，也就是说，这是一条凹陷小路。这条凹陷小路——“年久的地沟”——在10世纪就已算得上“年久”了。毋庸置疑，这相当于一条古代
14 边界，它隔开了西边的海浦尔及其祖先的地产以及东边的另一位无名氏凯尔特地主的地产。因此，这两道依然围着今日田地的护堤是久远年代的产物——肯定在盎格鲁–撒克逊时期之前。[①]

这条“凹陷小路”由两边的地主筑成。他们挖沟时，将挖出来的土堆起来，在自己的那一边形成了一道绵延的堤岸。于是我们就看到两条沟，实际构成了一条数英尺宽的小道，沉陷于各边田地水平面的数英尺之下，如下图。

① 大约5—6世纪。——译者

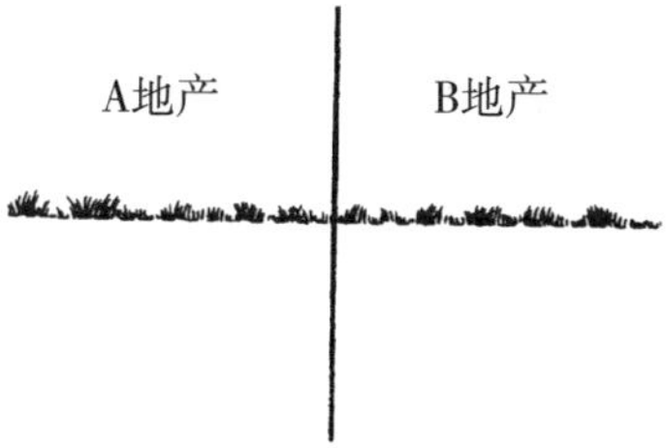

A、B之间的边界

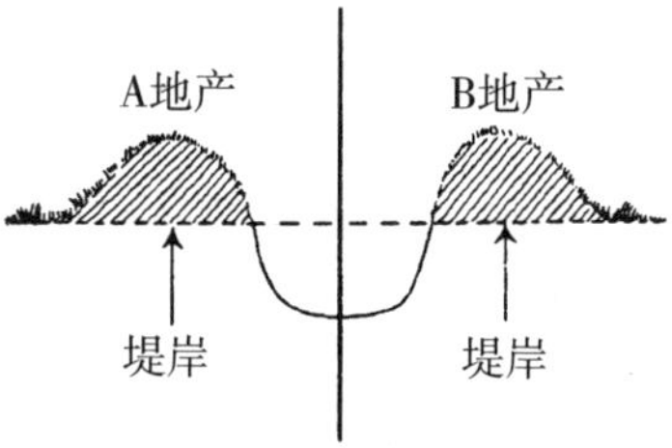

形成两条沟或凹陷小路的边界

这通常就是伸展于两道高堤间的“凹陷小路”的源起，通过大约1174年的一份契据中的表述可以确定。这一表述划定了德文郡北部阿伯特沙姆（Abbotsham）的塔维斯托克[1]主教地产与邻近的大地主理查德·科芬（Richard Coffin）在奥文顿[2]和卡金顿[3]的地产的边界，其中提到，边界始自“那两条沟”（*twifealda dich*）。963年，有一份萨默塞特郡的契据，涉及密尔沃顿[4]的一处名为曼沃西（Manworthy）的撒克逊地产，这份契据也提到了某个地方的“凹陷的地沟”，很明显，它同样是这种双沟结构。

所有那些步行穿越乡村而不是开着车盲目地到处乱闯的人，即使在不同的时候出行，都必然会碰到一个令人费解的地貌特征，而翠柏和阿伯特沙姆的契据则使其意义和缘起得到了解释。这即是那种小道，有时只有几英尺宽，有时则更宽些，常常从栅栏门的一侧突兀地开始，在护堤间延伸数百码，偶尔还会更长。然后，

① 塔维斯托克（Tavistock），位于德文郡西部的商业城镇和行政教区。——译者

② 奥文顿（Alwington），德文郡特里奇区（the Torridge district）的一个村庄和行政教区。——译者

③ 卡金顿（Cockington），德文郡的一个村庄。——译者

④ 密尔沃顿（Milverton），萨默塞特郡的一个村庄和行政教区。——译者

像开始一样，它中断得也很突然，当延伸到一片田野之中时，便
15 立即失去了所有的特征。如果我们将这种小道视为步道，可能就解释不通，因为可以说，它们无始无终。这实际上是古代的两块地产的边界，有时是中世纪的，有时是撒克逊时期甚至凯尔特时期的，因两条沟的挖掘而得以形成（还可参见图 13，第 76 页）。应该说，虽然这并不能解释所有的“凹陷小路”的意义；其中的一些确系交通线路，但是它说明了那些莫名其妙地出现又无端地消失的小路的原委。

关于英格兰乡间的凯尔特地产、农场、田地和界限的可见痕迹，有待了解的还有很多。上面已陈述了我所碰到的一些问题，但耐心、缜密的地形地貌研究——大多数历史学家错误地对其表示轻蔑的那种研究——最终无疑会向我们揭示更多的依旧埋藏于我们周围景观中的这一久远时期的秘密，只要我们留意那些随直观证据出现的记载，并具备正确地解读文字材料的想象力就可以。

罗马-不列颠时期的景观

随着定居村的蔓延，大不列颠岛总人口在比尔盖人[①]于公元前 1 世纪早期到来之前很可能已增加到 25 万。比尔盖人遍布整个英格兰东南部，深入到英格兰中部，并用带轮子的重犁开垦了沃土，

① 比尔盖人（the Belgae），公元前 3 世纪生活在位于莱茵河西岸的高卢北部的族群，后来也出现于不列颠。——译者

结果开发了今天认为对很早前出现的轻犁来说断不能驾驭的新型土地，这毫无疑问会导致人口进一步的大量增长。根据我们对罗马–不列颠人口的了解（确实所知不多，但绝对多于我们对更早时期的了解），可以将古罗马人入主前夕大不列颠岛人口的最大值定在40余万，这大约是今日布里斯托（Bristol）的人口规模。当我们考虑到这一重要的数字，并记住不列颠史前时期的大部分时候人口不超过5—10万的事实，就很容易意识到，即使从新石器时代开始的前2000年的农业活动，在景观上也没留下什么痕迹，它们只不过是一些或多或少给人点印象的孤立特征而已。可能还很难说，那绵延不断的故事是否已经开始。

古罗马人对景观的贡献，抑或今天能为人所见的东西，也多 16
不了很多。这主要体现在幸存的道路、维拉遗址以及英格兰东部的一些运河或壕沟上，所有这些方面的遗存均以其不同的方式大大超越罗马时代，依然发挥着重要的作用。

英格兰的罗马大道网是相当有名的，不过，即使在那些著名的道路上也留有许多有待填补的缺口。除主路外，服务于地方需求的大规模的辅路网也逐渐出现，关于这些，有待发现的还有很多。I. D. 马格里先生的《威尔德地区[①]的罗马道路》（Mr. I. D. Margary, *Roman Ways in the Weald* [Phoenix House, 1948]）一书揭示了肯特郡和萨塞克斯郡全部次要道路的网络，在他撰述之前，它们大都并不为人知晓。东盎格利亚或许存在着同样复杂的

① 威尔德，对英格兰东南部一片自然地理区域的称呼，名称来源于古英语的“*weald*”，意思是森林。——译者

图 7. 航拍的一条罗马大道，从威尔特郡的梅登霍尔（Maildenhall，即卡尼迪奥 Cunetio）到温彻斯特（Winchester，即温塔比尔格鲁姆 Venta Belgarum）的道路。靠近汉普郡的唐利村（Tangley），面向东南方向。

地方道路网，这可根据其现代地图上一些支离破碎的残迹做出判断。这些问题大多仍有待解决。即便如此，在全国地形测量局绘制的罗马-不列颠地图上（1931 年版），也明示了 5000 多英里的道路。

17 古罗马人的道路系统，包括主要驿道和地方道路，在英格兰景观史上具有重要地位。这不仅是因为这些道路（或更严格地说，是道路的路线）有许多幸存至今，而且是因为它们在其时代以前所未知的规模打开了整个乡村地带。从前者来看，它们今天或被用作通衢干道，承载着极其重要的长途运货汽车交通（例如华特灵大道[①]，即今天的霍利黑德路［Holyhead Road］），或被用作英格兰南部许多地方的村落之间的实用辅道，或以更为隐秘的方式被当作马道和步道供离群索居者及牲畜穿行。即使那些次要的地方道路，也从四面八方穿过丛林密布的黏土地，并横贯了荒原地带。这不一定意味着这些森林和荒原因清理并定居而得到了开发，或许在不太重要的小地块上会有例外。虽然在从一地去往另一地的过程中这些道路会穿越森林，但是大多数定居点仍局限在比较开阔的沙壤土[②]上，并与古罗马人征服之前的古道而非罗马道路联系在一起。例如，在威尔德地区，多半保留了荒无人烟的原始状态，只是在炼铁的地方有一些森林得到了清理；而在分布于米德兰重黏土上的茂密的森林地带，维拉或罗马–不列颠村庄遗址则十分罕见。在盎格鲁–撒克逊时期，这些道路的实际重要性显现出来，因为它们连同比较大的河流，即成为现成的路线，藉此英格兰移民更快速、更安全地进入了新的地区，而不必从边缘地带一码一码地艰难跋涉。当然，一个重要的史前古道系统一直存在着，并依然存在着，自青铜时代以来新土地的定居者和拓殖者沿着它往前走，盎格鲁–撒克逊移民则在发现它们的任何地方再一次对其广泛地加以利用。不过，这些早期古道多半局限在地势更高、更开阔的地方，这位于沙壤土上，而罗马道路则插进了更黏重、更肥沃

① 华特灵大道（Watling Street），系英格兰和威尔士的一条古道的名称。这条道路首先为布立吞人使用，主要路段在现代的坎特伯雷市（Canterbury）和圣奥尔本斯市（St Albans）之间。后来古罗马人铺砌了从伦敦到多佛尔港口一线。今天这条道路被从多佛尔到伦敦的 A2 公路以及从伦敦到罗克斯特（Wroxeter）的 A5 公路所覆盖。——译者

② 土壤可分为沙质土、黏质土、壤土三种类型，壤土又有轻重之分。——译者

的土壤，为作为英格兰先民的农夫提供了更大的发展前景。

罗马–不列颠维拉（the Romano-British villa）有 500 多座是很有名的，还有许多其他的尚待发现，它们典型地反映了人们大量清除森林并驯服自然景观的努力。其中的一些成为了方圆 1000 英亩左右的大地产的中心，像坐落于牛津郡迪奇雷的维拉就是如此。这座维拉是一所孤零零的农庄住宅，矗立在它自己拥有的大片敞田上，与环绕着本地村庄的小块圈围地完全不同。有时，维拉相
18 当大，相当精致，因此可被视为一座乡间大宅（country house），相应地，有大地产环抱着它。在一些例子中，考古发掘显示，有一座前罗马农庄矗立在同一基址上（譬如在肯特郡的奥特堡［Otford］或怀特岛上的纽波特［Newport］），由于当地一些农场主获得了财富并欣赏古罗马人的生活方式，他们就将一所更古老、更原始的农庄改建成维拉。这种由社会地位上升的农场主进行的大规模改建也发生在英格兰历史的较晚时期，尤其是在 16、17 世纪。

然而，大多数维拉看来好像矗立在新的基址上，不过，它们仍沿着为前人所青睐的沙壤土而建，譬如白垩地、鲕粒岩[1]和砂砾层。R. G. 柯林武德（R. G. Collingwood）说："他们往往选择一种相当特别的基址：朝南或朝东的河谷坡地，地势不太高，有挡风的隐蔽处、充足的日照和触手可及的水源。"[2]虽然人们占据的

① 鲕粒岩（oolite），主要由胶结的鲕石组成的一种沉积岩，通常为石灰石，亦称"鱼卵石"。——译者

② R. G. Collingwood and J. N. L. Myres, *Roman Britain and the English Settlements* (Clarendon Press, revised edn, 1937), p. 209.

基本上是更易于清理的沙壤土，但也在林中空地上建起了维拉；这是尚未开发的位于新型轮犁能应付的重壤土上的基址。在剑桥郡的林地中、伯克郡南部森林的边缘以及牛津郡的怀奇伍德森林（Wychwood forest）里，人们都能发现这种维拉。在古罗马人统治时期，对森林和林地的侵蚀自始至终进行着；这些森林和林地覆盖着自然状态下的英格兰的绝大部分地区，尤其是广阔的黏土地。当然，侵蚀的速度还不快，并且时断时续。

除维拉外，这一时期还有另一种完全不同的定居点，即本地村庄（the native village），其周围是小块的长方形田地。这些村落中有相当一部分已得到确认，它们不过是由单间小屋构成的聚落：

> 有时是沉入地下的窖屋（pit-dwelling），有时是完全屹立其上的石制建筑物；它们从未整齐划一地在街上排成一行，或按规整的计划加以设置，通常只是杂乱无章地簇拥在某种沟渠或篱笆之内；尽管村中的居民在一定程度上使用古罗马陶器和钱币，但他们的日常生活却很少受罗马方式的影响，在一些情况下，特别是在高地地区，这种影响根本不存在。[①]

这些定居点大多数都非常小，以至应该称之为“小村子”而 19
非“村落”。在康沃尔郡的柴索斯特村，只有八栋房屋得到了确认；位于萨塞克斯郡肖勒姆（Shoreham）附近的桑德斯巴罗山

① R. G. Collingwood and J. N. L. Myres, *Roman Britain and the English Settlements* (Clarendon Press, revised edn, 1937), p. 209.

（Thundersbarrow Hill）的那座罗马–不列颠村落，似乎由散布在一英亩左右的土地上的九座小茅屋构成。在罗马帝国统治下的不列颠，还未发现类似于大型核心村（nucleated village）的村落：这将是盎格鲁–撒克逊人对景观的最具特色的贡献。

在罗马帝国统治下的不列颠，维拉的分布和本地村落的分布通常是不同的。某些地区显然只为村落占据，例如索尔兹伯里平原（Salisbury Plain）、克兰博恩猎场①以及位于埃德河②与乌斯河③之间的萨塞克斯丘陵（the Sussex Downs）。出现在这些地区的维拉是在边缘地带发现的。维拉连同其大块敞田与村落连同其圈围地代表了同时并存的两种不同的经济体系。两者是否在各处都存在地理上的区分，这一问题还有待考察。在示意图2所描绘的牛津郡北部定居点相当紧密的区域中，它们似乎是交错在一起的。

在英格兰的一些地区，其景观上密集地分布着定居点，宽宽的低埂将之切割成一块块田地。在萨塞克斯郡埃德河与乌斯河之间的白垩丘陵地带，65平方英里中有将近15平方英里显示出被分割成凯尔特型田地的迹象；在这一地区，有不少于32个的居住遗址得到了确认。现在看来很有可能，这一当地农耕集中区将其剩余产品供应给了伦敦，而这个"大肿块"（the Great Wen）④早已因其食物来源而能满足离开家乡的许多人的需要。近年来，在英格

---

① 克兰博恩猎场（Cranborne Chase），位于英格兰中南部的白垩高原，横跨多塞特、汉普和威尔特等郡。——译者

② 埃德河（the Adur），流经英格兰萨塞克斯郡的一条河流。——译者

③ 乌斯河（the Ouse），流经英格兰北约克郡的一条河流。——译者

④ 对伦敦的轻蔑的别称，19世纪20年代由英国政论家和乡村捍卫者威廉·科贝特（William Cobbett，1762—1835年）所创。——译者

兰的其他地方，一些由紧挨着的农业定居点构成的地区已为人们所辨识：譬如在剑桥郡芬兰德区，在伍斯特郡的伊夫舍姆区（the Evesham district），在特伦特河[①]流域下游以及马尔顿（Malton）附近的约克郡丘陵地带。

在罗马-不列颠时期，因古罗马工程师建造的大规模的水沟或排水渠以及堤道系统的作用，林肯郡南部和剑桥郡的沼泽地带的密集定居点才得以出现。航拍的一组照片揭示了许多本地村庄及其伴随的田地的遗址，特别是在淤泥区（不同于泥炭区）以及高于通常水平线的一些“岛”上。卡尔沟（Car Dyke）就是其中最著名的人工水道，现今已被证明是古罗马人的工事。它很可能是为在剑河（the Cam）与乌斯河之间提供水路交通而建的，但西里尔·福克斯爵士[②]认为它也是一条排水渠。在剑桥郡，它塑 20
造了长达 5 英里的过水明沟，位于水滩-地滩路（the Waterbeach-Landbeach road）东侧和剑桥郡东北偏北约 4 英里的地方，水滩附近是最佳观察点。穿过老西水（the Old West Water），卡尔沟在剑桥郡的那一段与位于沼泽地带西边那条名称一致、特点相同的明沟相连，从彼得伯勒（Peterborough）附近的宁河往北，流至林肯 21
市附近的威特姆河[③]，总长 56 英里，最初的宽度大约 50 英尺。

在林肯郡，特别是彼得伯勒的正北方，这条水沟长长地延伸，

① 特伦特河（the Trent），英格兰中部河流，源出斯塔福德郡（Staffordshire）。其不同寻常之处在于其向北流动，最后注入亨伯河（Humber）河口湾。——译者

② 福克斯爵士（Sir Cyril Fox），英国考古学家（1882—1967 年）。——译者

③ 威特姆河（the Witham）英格兰东部的一条河流，流域几乎全在林肯郡境内。——译者

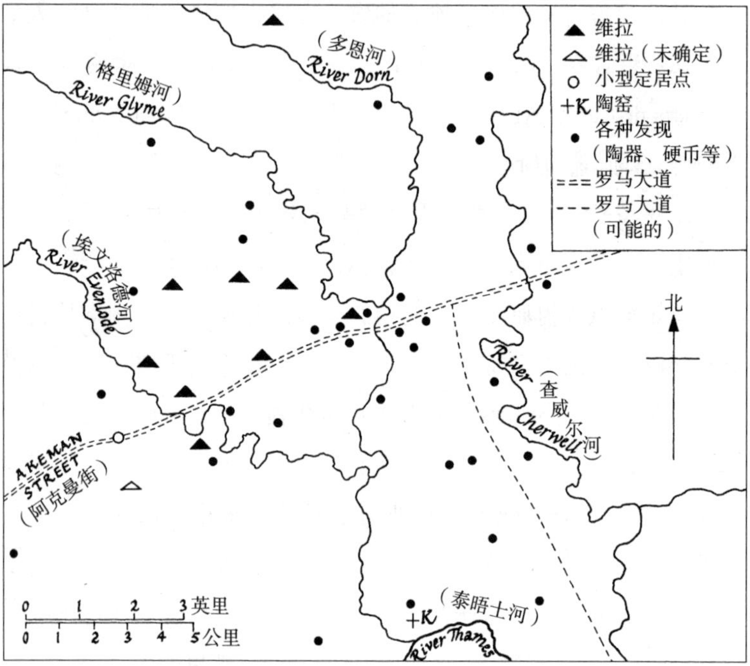

示意图 2. 牛津郡部分地区的罗马-不列颠定居点。

这是一片相当小的区域，方圆仅 10×12 英里，主要坐落在鲕粒岩上。在这里，有不少于九座维拉（还有一座不确定的维拉遗址）、一个较小的定居点（Wilcote）、一个陶窑以及一大批已发现陶器和钱币的遗址。其中一些遗址很可能是本地村落。在格里姆河[①]与埃文洛德河[②]之间，遗址的集中性特别明显。地图上再往西一点就是阿斯索尔（Asthall）这一重要的工业定居点（制铁），往东（在地图之外）则是罗马-不列颠的伍德伊顿（Wood Eaton）神庙。

① 格里姆河（the Glyme），英格兰牛津郡的一条河流，系埃文洛德河的支流。——译者

② 埃文洛德河（the Evenlode），英格兰牛津郡内泰晤士河段的一条支流。——译者

人们可以一睹其面貌；在伯恩[①]附近又可以看到它，在这里，它与位于其东侧的伯恩-马基特迪平路（the Bourne-Market Deeping[②] road）并行一段距离，并且一直延伸到伯恩北部。在斯利福德[③]东北大约8英里处，从比林汉村[④]西北去往提姆伯兰村[⑤]，将会看到另外上好的一段。尽管这条沟起源于罗马时期，其名字却取自一个名为*Kari*或*Karr*的斯堪的纳维亚人。他可能是斯堪的纳维亚时代与诺曼征服之间的那一时期的一个大地主，总之这条水沟的一部分有可能是其地产的一道边界。它在12世纪的一份特许状中首次以*Karesdic*之名出现。

另外一条罗马运河，即所谓的弗斯沟[⑥]，也有可能既用于排水又用于运输。它将靠近林肯市的威特姆河与位于托克西（Torksey）的特伦特河感潮河段连接起来，形成一条蜿蜒11英里、穿过狭窄乡村地带的通道，由此提供了沿剑桥和约克之间水域的直接的内陆交通。这条运河在中世纪早期的英格兰仍相当重要，正是在它的协助下，威特姆河从米德兰北部运来农业和矿业财富，为12到14世纪期间托克西、林肯和波士顿等港口的繁荣添砖加瓦。

---

① 伯恩（Bourne），英格兰林肯郡南部的一个古老集镇和行政教区。——译者

② 伯恩-马基特迪平，英格兰林肯郡的一个集镇，位于韦兰德河北岸。——译者

③ 斯利福德（Sleaford），英格兰林肯郡的一个城镇。——译者

④ 比林汉村（Billinghay），英格兰林肯郡的一个村庄和行政教区。——译者

⑤ 提姆伯兰村（Timberland），英格兰林肯郡的一个村庄，位于韦兰德河的正南方。——译者

⑥ 弗斯沟（Foss Dyke），可能是英国最古老的运河，全长大约18公里，长期以来被认为是由古罗马人于公元120年左右修建，迄今仍在使用。——译者

在多塞特郡的低处，一条等高运河[①]将水从梅登牛顿村（Maiden Newton）下方的弗洛姆河（the Frome）引到古罗马人的多切斯特镇（Dorchester），蜿蜒穿越该河南边的乡村地带。不过，这是那景观的一个孤立的特征，也只是在当地才重要；而在将大片土地从自然湿地转变成相当密集地分布的农场的过程中，剑桥郡芬兰德区的那些沟渠发挥了重要作用。

古罗马人对于这里的景观还有另外一个重要的贡献，那即是城镇。在大不列颠岛东南部，开化的比尔盖人确实已建立了几座城镇，他们大约领先古罗马人一个世纪。比尔盖城镇中最重要的是卡马洛杜纳姆（Camulodunum）（科尔切斯特，Colchester）[②]，在古罗马人入侵时它是不列颠的都城。其他重要的比尔盖城镇有维鲁拉米乌姆（Verulamium）（圣奥尔本斯，St Albans）、卡利佛
22 （Calleva）（锡尔切斯特，Silchester），也许还有温塔比尔格鲁姆（Venta Belgarum）（温切斯特），以及另外的城镇。[③]不过，古罗马人于公元 1 世纪后半叶和 2 世纪初建立了许多新的城镇，这大都建在处女地上，譬如公元 50 年左右在埃克塞特（Exeter，即 Isca Dumnoniorum）所建的城镇。及至 2 世纪抑或 3 世纪初，绝大多数罗马城镇都为城墙所环绕。但这些城镇仅仅是点缀在广大乡村地带的小小绿洲：将 33 个市镇加在一起的所占都市定居总面积不

---

① 等高运河（contour canal），即利用和遵循地面等高线以绕过或越过山丘而修建的运河。——译者

② 英格兰的历史名镇，据称是英国最古老的城镇。——译者

③ 我（即本书作者。——译者）将现代名称放在括号中，不过比尔盖人城镇和现代城镇（或村庄）的基址并非十分一致。

过 4 平方英里左右。12 个部落首府的面积平均每个大约 100 英亩，10 个最小城镇大约是每个 30 英亩。古罗马人建的伦敦占地约 330 英亩，而古罗马人建的巴斯只有 23 英亩，厄彻斯特（Irchester）只有 20 英亩。

虽然我们应当将城镇的出现标记为英格兰景观中的一个新特征，但它们的规模很小，一般相隔甚远，并且与大不列颠岛上大部分人群的生活方式很不相干。在城镇中生活的人口总计可能有 20 万。至于该时期这片国度的总人口，据柯林武德估计有 50 万，据惠勒[①]估计有 150 万。格雷姆·克拉克[②]则估计在 60—70 万，这可是我们所知的最精确的数字了。

前文可能已表明，从比尔盖人到来至古罗马人离开，在所逝去的这 500 年中，自然景观经历了剧变，它逐渐被驯化，并被作为可耕地开发利用。在许多地方，广阔的沼泽地被排干，人们定居其中；森林被道路和维拉侵蚀；在开阔的丘陵和一些河谷之上，小村和孤立的农场星罗棋布；百来个城镇散布在这片国度的各个地方，尤其是在特伦特河南部，大多数规模都很小。为人所知的古罗马维拉已有 500 余座：每年还会发现更多的维拉，其总数最终可能会达到 1000 座。在罗马帝国统治下的不列颠地图上，大约

① 马蒂莫·惠勒（Mortimer Wheeler，1890—1976 年），20 世纪英国的一位著名考古学家，主持过许多重要的考古发掘工作，包括对古罗马的维鲁拉米乌姆城的发掘，对多塞特郡内铁器时代晚期的山寨梅登堡（Maiden Castle）的挖掘等。——译者

② 格雷姆·克拉克（Grahame Clark），英国考古学家（1907—1995 年），以其有关中石器时代（the Mesolithic）的著作和古经济学（Palaeoeconomy）理论而著称。——译者

700个本地村落得到了显示，还有更多的尚待发现。譬如，英格兰西南部的地图几乎是一片空白：只有1座城镇（埃克塞特），3、4座维拉，或许还有一些村落或永久定居点，这不过稀稀拉拉地散
23 布在4000多平方英里的广大地区。此外，这里曾出现过杜姆诺尼亚这一重要的凯尔特王国，它晚至7世纪末年在许多激战中抵抗着撒克逊人的入侵，然而徒劳无益。显然，在古罗马人统治的整个时期，英格兰这一地区的人口一定相当可观，几乎还没有任何标记体现在那地图上。北部的布里甘特王国（Brigantes）可能同样如此，在那地图上这里几乎罕见定居生活的痕迹。当考古学家对英格兰这些地区做出更加详尽的考察，这时候我们很可能知晓的当地小村更接近1500个而不是700个左右。自比尔盖人到来至盎格鲁–撒克逊人出现时，差不多20代人先后移居开拓这片景观，这必定会在其上留下相当的印迹。人们可能会料想，在经历所有的这些活动之后，拓殖的重重障碍得以冲破，但实际上，盎格鲁–撒克逊人所进入的国度基本上仍是一片荒野，几乎全部工作都要从头来过。在一些为人青睐的地区，像科茨沃尔德丘陵地带[1]和牛津郡北部，他们或许走进了一个相当文明的世界；但总的来说，他们不得不从头开始，情况确实如此。

有两种理由可以解释为什么会是这样。首先，我们不必过高地估计罗马–不列颠时期那几代人在那片景观上留下的总体印迹。从局部看，他们清理森林、开垦田地以及建定居点都很重要，但

---

① 科茨沃尔德丘陵地带（the Cotswolds），位于英格兰中南部一片跨越25英里（40公里）、长90英里（145公里）的地区，有时被称为英格兰的心脏。——译者

从整体上考虑的话，他们对那自然景致产生的影响微乎其微。算上已发掘的遗迹，再顾及尚待进行的发掘工作，这一时期很可能有 100 座城镇和 2500 个乡村定居点，也即维拉、小村和单个农场。根据被清理出来、长出了庄稼与牧草的土地来看，乡村定居点到底起了什么作用，这一点是很难说清楚的。譬如前已提及的萨塞克斯丘陵地带，那里有 9000 英亩的土地显露了罗马–不列颠时期的耕作迹象，有 32 个大大小小的定居点已得到确认；如果能以此地来判断，我们可以算出一个十分粗略的平均数，即每个定居点开垦了方圆 300 英亩的土地。对整个乡村来说，如果认为每个定居点平均都是如此，那么，这一数字几乎肯定过高了。当然，如果用这一数字来看待与萨塞克斯丘陵地带的定居点相似的本地小村和维拉，我们就会得出这样一个结论：从荒地夺来、用作可耕地或草场的土地，总共有 75 万英亩。1914 年，在英格兰和威尔士，除山区牧场和石南荒原外，长出庄稼与牧草的土地的总面积是 2700 多万英亩。以此估算，在罗马–不列颠时期，每 100 英亩能长庄稼与牧草的土地中，就只有两三英亩是开垦天然荒地得来 24
的。这样的一种数字只能是最粗略的估算，不过，即使我们将它翻一番——这肯定会太高了，当从整体上考虑时，我们认为，罗马–不列颠人对景观形成作出的贡献依然是很不起眼的。

此外，当盎格鲁–撒克逊人接手时，这片已被清理并驯服的景观大都恢复了自然状态，或正在恢复自然状态。在剑桥郡芬兰德区，古罗马人建的人工排水系统到 5 世纪已坍塌，肥沃的农田再次变为一片泥沼。要么是地平面总体上一直在下沉，要么是精巧的排水系统在盎格鲁–撒克逊人最初的毁灭性进攻下遭到破坏，或因他们后来的无知而遭到破坏。无论出于何种原因，剑桥郡芬兰德区在许多个世纪终止了耕作，本想在这里安家落户的第一批英格兰先民穿过这片新的荒地，向地势更高、较远的内陆迁移。在威尔特郡丘陵上，大片可耕地在3世纪后半叶变成了牧羊场，那些高地村庄则出现人口锐减的现象。不过，移出的人口很可能在其他地方定居下来，说不定就在剑桥郡芬兰德区呢。详情如何我们不得而知。在萨塞克斯丘陵，本地村落到公元4世纪左右显露了遭遗弃的迹象。

在乡村各地，维拉及其地产早在盎格鲁-撒克逊人入侵之前就大为败落。虽然有一些维拉是被猛烈地摧毁的，但绝大多数维拉在首批盎格鲁-撒克逊移民到来之前就全然衰败了；这衰败，可是两三代人的事情。结果，建筑物垮塌并为野草覆盖，田地变回成石南荒原和灌木丛。近年来我们全都看到，对一座被炸弹炸毁的城镇来说，如果10来年弃置不管、任其败落的话，会出现什么样的结局。而大多数的古罗马维拉，一定是在历经50—100年无人居住和照料的沉寂后，才变成一片凌乱的荒野的。当然，也有一些存续到了后一世代，很可能，英格兰先民没费多大周折就接管了它们的土地，这正如我们在下一章将会看到的那样。大约6世纪前半叶期间，当杜姆诺尼人（Dumnonii）穿过海峡大规模迁徙到布列塔尼（Brittany）时，在英格兰西南部，大多数农田已被废弃。只是在许多世纪之后，人们才重新将它从荒地中夺了过来；当时，12、13世纪的中世纪农民再次来到此地，并称之为“旧地”（the old land），因为他辨认出在他之前有人在这里出入，还曾经在上面耕作、放牧，所以就这样称呼它。这正是德文郡中所有那些

诸如 Yelland、Yellaton、Yellowland 和 Yellowmead 等农场名称的 25
含义所在。

这样，到盎格鲁–撒克逊移民抵达的那个时候，自比尔盖人开始雄心勃勃的一代又一代驯服和塑造景观的努力大都化为乌有，湮没在杂草、灌木之中，并成为废墟。这一工作又一次不得不从头做起。正如我们将会看到的，虽然并非一切重新来过，但是移居英格兰的大多数人所面对的是一片没有开垦的土地，那白垩地上面及其附近覆盖着空气湿润的橡树–梣树林或山毛榉林；没有被茂密森林覆盖的地区，可能要么是阴冷而薄雾笼罩的荒原，要么是因浸水而潮湿的荒野、被淹没的沼泽以及河口盐滩，要么是土壤贫瘠而干燥的不毛荒地。虽然对各个郡的研究将会在细节上修正这一景象，并且会更清晰地显示从罗马–不列颠乡村生活的破败中幸存下来了什么，但是，对那些渴望土地的入侵者来说，当他们在 5 世纪中期穿越亨伯口①的河流、沃什湾②的河流，并上溯泰晤士河而寻找新的家园时，以上所述的大体上就是那幅画面看上去的样子。

① 亨伯口（the Humber），位于英格兰北部东海岸的一个巨大的潮汐河口，许多地图上将它标为亨伯河（the River Humber）。汇入该河口的河流有乌斯河与特伦特河。——译者

② 沃什湾（the Wash），位于英格兰东海岸东盎格利亚西北边缘上的一个方口湾与河口，居英国最大的河口之列。汇入该河口的河流有威特姆河、韦兰德河、宁河与大乌斯河。——译者

第二章　英格兰人的定居

村落与田野

26　从大约450年到1066年，盎格鲁-撒克逊人的定居延续了约二十代之久。在这段时间，英格兰遍地布满了村落。历史学家过去常常将英格兰景观一分为二，并加以对比：一是北部和西部的小型、分散的定居点，包括小村子和单个农庄，在那里凯尔特生活遗风犹存；二是中部、东部和南部的或多或少有些密集的核心村，在那里盎格鲁-撒克逊人将之前的遗迹一扫而空，从头修建并移居。不过，这幅画面过于简单，与事实也不相符。即使在位于远处西南部的德文郡和康沃尔郡，也可以发现大而密集的村落布满地图，在诺曼征服之时还有所发现；而年代悠久的小村子和孤立农庄也零星地散布在中部和东部各郡。

在英格兰，到处都能发现村落的存在。在一些地区（首先是英格兰中部地区），村落是占主要地位的，有时甚至是唯一的定居形式；同时，在北部和西部各郡，我们发现的则是一种全然混合的定居方式，村庄、小村子和单个农庄混杂在一起。在这里，村落只是几种定居方式中的一种而已，它们都相当古老。

图 8. 阿克斯霍尔姆岛（林肯郡）上的哈克西村（Haxey in the Isle of Axholme）仍保留了大量的中世纪敞田，为人们想象敞田耕作之下的英格兰景观原貌提供了一些参考。

在所有各郡都能找到大小不一的密集村，大多建于盎格鲁–撒克逊时期。在每一个地方，密集村原本都伴随以敞田制。人们曾认为，敞田从未影响过英格兰边缘地带的景观——譬如在肯特郡和埃塞克斯郡、德文郡和康沃尔郡、兰开夏郡及西北部各郡。其实，敞田在所有这些郡中都曾得到推行，只不过在 18 世纪议会圈地时期之前消失已久。的确，它们甚至在 16 世纪都铎时期圈地前就已踪迹全无。正因为消失得如此之早，人们才会仓促地推定敞

27 田在这些地区从未存在过。很可能——不过我们所知甚少，无法概而论之——在13、14世纪的进程中，这些边缘各郡的敞田都曾遭到圈围，成为了我们今天所知的由树篱围住的田地；那个时候，很难对这一过程加以记录。

对盎格鲁-撒克逊时期敞田制的性质，我们同样所知不多。以其最简单的形式而言，它很可能由两块大田组成——村庄每侧各一块，通常叫作东田和西田，或北田和南田。每块田一开始可能都只有几英亩，但每隔十年和每一代人都会通过清除周围的林地或其他荒地来增加土地面积。经过许多个世纪，村庄延伸到其领
28 地的极限，田地也达到了最大面积。直到大约13世纪末或14世纪初，这一点总体上实现了。

有一个事实现在大多数人都很清楚，耕作的单位是条田（*strip*），它依土质和方位而在面积以及长、宽上有所不同。标准的或“常规的”的条田是1英亩——长220码，宽22码，这在英格兰的大部分地区实属罕见。半英亩，甚至1/3英亩的条田很可能最为常见。一批批或一片片同向延伸的条田构成人们所知的一弗隆（*furlong*）[①]（在当时的文献中也称*cultura*），这样，那种田（field）（或者*campus*）——最大的田地单位——就由大量的形状和大小各异的弗隆构成，所以也就是由几百块条田构成。有一幅图（示意图3）将更为清晰地展示那幅画面，这胜过千般描述。

29 可能有一些盎格鲁-撒克逊村庄实行三圃制而不是两圃制。在12世纪的最后几十年，当有关村庄田地的记录为数众多、较为详

① 弗隆同时也是长度单位，相当于1/8英里或201.17米。——译者

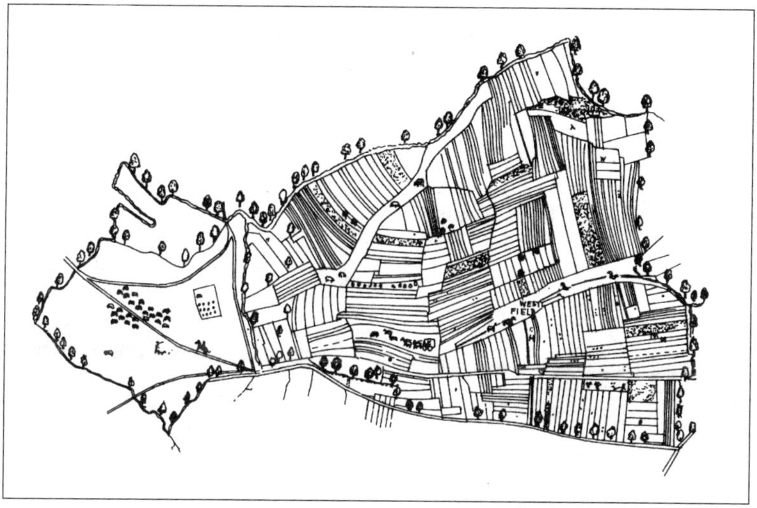

示意图 3. 1635 年诺丁汉郡莱克斯顿（Laxton）的西田和韦斯特伍德公地（Westwood Common）

公地位于可耕地以西。单个的条田聚成大块的田地（弗隆），从图上可以清楚地看出来。宽阔的绿色田埂或私家道路也非常引人注目。

尽的时候，我们既能找到两圃制的村庄也能找到三圃制的村庄。三圃制有可能是由两圃制演变而来的，正如我们所知的在中世纪的一些村庄所发生的情况。

我们不再详述敞田制的农业安排了。只要涉及敞田，直至今日，在一些地方我们还可以看到由它塑造的景观——阿克斯霍尔姆岛上的哈克西（图 8），诺丁汉郡的莱克斯顿，或德文郡北部的布朗顿（Braunton）。在英格兰中部的许多地方，敞田景观也保存 30
下来；15—17 世纪间，那里创设了大片的放牧牛羊的牧场，当时，敞田中可耕的条田可以说完整地保存在草地下面了。

用某种特定的犁上上下下翻耕又长又窄的条田，将土抛到条

图 9. 德文郡北部海岸边的科姆马丁（Combe Martin）村：一个街村（street-village），起源于内陆约 1 英里处，自始慢慢向河谷（科姆河）底部发展，抵达海岸。这里的田地模式，特别是河谷左手边的田地，清楚地显示出该村曾有过呈条状设置的敞田。很可能在中世纪，其四周已用树篱圈围起来。

田中央，于是就造出了一条高高的田垄。每块条田通过一条两边共用的犁沟与邻田相隔开来（在一些地方则以未犁过的草埂为界），这样，中世纪敞田和盎格鲁–撒克逊敞田的古老样式就因那垄–沟而长久保留，今天在米德兰的景观中这一原素是多么的引人
31 注目。坐上那一地区先前的大中部铁路线①上的列车，前往拉格比（Rugby）南部，从列车上望去，人们能看到分布得特别广泛并有趣的垄–沟样式。第二次世界大战期间，因对草场的密集耕作，很

① 大中部铁路线（the Great Central Line），英国从前的一条铁路线，1899 年开通，到 20 世纪 60 年代后期大部分路段被关闭。——译者

图 10. 位于沃里克郡克里姆斯科特（Crimscote）的米德兰的“垄–沟”（ridge-and-furrow）。毫无疑问，我们在这里碰到了可耕作的敞田的垄条，它们在某个遥远的年代转变成了草地。这样看来，通行的将“垄–沟”作为排水需要结果的解释，很明显被打破了。在这里，我们碰到了一个保存完整的中世纪的田地样式。请注意，在最近的两次大战期间，由于农作的荒废，灌木是如何又一次侵占那片景观的。

多这样的垄–沟已不复存在，但仍有一大部分得以存留。应当趁时间还来得及，对它加以绘图，并航拍下来。在一些特定地区，人们很有可能碰见某个中世纪敞田制的完整布局。对这些布局，我们可能发现得越多，得益就越多，因为“条田分布图”是相当罕见的，而且关于农业布局，哪怕是最近的农业布局，有许多都尚待发现。并非所有的垄–沟都如此古老，有一些相当晚近才出现，没什么史学意义。我们需要地方史家和地形学者来仔细区分这两种类型。

盎格鲁–撒克逊人遍布整个英格兰，他们建立起很多村落，有一些地区的村落比其他地区密集得多。譬如，在莱斯特郡和林肯郡，村落之间相隔通常不足两三英里，稍后的斯堪的纳维亚人的定居点加剧了这里的“拥堵”状况；但在德文郡和康沃尔郡，盎格鲁–撒克逊村落彼此相隔 6 英里左右，埃克斯河以西尤其如此，这可能是因为该地存留的凯尔特小村子和农庄数量不少，而且穿插在大部分乡村地带。

当盎格鲁–撒克逊人到来时，村落对英格兰来说已不是什么新生事物。正如我们已经看到的，罗马–不列颠时期就有大量的村落，不过到四五世纪，可能大都荒废了。英格兰是否拥有从凯尔特时期起始终有人居住的村落，这仍有待证明。我们的大多数村落肯定都建在盎格鲁–撒克逊人、丹麦人和挪威人在 5—11 世纪期间选择的新址上——多半在早期的村落居民忽视的河谷地带。尽管如此，各处确实还有不少令人兴奋的线索表明，少数村落可能自盎格鲁–撒克逊时代之前起就不断有人居住。这样的村落虽然可能为数不多，但却更值得探寻。

山顶的村落尤其显示了悠久的历史。有一座村落，位于多塞特郡和威尔特郡的边界线上，高高矗立于克兰伯恩狩猎场（Cranborne Chase）边缘，它拥有动听的古英语名称，叫作梣池村（Ashmore），不过很可能从罗马–不列颠时期起就一直有人居住。
32 它不仅矗立于一座山顶，坐落在充满早期人类活动的证据，包括几个罗马-不列颠村落的乡村地带，而且围绕着一座堤岸护住的大池塘而建，因此这座村落有了古英语名称——“梣池”（*ash-mere*），“梣树环抱的池塘”。克劳福德在一篇关于池塘的非常有趣的文章[1]中指出，这些有堤岸护着的池塘有时可以回溯到基督纪元伊始或更早，而那些以这种古老的池塘或池（mere）得名的高地村落，33
“要么自盎格鲁-撒克逊时代之前就不断为人占据，要么……在荒废一段时期之后，为早期的盎格鲁-撒克逊定居者重新占有”。威尔特郡的油池村（Buttermere）是另一个这样的村落。

克劳福德还指出，当盎格鲁-撒克逊移民占据河谷地带并标出他们的边界时，某些高地地区未被触及，本地的（罗马-不列颠）村落按原样存续。在高地呈窄岭形态的地方，两个相邻河谷中的定居点就共有了一道边界，沿着那道插入低地的山岭中间向下延伸；而在那里依然幸存的古老的高地村落就被挤压得难以生存。不过，梣池村所处的高地地区离河谷很远，因此没有受到影响。其古英语村名可能会引起误导，以为它很可能是由低地的盎格鲁-撒克逊人赐予的。实质上，绝大多数地名一定是邻居而不是定居者本身给起的。譬如，由于我们碰巧有了必要的早期记录，我们知道在萨默塞特郡[2]，新来者更改了一些凯尔特语地名。在一份 1065 年的关于埃克斯布里奇（Axebridge）附近的比迪舍姆村（Biddisham）的地契中，我们特别得知它本来的名字是 *Tarnuc*，一个比较早的凯尔特语地名。同样，凯尔特语地名 *Lantokai*

---

① O. G. S. Crawford, *Archaeology in the Field* (Phoenix House, 1953), pp. 123—131.

② 梣池村邻近此郡。——译者

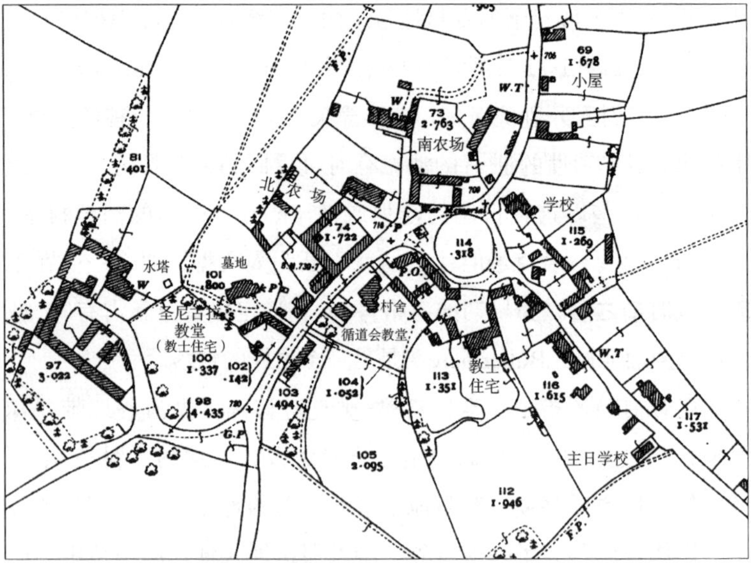

示意图 4. 多塞特郡北部椤池村布局

堤岸围护的大池塘（114）是这座村庄的古老的起点，其古英语名称由此而来：椤树环抱的池塘。该村位于高地地区的最高点，克兰伯恩狩猎场的边缘，此地布满了罗马–不列颠时期原住民村落以及其他遗存。椤池村很可能是罗马–不列颠时期的一个村落，它存续至今，不曾中断。教区教堂位于村落外沿，离那座池塘有一段距离，如同我们可以想到的那样，教堂修建的日期大大晚于村落。

（“圣凯的教堂”［the church of St Cai］）变成了今天格拉斯顿伯里（Glastonbury）附近平平凡凡的“利”（Leigh）[1]。那么，椤池村拥有的古英语名称与其早于盎格鲁–撒克逊时期的古代记录就并不矛盾。

---

① Turner, “Some Aspects of Celtic Survival in Somerset”, *Proceedings of the Somersetshire Archaeological and Natural Historical Society*, vol. XCVII (1953), pp. 148—151.

西博姆（Seebohm）著有一部《英格兰村社》（*The English Village Community*），这部著作为人忽视且被低估；在这部著作中，他用了很多引人入胜的篇幅论述当地能证明古罗马人村落与英格兰村落之间连续性的证据。他给出了几个例子，证明赫特福德郡北部希钦区（the Hitchin district）可能连续存在，这里引述其中的一例就够了（见示意图 15，第 235 页）。在阿什维尔（Ashwell）附近的立特灵顿（Litlington），

> 教堂和庄园大宅……紧紧挨着，处于村落的西侧；在附近的田野和花园中，多年前人们发现了一座罗马维拉的墙和人行道。稍远一点，在靠近阿斯维尔大街的地方，人们发现了为四面墙所环绕的一座古罗马人的火葬柴堆（*ustrinum*）和墓地，以及哈德良至……马格嫩提乌斯[①]时期出产的钱币。

在格洛斯特郡的伍德切斯特（Woodchester），教区教堂、庄园 34
大宅和一座古罗马维拉全都紧挨在一起；在科兹沃尔德地区，维拉遗址颇为丰富，罗马-不列颠村落遗址在一定程度上也不少，此地还有其他的遗迹让人浮想联翩。牛津郡北部的迪奇雷就有一座维拉遗址，可能一直到 5 世纪都有人使用。位于迪奇雷南部约 6 英里处的恩舍姆[②]，有连续占用一个原住民村基址的证据，这十分

---

① 哈德良（76—138 年），罗马帝国皇帝，117—138 年在位；马格嫩提乌斯（303—353 年），350 年僭取了君士坦斯一世的帝位，353 年又被君士坦提乌斯二世所杀。——译者

② 恩舍姆（Eynsham），牛津郡的一个大村。——译者

引人联想。这里发现的各种陶器和钱币证实，公元1—4世纪有人居住；在571年贝德福德（Bedford）战役过后，盎格鲁-撒克逊人攫取了很多地方，恩舍姆是其中之一。这清楚地表明，那个时候，它是一座适于居住的村落。像这样的地方在英格兰南部为数不少，那里，生活连续不断的证据需要新的审视。

在康沃尔郡，盎格鲁-撒克逊征服者在8世纪似乎接管了带有凯尔特语名称的地区，将它们改造成大型的日耳曼人村落。在这些地区，他们看来一定引入了敞田农业[①]。康沃尔郡东部的卡林顿村（Callington）得名于古康沃尔语[②]名称*Celliwic*（“小树林边的村落”），当盎格鲁-撒克逊人接手时，他们在这个名字后面加上了英语的*tun*[③]。该郡北部的基尔克汉普顿（Kilkhampton）和西部的海尔斯顿（Helston）是另外的带有古康沃尔语名称村落的例子；在这里，一个古英语词缀后来某个时候被添加进去，盎格鲁-撒克逊人的敞田制也得到引进。可想而知，像这样的村落从罗马-不列颠时期起就一直存在着。

小村子

即使对盎格鲁-撒克逊人来说，村落和敞田也不是唯一的人类定居模式。“没有哪一类居民点，”弗兰克·斯坦顿爵士（Sir Frank Stenton）说道，

---

① 参见 W. G. V. Balchin, *Cornwall* (Hodder & Stoughton, 1955).

② 在康沃尔郡通行的凯尔特语，18世纪后期被废除。——译者

③ *Tun* 在古英语中意为 town（市镇，城镇）。——译者

图 11. 德文郡北部马尔伍德教区（Marwood）的威斯克巴顿村（Westcott Barton）。这座孤立农庄在《末日审判书》中得到了记载。它源于盎格鲁-撒克逊时期，建在一条小溪旁边，离任何一座村庄都很远。这里的田地最初是用树篱圈围的小片土地，但近年来为了得到大块的田地，一些树篱明显地遭到了破坏。

能在整个英格兰独占鳌头，甚至连其南部都是如此。在土质黏重的地带，的确，只要存在持续恢复协作农耕的机会，刻尔[①]往往会在村落中生活在一起。不过，迟至8世纪，或许对1/4的英格兰居民来说，生活还是一场搏斗，为了生存而与无利可图的土壤和灌木丛生的植被搏斗；只要稍微偷点懒，35
灌木丛就会再一次吞噬耕作了的土地。正是通过个人的努力，

① 盎格鲁-撒克逊自由民中的最底层。——译者

> 这些贫瘠的土地才得到耕作，而数不清的有古英语名称的孤立农庄依然可作为这一过程的标记。①

此类带有盎格鲁–撒克逊源头的孤立农庄在赫特福德郡的奎恩胡堂（Queen Hoo Hall）就可以看到，它位于韦林（Welwyn）以东3英里处弯弯曲曲的小路中央。这在大约1060年的一份撒克逊地契中有记载，名称是*Quenildehaga*，意指“一位名叫Cwenhild的妇女的圈围地”。很明显，这是一座独立的农场，有树篱圈围的土
36 地，不属于更古老的特温村（Tewin）敞田的一部分，该农场的首位建立者可能来自该村。不远的地方还有其他农场，例如罗克斯福德（Roxford）（在赫廷福德伯里［Hertingfordbury］教区）和埃普康姆（Epcombe），据《末日审判书》②显示，这两地都靠它们自己耕作，完全置身于村落土地的协作农耕之外。德文郡和康沃尔郡也有许多这样的孤立农庄，它们建在林中小片空地之上，在一些盎格鲁–撒克逊地契或最晚在《末日审判书》中有记载。

在人们想到排干水浸的沼泽和湿地或河口低洼沼泽地，或者开垦高处怪石嶙峋的荒原之前，对林地的清理的确是自然景观中最大的单一形式的变化，盎格鲁–撒克逊人定居的早期阶段尤其如此。这些英格兰先民根本没有为我们留下有关他们抵达时所见景观的只言片语，他们随后就着手开垦自然的荒野。他们并不留意什么景色，与以后许多世纪其他辛勤劳作的农民相比有过之而无

---

① Sir Frank M. Stenton, *Anglo-Saxon England* (Oxford: Clarendon Press, 1943).

② 《末日审判书》（*Domesday Book*），即1086年土地调查清册。——译者

不及。不过，5—8 世纪期间在英格兰西南部传教的凯尔特圣徒的“生平”，以及建在一些与世隔绝之地的小型寺院社区，却让我们对所涉及的工作有些概念。从 5 世纪的威尔士圣徒、穿越康沃尔和布列塔尼的圣布里奥克（St Brioc）的生平中，我们读到，教友们

> 他们自我协作，砍倒树木，拔起灌木，披荆斩棘，很快就将一片密林变成一片开阔的空地……一些人砍倒原木，用斧头加工整理；另一些人设计用作房屋墙壁的板材；许多人制作天花板和屋顶；一些人锄开草地。

这是那副景色的一个方面，即满怀热情的人们快乐地为他们的隐修家园清出空地；而那些孤独的拓荒者缺少由虔诚信仰带来的火热干劲，他们感觉到的，一定更像古老的康沃尔戏剧《世界初始》（*The Beginning of the World*）中献给亚当的几句话所表达的悲伤：[①]

> 石楠的根啊多强韧，
> 跟它们反复较量啊
> 我的手臂已折断。

人们用斧、鹤嘴锄和砍刀清除小树、灌木丛及林下植物，但 37
如果这是唯一一种清理地面的方法，那么，无论家人还是村社，

① 庞兹（Pounds）在《康沃尔郡的古林地》（“The Ancient Woodland of Cornwall”）一文中引用，发表于《老康沃尔郡》（*Old Cornwall*）杂志，1942 年 12 月，第 523—524 页。

可能都会因为谷物短缺而活不了多久。有证据表明，让森林燃烧，这样的做法产生了快速清除的效果。若干地名证实了这一论点。斯维斯兰（Swithland），位于查恩伍德森林（Charnwood Forest）边缘的一个莱斯特郡村落，意为“通过焚烧开辟的土地”；这即是北部诸郡常见的斯维顿（Sweden）这一地名的含义。巴尼特（Barnet）是赫特福德郡和米德尔塞克斯郡树木茂盛的边境线上一个重要的行政区，这里的土地同样是通过焚烧开辟的；而埃塞克斯郡的布伦特伍德（Brentwood）意为“烧过的森林”；柴郡的布林德利（Brindley）意为“烧过的林中空地”。

有证据表明，新石器时代的人们是通过焚烧开辟林地的：在丹麦的沼泽地区的新石器时代地层中，就发现了好几层木炭。以上援引的所有英格兰事例在日期上都较晚（12、13世纪），它们表明，焚烧这一方法在中世纪的英格兰得到了应用；不过盎格鲁-撒克逊诸王制订的一些法律表明，在他们征服之前的时代，焚烧已是人们广为接受的方法。在伊尼法典（688—694年）中，有专门惩罚烧掉别人树木之人的条文：“他要支付60先令的罚款，因为火即是贼。”

斧砍也许是最重要的清理方法，因为需要大大小小的木材来满足各种用途。在盖房、造船和建教堂、制作农具和家具、各种各样的修理工作以及供应家用燃料方面，木材发挥了现代经济中钢筋、水泥和煤炭的作用。火一般被视为一种相当孤注一掷的权宜之计，在某种开疆拓土的经济结构中会加以采用，一个定居的社区建立之后则不大可能采用。快速清理森林的第三支生力军是放牧的牲畜，它们在农庄附近的森林中游荡时吞噬大量的苗木，从而影响了森林的自然再生，使老树的损失得不到弥补，最终使森林缩小，成为稀树草原性质的或多或少比较开阔的空地。今天，在挪威北部的边陲农庄周围，也许还能见到这一过程在起作用。

村落的外形

在斧头、火和牲畜的联合作用下，盎格鲁-撒克逊时代英格兰 38
茂密而绵延的林地有所减少。据弗兰克·斯坦顿爵士说，到 10 世纪中叶，一些文件证明了“不计其数的村落的存在，每一座都因一个固定的名字而著称，每一座都因一片领地而维持下来，其边界线可以用最详尽的细节加以描绘”。今天英格兰地图上的几乎每一座村落——除了在一些工业区——到 11 世纪时都已存在，《末日审判书》对它们有所描述。一些村落的年代可以追溯到 5、6 世纪，从它们的地名或考古发掘的异教徒墓葬证据所提供的线索中，我们了解到这一点；更多的村落则被存留下来的 7—10 世纪的文献记录在案。拓殖工作进行了一代又一代，一个世纪又一个世纪，对于大多数村落的建立，实际上不可能给出一个大致的日期。就连某一个叫牛顿（Newton，“新镇”[the new *tun*]）的地方，在《末日审判书》中可能都有记载，不过我们可以完全有把握地断定，既然是那样，这个村落的起源就相对晚近，大概始于 10 世纪或 11 世纪初。

当善于观察的旅行者周游英格兰时，他会注意到所有的未受 20 世纪建筑影响之村落的各种布局和一般形状；我们所拥有的最早的村庄详图也揭示了这一点，这些图是在 16 世纪末到 17

世纪初制作的。有三大类村落，大多数村落都可归入其中的某一类：围绕中心的一片绿地或一个广场而建的村落，沿着一条街道伸展的村落，以及尽管有一堆房子惹人注目，但住处几乎随意地安置下来，相互之间或与任何一个现有的核心点都没有明显关联的村落。这三类村落都有不可胜数的例子，但各举一两例就够了。“绿地村”（green-village）中有埃塞克斯郡的芬奇菲尔德（Finchingfield）或达勒姆郡的伊辛顿（Easington）；“街村”中有萨福克郡的朗梅尔福德（Long Melford）和沃里克郡的亨利因阿登（Henley-in-Arden）；“散村”（fragmented-village）中有牛津郡的中巴顿（Middle Barton）一例。当然，在这些类型的村落内部，甚至还可以作明显的分类。比如，H. 索普先生（H. Thorpe）
39 曾对达勒姆郡的“绿地村”作过详细的研究和分类，康泽恩先生（Conzen）也对整个英格兰东北部进行了同样的研究。也有一些混合类型的村落，它们可能是后来变化的结果。最后还有一些数量相当少的规划良好的村落（主要是18世纪的时候），例如多塞特郡的米尔顿阿巴斯（Milton Abbas）或诺森伯兰郡的布兰奇兰德（Blanchland）。

英格兰村落的种种布局，除了给人们提供一种最怡人的乡村特征外，对景观史家来说，还是极有趣味且引人入胜的。之所以
40 有趣，是因为他意识到这种多样性几乎肯定反映了非常早的文化或历史的差异性；之所以引人入胜，则有两个原因。第一，由于我们不能确定某个村落现今的布局是不是在最早的地图可获得之前即已完成的一系列变化的结果：在很多情况下我们无法确定我们明了最初的形状为何；第二，即使我们可以确定某个村落最初

图 12. 埃塞克斯郡的芬奇菲尔德，一个环绕一大片绿地而建的古老村庄，教区教堂俯视全村。绿地村是村落中的一个不寻常的类型，不过其确切意义为何人们还不了解。芬奇菲尔德意为“芬奇或他本族人的土地（*feld*）”；在另外的森林密布的乡村地带，*field* 是一块开阔地。在早期定居的时代，当侵袭发生时，绿地原本的用途可能是当作一处避难场所，或供养村落所有牲口的临时牧场。在埃塞克斯郡的这一地区，有许多以“-field”结尾的地名。

的形状，我们也还不能断言在社会史的范畴内多样的形状和布局意味着什么——因为在本国，对这个题目研究得太少了。

尽管普遍认为，在英格兰各地，村落绿地是乡村风景必不可少的标志，但实际上它只是在英格兰东部的低地地区占据优势，而在西部的高地地区则十分罕见。绿地是英格兰东北部的特征，对于那里的一个典型的绿地村，亨利·索普是这样描述的：

> 许多宅子构成一排以绿地为界的密集房屋，房前空地面朝着绿地，这样在一些地方，例如海英顿村（Heighington）和伊辛顿村，绿地的外侧被当作了某些房屋的前花园。在面朝绿地的住宅中，有不少还是农庄，其农家场院和附属建筑一应俱全，与农田严格区分开来；它们在村中的地位与外围住宅有很大的不同，因为只有面朝绿地的宅子才有权放牧牛、羊、马以及家鹅（通常不包括猪）……那些房屋和农庄的后头常常通往一条“后巷”（Back Lane），这条巷子可能会环绕那一居民点不断延伸，通常将它们与比较新的房子分隔开来……反映绿地村形状的这条后巷，明显地是从旧时的车道与牲畜道的连接处发展而来的，这些道路从古老的公地和牧场通向农庄的附属建筑。①

那片绿地往往随之包含着两种属于同时代（或几乎属同时代）的特征：一口井（人们今天常常在井上搭一小型石头建筑，并废弃不用），代表早期的供水，没有它，整个社区根本不可能生存；一座教堂，立在绿地之上，或者在它的一侧。在后来的几个世纪
41 中，有时候允许在绿地上建学校和铁匠铺，但其他的建筑就不允许建了。

虽然村落绿地在英格兰西部比较罕见，但是在德文郡及其他地方可能会见到的围绕大正方形或长方形广场而建的密集村，很可能代表着与英格兰东部“绿地村”同类的村落。德文

① H. Thorpe, ‘The Green Villages of County Durham’, *Proceedings of the Institute of British Geographers,* 1951, pp. 160—161.

郡南部的阿格伯勒（Ugborough）或德文郡西部的布拉德沃西（Bradworthy）的布局就清楚地表明了这一点。在德文郡的其他许多村落，开阔的正方形或长方形广场有一部分在较晚时期才修建起来，而且往往遮蔽了原来的村落布局（如示意图5所示的索弗顿村的情形），上百个原来的“绿地村”也是如此，要么在某个遥远的日期，要么在议会圈地中失去了它们的草地。

这些村落围绕一大片草地或一个广场的周边而建，它们很可能相当于用于防御的围栏，正如今日东非某些部落的原住民村所揭示的那样。在那里，简陋的小屋围聚在一个圆型围栏周围，它们之间有窄窄的豁口相通，入夜后即用荆棘篱封住；每一个房主都有义务对这些豁口进行维护。夜里，人们就将牲畜赶进围栏，以防狮子袭击。在撒克逊时期的英格兰村落，丛林密布的乡村地带防狼的需要可能会使人们采用同样的村庄布局，不过随着大型肉食动物的消失，维修通往草地或广场通道的义务早已解除。尽管如此，古老的村落布局保存了下来，有教堂、公共水井以及从四面八方通向中心广场的小巷和道路，而像树桩村（Stockton）这样的名字，或许是对当初围绕这一最初居民点而立的木桩栅栏的很好的纪念。

尽管一些绿地村或广场村可以追溯到早期盎格鲁-撒克逊人定居的时候，但我们并不能从这种防御性的外形臆断，它们一定就是最早的村庄布局。圣卡斯伯特（St Cuthbert，约634—687年）[①]的生平为我们提供了一份难得的关于某个早期村落的描述，一个

① 中世纪早期英格兰七国时代的七国之一诺森布里亚（Northumbria）的福音传播者。——译者

42

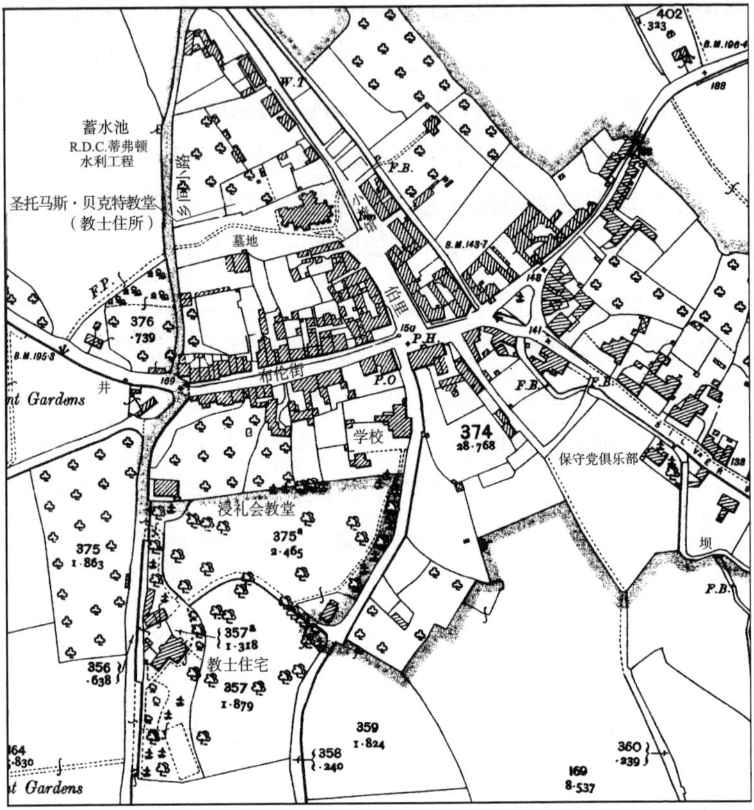

示意图 5. 德文郡东部索弗顿村（Thorverton）布局

索弗顿是一座撒克逊人奠基的村落，最初很可能开拓于 7 世纪。原来的中心可能是溪边那片长方形大空地，拥有伯里（“The Bury”）这一重要名称（从古英语词汇 ***burh*** 而来，意为“一个设防之地”）。这一定指的是造就其最初中心的撒克逊人土木工事或其他防御工事，因为这里没有任何显示古罗马人或前古罗马人城堡的痕迹。这一重要名称在同一时期兴建的邻村锡尔弗顿（Silverton）相似的基址上也有发现。教区教堂位于**设防之地**的一端，这一位置也非常有特点。大概在中世纪或中世纪以后，原来那大片空地在东边民居建筑所蚕食的地方一分为二。

面临烧毁威胁的尚未被确定的地方。从其描述中可以得知，这个7世纪的村落沿一条街道、按东西方向延伸开来。因此，一些“街村”有着悠久的历史；当然另一方面可以表明，很多街村是在中世纪早期而不是这之前沿着一条繁忙的主路发展起来的。

至于那些既不围聚一个中心广场，也不沿着某条街道延伸的 43
村落，那里的房屋不是孤零零地就是两三成群地散落各处，由小巷和通道网连在一起；我们或许可以正确地将它们视为个人在公共牧场或林木茂盛之乡村的某块空地上擅自占地的结果。这些擅自占地者缺少一致的规划，也没有一个为小社区所拥戴的领导者，因为在那些为数众多的早期村落中，其名称体现的是一些盎格鲁–撒克逊人个人的名字。他们自行其是，在哪里清出一片足够的空间就在哪里搭建，这当然往往就紧挨着邻居。他们并非在丛林深处营建与世隔绝的农庄，而是修建了规模可观、结构松散
的村落（示意图6）。这种类型的村落出现的时间也许晚于由某个 44
人所领导的社区作为整体兴建的那些村落，譬如莱斯特郡的皮特林村（Peatling），皮特林意为“皮奥特拉斯的族人”（Peot-las’s People），表明人们在清理空地和建筑房屋上齐心协力。大多数以 *-ing*、*-ingham* 和 *-ington* 结尾的村名都属于这类村落，在整个英格兰南部和东部为数不少，并且大多位于最早建立的村落之列。以 *-ings* 和 *-ingham* 结尾的村落肯定如此。

在林肯郡，绿地村并不常见，不过M. W. 巴利（M. W. Barley）先生评论说，“通常，当村落布局呈长方型，这个地方为小巷子围住，并在今天让位于村舍、农场住宅和家庭围场时，这种地方起初就是焦虑不安、辛勤劳作的开拓者勤勉开垦的第一弗隆土地”。

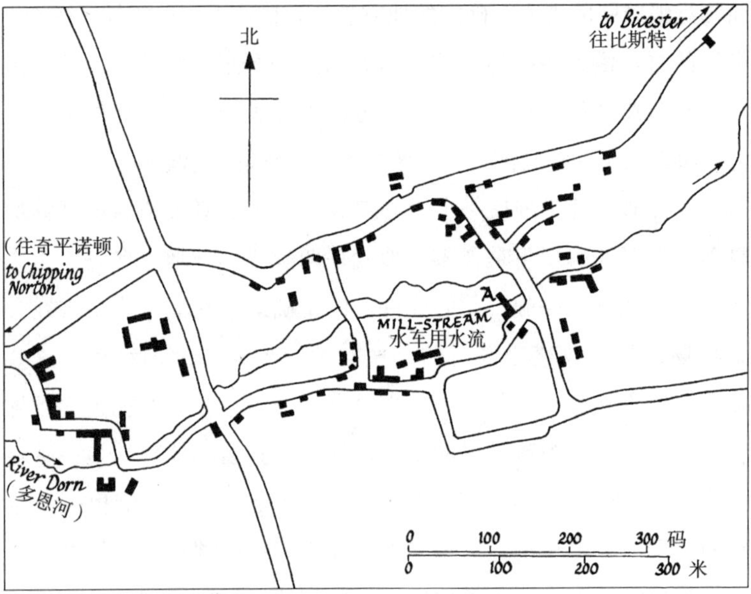

示意图 6. 1795 年的牛津郡中巴顿村（源自圈地地图）

牛津郡的中巴顿村是一个没有任何中心或者看不清布局的居民点。房子彼此分散在各个角落，通常在它们自己的小块土地上遗世独立。很明显有一些 18 世纪的村舍侵占路边，不过大多数或许占的是中世纪的遗址。这个村落在 1316 年首次有名记录在案，但那座水磨（图中 A 处）在 1279 年就有了，这可能是该村的起端。它位于斯蒂普尔·巴顿（Steeple Barton）的领地之内，有可能在领地西边的公共牧场上发展起来。该村的大路和小巷表明，穿过开阔地带的小径和小道即是其源头。

林肯郡有许多这种方型布局的村落，巴利先生引用梅勒姆勒芬（Mareham Le Fen）、沃尔兹丘陵地区的古尔塞比（Goulceby in the Wolds）和斯科顿（Scotton）作为范例。在这些拥有敞田，从一开始就依赖合作农业的村落，每当需要另外的村舍，人们就会在屋后小径上建房子，先祖村（the ancestral village）就这样在规模上慢慢扩大。另一方面，在剑桥郡和林肯郡的沼泽地带，不存在敞田农业，年轻人从盎格鲁-撒克逊时代后期起就分散到沼泽中，独自营建新的小村子和农庄。由此形成了不同的定居模式：先祖村位于泥埂之上，不过从这里向四面八方铺开的道路全都通向女儿村（daughter hamlet），其孤零零的农场则向南朝海分布。芬兰德沼泽教区的地图上布满了它们的名字，并通过弯弯曲曲的道路串连起来；而敞田教区的地图表明，古老的村落位于或临近中心，中心之外很少有抑或没有村落，仅仅是空地。像这些教区所存在的这种农庄，即使有，也为数不多，它们始于18世纪议会圈围该教区之时。

英格兰的许多村落自初建以来在布局上都经历了相当大的变化，想要看出为后来发展所掩盖的盎格鲁-撒克逊框架，就需要一番实践。然而，人们还是可以穿越偏僻的村落，在那里亲身感受遥远的古风，譬如赫特福德郡鲍尔多克（Baldock）东北两英里的比格雷夫村（Bygrave）（示意图15，第235页），一种先祖村。已故的威廉·佩奇[①]称之为“英格兰早期的自给自足居民点中最有趣的幸存者之一”。它屹立于该郡1620英亩领地的中央，紧挨着伊克尼尔德驿道[②]，这构成了该教区的整个南部边界。庄园大宅和教堂的基址矗立在该教区地势最高的土地上，为一条壕 45

① 即威廉·亨利·佩奇（William Henry Page，1861—1934年），英国历史学家，以研究英国地方史著称，生涯后三十年任《维多利亚郡史》（*The Victoria County History*）总主编。关于赫特福德郡的乡村，他写过《赫特福德郡城镇和乡村的起源和类型》一文（“The Origins and Forms of Hertfordshire Towns and Villages,” *Archaeologia*, 1920）。——译者

② 伊克尼尔德驿道（Icknield Way），英国东盎格利亚郡的一条人行道，长177公里，被认为是英国最古老的道路。——译者

沟所环绕；这座极小的村落沿西边的一条大街而建。这一教区中没有一座远离中心的农场，在1950年的地图上看上去和1834年全国地形测量局地图首版上的模样并无二致。它由973年的一份撒克逊地契首次记录在案——“靠近渠道的地方”，而且保留着1000年之前所建的小型社区全部的必不可少的特点。实际上，比格雷夫村的盎格鲁-撒克逊时期的敞田淡出了人们的记忆。所遗留下来的这些古老村落比我们可能想象的要多得多，对于在英格兰徒步旅行的人来说，遇到一个他从前闻所未闻的村落，实在是快乐之至。

一些盎格鲁-撒克逊地产的边界

虽然自盎格鲁-撒克逊人初建以来，这些村落在外观上经历了巨大的变化，但是在乡村地带，至少有一个盎格鲁-撒克逊来源的特征通常几乎完好无损地保存下来。我指的是盎格鲁-撒克逊大地产的边界堤；对此，人们可以借助勤勉地梳理现存文献中提到的那些要点而学会辨识。这样的练习比其他的任何爱好，包括猎狐，能让人更真实、更详细地了解英格兰的乡村。当一个人手足并用地爬过树篱，跳过密林中雾气弥漫的溪流，横穿潮湿夏季那荆棘漫布、植被繁茂、满眼绿色的狭窄小径，更不用提在天空蓝白色交相辉映、四周满是深沉大地之壮丽景色的日子，漫步于高高隆起而微风习习的山岭——在这样的时候出行，带上一份撒克逊地契的副本和一张2½英寸的地图，那么数英里的英格兰景观地貌就会刻在脑中，印在心上。与此同时，你可以不断地进行这样的思维训练，将那文件上通常模糊的地标与你正在穿越的地方对应起来，并通过准确无误地辨认出一些地标，弄清那风景中一些常见景物——一条壕沟，一片树篱，一块沼泽，一个池塘，或者你想要的任何东西——的年代，而获得精神上的愉悦。

925—939 年之间，阿瑟尔斯坦王①赠予埃克塞特的圣玛丽修道院和圣彼得修道院一处位于蒙克顿（*Munecatun*）的“教士住
宅”（mansa），一块大约4000英亩②的地产，位于该市西北偏北约 47
6 英里处，从美丽的新红砂岩乡村地带一直向上延伸到拉顿山脉（the Raddon Hills）。地产的整个南部边界线长约 3 英里，由一条从埃克斯河通往克里迪河（the Creedy）③的古路标示出来，对此，可以确定无疑。一条小溪则区分了整个西部边界。该地产的东部边界的大段长度也没什么问题（图 13），但是，当人们标识所发现的这一地方的北部和东北部边界时，问题就出现了。

这里不是叙说北部边界细节的场合，它倒是有几点有趣之处。不过，其中最为有趣的也许是那道高高的土堤（在那份地契中称作 *dic*）。那幅图上有一条完全不适于轮子通行的狭窄小路，蜿蜒于拉顿山岭的末端。没什么东西显示出它有多么古老，或有什么特别引人入胜之处，但人们的注意力还是投向了它，就像我关注

① 阿瑟尔斯坦王（King Athelstan），麦西亚和威塞克斯的国王（924—939 年），第一位在整个英格兰建立统治地位的撒克逊统治者。——译者

② 约 16 平方公里。——译者

③ 英国德文郡的一条河流。——译者

46

图 13. 德文郡东部的一条凹陷的小路，索弗顿附近的阿默伍德小路（Armourwood Lane）。它起初是一条边界线（大约在 7 世纪），夹在王室地产锡尔弗顿（左边）和埃克塞特修道院地产（右边）之间。奴隶劳工们挖出了一条供两边用的壕沟，泥土被抛出来在每一侧形成了篱坝。于是，这一“两用壕沟”就成了一条凹陷的小路，一直延伸到那条撒克逊时期边界所规定的最远方。

它好多年了。这是因为有这样一个事实，即它很显然并不是为了现代目的而修建的。其实，它就是这块 10 世纪地产的东北部边界，当人们看见它时，它就像一段防御土墙的步道，从中部插入了高耸陡峭的土堤的斜坡（图 14）。

即使人们并不知道这里有一块撒克逊时代的地产，漫步于此只是为了享受一下探索一片新土地的乐趣，我们也不可能忽略这个堤岸的构造和走向。正是那份地契，再借助悉心的田野考察工作，揭示出这道土堤就是一块地产的边界，在时间上可追溯到 10 世纪早期，甚至可想到埃克塞特修道院建立的 7 世纪。当阿瑟尔斯坦于 925—939 年将此地赐予修道院时，这片地产就叫做“蒙克顿”（Monkton），这一事实表明，其地契只是确认一下对这片已按埃克塞特的僧侣们命名的土地的赐予行为；而最初在修道院奠基之时，这片地产就已被赋予了它。[①]

一个晚上，我们在萨默塞特郡中心靠近萨默顿（Somerton）的一次偶尔的考察，发现了一处相似的建筑，那无疑也是某一块地产的边界堤，可惜没有相关文献存留下来。如果踏上萨默顿西北约一英里半、围着布莱德利山（Bradley Hill）北面和西北面绕了一圈的那条小路，这一点可能就清晰可见。那小路是一条沿高耸的堤岸顶部伸展的土墙步道，与上文已描述过的那条很相似，而
且地产的边界清晰地沿着高出大片土地边缘几英尺的地面界限伸 48
展，后来大部分被水淹掉，失去了作用。

萨默顿是一块王室地产，蒙克顿在被赐予埃克塞特修道院之
前也是如此。这些大规模的土墙，有时很宏伟，或许只能由国王 49
和富豪这类可以命令无数奴隶劳工的人修建，因此，在被发现之

① 不过，我们不应将这个证据看得太重，因为现存的这份文件本身是一份后来经过重构的文本。

图 14. 德文郡东部盎格鲁-撒克逊时期边界土堤：在这里，图 13 的凹陷小路改变了特征，成了一道大土堤，有一条开阔的小径沿着它伸展，而中部是高起来的。那土堤的上半部从左侧可以清楚地看出来，下半部则塌陷成了右边的田地。在 670 年的那份地契中，两幅图片中那条小径的弯曲之处被特指为"土堤转弯的地方"，它有助于人们确定此处的边界线。对"*dic*"的解释可能会有变化，或解作"壕沟"（ditch），或解作"土堤"（dyke）。那凹陷的小路代表的是"壕沟"，不过在这里我们能看到一座土堤或凸起的堤岸。许多古代的这种边界堤依然可以在田野上加以鉴定，并标识出来。

处，它们相当于那些比较重要的地产的边界。在这里，也有大量的引人入胜的田野调查在等待着具有历史头脑的英格兰景观探索者。从一份份特定的盎格鲁-撒克逊地契中自然可以收获丰厚，不过，如果有人愿意偶尔在夜间漫步，那么，$2^1/_2$ 英寸或 6 英寸地图上显示的任何一条窄窄的小路——尤其是在有某个教区边界沿着它进行时，这些教区边界总是悠久历史的标志——都值得仔细地加以考察。当然，人们可能会一无所得，不过，在英格兰，这部田野史中有如此多的地方等待着发现，所以有时候人们注定会有所斩获。

在威尔特郡皮尤西河谷（the Vale of Pewsey）北岸的奥尔顿普赖尔斯（Alton Priors），或许可以看到一处明显的盎格鲁-撒克逊时期地标遗存。① 825 年，埃格伯特王（King Egbert）将奥尔顿的 50
一处地产赐予温切斯特的圣彼得教堂和圣保罗教堂，它覆盖了现今教区的绝大部分地区。正如那份地契告诉我们的，地产边界在某一处延伸到了“位于其下部的旺卡姆（Woncumb）的一块石头边，石头上有个洞”。这块石头，一块正好有洞穿过的大砂岩，为标识地契提到的地产边界的那群人所发现，现在它还立在 11 个多世纪之前那位撒克逊“勘测员”见到它的地方。

斯堪的纳维亚人的定居点

从 9 世纪晚期开始，斯堪的纳维亚人征服了英格兰的很多地方，催生了许多已被发现的新村落。我们并不知道这到底有多少，因为尽管好几百个村落都拥有纯粹的斯堪的纳维亚语名称（最容

① 这条信息来源于 G. M. 杨先生（Mr. G. M. Young），最初的发现大都要归功于他。（G. M. 杨，英国历史学家，曾是牛津大学万灵学院的一位研究员，代表作有《一个时代的肖像》[*Portrait of an Age*]。——译者）

易辨识的就是那些以 *-by* 结尾的名称），但我们有理由认为，有时候——也许大多数时候——这些新来者只是接管了某个盎格鲁-撒克逊人村落，重新给它命名而已。这样，莱斯特郡的威格斯顿村（Wigston）被称为“维京人之地”（Viking's *tun*），以当地某个丹麦领袖命名，据估计可能就是斯堪的纳维亚时期的一个基地。但是在 18 世纪末，恰好在现今的这个村外，人们发现了那异教徒时期的一座盎格鲁-撒克逊人墓地。其中的藏品毫无疑问地证明，在维京人及其仆从出现于那片风景之前将近 300 年，威格斯顿都以另外一个名字存在着。我们也知道，德比（Derby）从前有一个古英语名称诺斯沃西（Northworthy），这表明，它是一个建于盎格鲁-撒克逊时期的居民点。

尽管如此，那些复员的丹麦士兵带着他们的家人，在盎格鲁-撒克逊人尚未清理和开垦的乡村地带还是建立了不少新村。在英格兰东部的一些地区，他们在人数上大大超过了当地的英格兰人。876 年，斯堪的纳维亚人开始将约克郡加以瓜分，并在此定居；翌年，他们又瓜分了东米德兰（麦西亚[①]）。到 919 年，麦西亚为英格兰人收复，因此英格兰这一部分的斯堪的纳维亚人定居点可追溯到 877—919 年间的大部分时期；不过亨伯口以北的一个斯堪的纳维亚王国持续的时间更长一些。10 世纪时，一波又一波挪威人在英格兰西北部各郡定居下来，并在该地区的地名中留下了他们

① 麦西亚（Mercia），英格兰中部古王国，七个盎格鲁-撒克逊王国之一，疆土最初包括现在的斯塔福德郡、德比郡、诺丁汉郡与西米德兰北部和沃里克郡等边界地区。877 年丹麦人将麦西亚分为英格兰区和丹法区（Danelaw）。10 世纪初丹法区领土被收复，麦西亚从此受威塞克斯王国统辖。——译者

存在的独特痕迹——例如坎伯兰郡和威斯特摩兰郡为数众多的含 51
有 *thwaites* 的地名。

不过，这不是在写一部英格兰历史。在此我们关心的是，这一波波新来的定居者在景观上造成了什么变化。变化似乎主要是两点：其一，他们在盎格鲁-撒克逊移民相对尚未触及的许多地带展开了相当密集的清林工作，建立起许多新的村社；其二，一些远离村落的与世隔绝的小村子和农庄得以建立，其中的一些显然是排干沼泽和湿地的结果。

关于第一点，我们并不知道斯堪的纳维亚移民有没有带来什么独特而与众不同的村落类型。在他们定居的英格兰东部地区，我们辨认不出强烈的斯堪的纳维亚化痕迹，这表明，9—10世纪的丹麦人所建的村落在布局上与盎格鲁-撒克逊人所建的村落没什么显著的不同。当然，今天辨认不出任何差异，可能是由于在过去上千年的进程中，不断修正的变化影响了这些村落。这样，即使起初的村落布局有所不同，可能也被那些变化渐渐抹掉了。或许如果我们碰巧挖出在早期某个时候，即布局发生重大变化之前便遭废弃的丹麦人奠基的村落（例如林肯郡的里夫斯比［Revesby］），我们就会更多地了解这一主题；不过在我们今天所见的景观中，肯定没什么可作为斯堪的纳维亚人独特贡献的代表。这些斯堪的纳维亚移民也没有引进新的田制。在英格兰盛行敞田的地方，他们也建起自己的敞田；在他们自己不提供劳力从事大规模合作农业的地方，他们就建起带有小块圈围农田的小村子或农庄，像今天的农场主的农田一样加以耕作。这与盎格鲁-撒克逊人在同一乡村所做的并无二致。

《末日审判书》显示，在英格兰东部的宽阔平原上，分散的小村子和农庄是由斯堪的纳维亚移民建立的。例如，在格里姆斯比（Grimsby）附近位于林肯郡沼泽地边缘的斯塔灵伯勒村（Stallingborough），由 1 个中心村和 3 个分散的农庄组成，有 5 个梭克曼（*sokemen*）（丹麦血统）和3个维兰[①] 占住。每一个定居点只有1—3 户人家，每 8 户人家才能共用一部犁。在林肯郡沼泽区还可以发
52 现许多其他的孤立农庄的例证，其中的一些可以追溯到 9、10 世纪，其他的则可追溯到 11 世纪。这里的“经济结构和古老的敞田经济截然不同。居民们不住在村落的街道旁，而住在分散的住所中，靠他们的小片圈围的草地和沼泽各自维生”。[②] 诺福克郡的许多教区都有这种非常分散的居民点，至少部分应归于这一时期丹麦人对这一地区密集的瓜分。我们很早就发现，在这些教区，农庄离任何一座村落都很远，农场小而密集，与敞田地区的农场截然不同；后来我们又发现了这样一种现象，即一个村落内、有时候一个教堂庭院内有两座（甚至三座）教堂。这无疑反映了该地区独特的社会结构和社会历史，这些因素的具体影响如何，还需要加以研究。

---

① 维兰（villens），中世纪的英格兰对依附农民的称谓，指人身处于依附状态并承担奴役性义务的非自由农民。——译者

② D. M. Stenton, *English Society in the Early Middle Ages* (Penguin Books, 1951), p. 125.

第三章　中世纪英格兰的人居环境

1086 年的景观

虽然《末日审判书》中有那么多确凿的信息，但是它并没有直 53
接告诉我们每个郡到底有多少地方得到了开发并有人居住，有多少地方仍是一类又一类的“荒芜地区”。其中的许多信息还有待从其记载中加以挖掘。不过，通过观察《末日审判书》记载的这片国度不同地区的人口，我们可以相当确切地了解自第一批盎格鲁–撒克逊人登陆后的 600 年间英格兰在多大程度上得到了拓殖。当时，这片国度的总人口可能约有 125 万，其中大概 1/10 住在“自治市镇”（borough）。只有 6 个郡的人口各超过 5 万人。英格兰人数最多的郡是诺福克郡，大约 9.5 万人，比今天牛津城的人数还要少。林肯郡大约有 9 万人，萨福克郡和德文郡每郡约 7 万人，埃塞克斯郡和萨默塞特郡各有 5—6 万人。南部四郡——肯特郡、汉普郡、萨塞克斯郡和威尔特郡——每郡人口约 4—5 万；约克郡从诺曼征服起就经历了一系列灾难，据说人口尚不足3万，大致相当于现今雷德卡[①] 的

① 雷德卡（Redcar），英格兰东北部市级行政区，临米德尔斯伯勒东北方的北海。是海滨旅游胜地，并有钢铁工业。——译者

人口。在英格兰整个北部地区，恐怕每平方英里平均人口不足4人。甚至在东米德兰，诺曼英格兰人口较稠密的一个地区，整个北安普敦郡的人口也少于现今的凯特林①，莱斯特郡的人口大概和现今的科尔维尔②差不多，诺丁汉郡——这一地区所有郡中拓殖程度最低的——总共才2万人，比今天纽瓦克③小自治市镇的人数还要少。

54 11世纪末，东盎格利亚是英格兰人口最密集的地方，每平方英里平均有40—50人。不过即使在那里，区与区之间也存在很大的差异。例如在诺福克郡，人口密度从西部马什兰湿地（Marshland）的每平方英里大约18人，布雷克兰（Breckland）的20人，到雅茅斯（Yarmouth）北部沿海教区和诺里奇（Norwich）南部内陆教区的80人左右不等。后几个区里的教区非常小，由此我们倒可以想见早期这里的人口密度较高，然而在马什兰湿地和芬兰德沼泽以及布雷克兰——全都位于该郡西部以南——教区每个地方都绵延几千英亩。沼泽区南部的费尔特威尔（Feltwell）绵延1.4万多英亩，麦斯伍德（Methwold）超过1.3万英亩；不过诺里奇东南的一些教区，例如西斯兰德（Sisland）和阿什比的圣玛丽（Ashby St Mary），都不超过500英亩，还有许多不足1000英亩。

林肯郡和埃塞克斯郡平均每平方英里大约35人，当然地区和

① 凯特林（Kettering），北安普敦郡的一个市镇，距离伦敦大约130公里。——译者

② 科尔维尔（Coalville），莱斯特郡西北部的一个市镇。——译者

③ 纽瓦克（Newark），诺丁汉郡的一个选区。——译者

地区之间还是有较大的差异。这个时候的英格兰，只有两个地区每平方英里的平均人数超过 30 人：一个是英格兰东部从林肯郡往南到埃塞克斯郡的那一大片区域，另一个是中部以南三郡的那一大片区域——牛津郡、威尔特郡和伯克郡。一些地区介于北部每平方英里 4 人和东部每平方英里 40 多人这两个极端之间，这在英格兰其他各郡都有分布。即使经过了 600 年的拓殖，英格兰大部分地区依然人烟稀少。

尽管到诺曼征服时大多数英格兰村落已经有模有样，当然其他许多村落业已消失，但是广大的地区仍保持自然状态，期待着人声唱响。许多地区的原始森林，像肯特郡和萨塞克斯郡的安德里德（Andred）的大片森林，或米德兰的大森林，仍然"在悄悄地抖掉落叶，萌发新芽，可是却无人驻足观赏，也无人为此感时伤怀"。其他地方，譬如在萨塞克斯郡和肯特郡海岸边，在英格兰东部神秘的沼泽地带，在萨默塞特平原（the Somerset Levels），在低地各处的小块田地，许多这样的景观中只见大群水鸟栖息。内陆地区，特别是遥远的西部和北部，还保留了上百万英亩的石漠荒原，惟有野兽的嚎叫声经常回荡，老鹰和渡鸦自由自在地盘旋。 55
什罗普郡的厄恩伍德村（Earnwood）和德文郡的雅恩斯康比村（Yarnscombe）就是对从前某座"老鹰森林"和"老鹰河谷"的纪念。与此同时，位于约克郡西区远方高处利顿谷地（Littondale）上方的石灰岩悬崖，为这些高贵的鸟儿提供了筑巢之处，没过多久，盎格鲁-撒克逊人的安克利夫村（Arncliffe）就得名于这座"老鹰悬崖"。在那里面一些遥远而僻静的处所，除了风声雨声，只有绝对的寂静笼罩上空。19世纪早期卡林顿[①]对达特莫尔（Dartmoor）中央荒原的描述，可能普遍适用于诺曼英格兰的大部分高地荒原：

> 有生命的物体啊
> 一个也看不见；——没有一群鸟
> 愿意在那寂静的荒原上空独自飞越
> 去打破那深入骨髓的单调；所有的一切啊
> 都一动不动，只有那巨大的灰影
> 由路过的云彩投下，缓缓地移动在
> 那片灰色的阴郁的野地上。

自盎格鲁-撒克逊时代起，人们对天然林地的清理一直是那片景观中最大的一个变化；到《末日审判书》的时代，对荒原的开发才刚刚开始，对湿地和沼泽的改造则已大大推进。例如，在多数地方是高地荒原的德文郡，对《末日审判书》加以仔细查考就会看到，在达特莫尔西部较潮湿的边缘地带，盎格鲁-撒克逊时代晚期的农民拓展到了大约900英尺的高度，而在较干燥的东部地区则到了1200英尺。在埃克斯莫尔高地，一两个农民也上到了海平面以上1200英尺的高度。这些孤立的农场就是开发荒原的前沿阵地：人们有时候可以看到，位于这种边缘地带的田地恰好就是

① 即诺埃尔·卡林顿（Noel Thomas Carrington，1777—1830年），英国历史上一位诗人，代表作有《我土生土长的村庄》（*My Native Village: And Other Poems*）。——译者

这种样子，径直插入那片荒原。不过通常来说，耕作的边缘地带或许远远低于这个高度。至于在约克郡荒原和英格兰西北部荒原上，耕作到底到达到了怎样的高度，我们还需要加以探明。

在湿地很多的英格兰东南部，有证据表明，早在 7 世纪，那里就被用作了牧场。例如，697 年，肯特王国的国王威特雷德（Wihtred）曾将一处草场赐予利明格（Lyminge）的修道院，用来放牧罗姆尼湿地（Romney Marsh）的 300 只羊。斯坦顿爵士评论说，“本地的肯特语林地和湿地名称一般都是一种古老的名字，这 56
证明，这些地区的错综复杂之处从很早的时候就为人知晓”。古罗马人确实曾在罗姆尼湿地的部分地区定居过，从而表明了为开垦有用的牧草地可以做些什么。他们通过挖沟来降低地下水位，修筑堤坝来隔开大海。这样挖沟和筑堤花费不菲，或许只能一块地一块地逐个进行。由此，它给我们留下的是一些比较小的圈围田地，而不是大片的开阔土地，其中的水沟不仅为排水服务，而且也被当作新开垦之地的边界。

对萨塞克斯郡佩文西平原（the Pevensy Levels）的“围垦”或开垦部分始于诺曼征服之前。772 年奥法王[①]将贝克斯希尔（Bexhill）的一块地赐予塞尔西（Selsey）主教教区，那份赐地法令提到了该平原上的许多水沟，其中的一些在当时已称得上古老，因此很可能是古罗马人挖的。在萨默塞特郡，到 10 世纪，格拉斯顿伯里修道院（Glastonbury Abbey）开始慢慢将水浸的“荒原”排

① 奥法王（King Offa），麦西亚王国的国王（757—796 年），在位时建立了麦西亚霸权，并修建了著名的“奥法墙”（Offa’s Dyke）。——译者

干。有理由相信，大约10世纪中期，伟大的邓斯坦[①]在这里担任修道院院长时，负责主持了很多这类工作。13世纪的一座桥和一条水沟仍以他的名字命名。在萨默塞特郡中部以南，7世纪末之前建立的穆切尔尼（Muchelney）修道院很可能启动了这一地区潮湿"荒原"的排水工程；我们发现，这项工作在后来的几个世纪里仍在进行。

在约克郡东部的平原地带，位于霍尔德内斯[②]以及附近的德文特（Derwent）冲积平原的一系列地名表明，1066年以前排水活动曾普遍开展，如凯特弗斯（Catfoss）、法恩弗斯（Fangfoss）、维尔伯弗斯（Wilberfoss）和弗沙姆（Fosham）等村名所显示的。[③]在德文郡，除了地方上一些小地块外，那里没有多少沼泽，而像庞德汉姆（Powderham）(polderham)[④]这样一个村名也显示，在诺曼征服之前人们成功地开垦了沼泽。全英格兰，无论在大地块还是在小地块上，人们总能找到证据证明，对沼泽和湿地的成功开垦早在盎格鲁-撒克逊时代就开始了。芬兰德沼泽地带本身有许多堤坝，最著名的是沃什湾附近的所谓的罗马堤（Roman Bank）。仔细查考这一证据即可证实，它们或源于盎格鲁-撒克逊时代，或者是斯堪的纳维亚移民的产物（示意图7）。

---

① 邓斯坦（Dunstan，909—988年），英国高级教士，曾任格拉斯顿伯里修道院院长、温彻斯特主教、伦敦主教和坎特伯雷大主教，后被封为圣徒。——译者

② 霍尔德内斯（Holderness），系约克郡东区的一个地区，位于英格兰东海岸，曾是湿地，在中世纪水被排干，后成为英国富裕的农业区。——译者

③ 这些村名中包含的"foss"即"fosse"，意为"沟渠"、"洼地"等。——译者

④ polder，意为"圩田"，polderham即"圩田村庄"。——译者

57

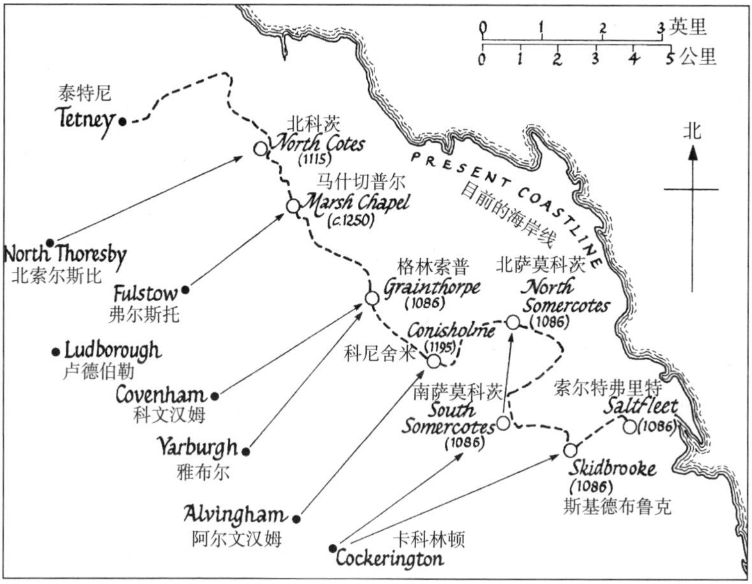

示意图 7. 早期对林肯郡湿地的拓殖

早期盎格鲁-撒克逊人的村落（以及源于丹麦人的北索尔斯比村［North Thoresby］）用●方式标明。诺曼征服前这些村落所筑海堤的大致路线用一条虚线标示。在堤上修建的女儿村则用○方式显示，括号中的日期指出了最早提及它们的时间。到 11 世纪，先祖村和堤之间的湿地大部分由填海所造；堤上最早的居民点可能是一些简陋的小屋，只有夏季诸月才有人占住（正如萨莫科茨［Somercotes］即“夏舍或夏屋”［summer cottages or huts］这个名称所表明的）。堤外没有村落，只有一些自中世纪以降年代不一的单座孤立农庄。先祖村全都建在海拔 20 到 40 英尺的地方。

即便如此，大量的地方还有待研究。虽然奥法王的法令已提到佩文西平原上的水渠，但《末日审判书》却向我们表明，300 年后，潮水依然肆无忌惮地冲刷萨塞克斯郡的大部分湿地，大海附近的其他各地同样如此。尽管这项工作开始得如此之早，但我们必须牢记（用埃里克·吉尔［Eric Gill］的话来说）：“这是一个全

然的手工世界，一个慢慢悠悠的世界，一个缺少动力的世界，一个所有东西都必须一样一样地造出来的世界……一个依赖人类肌
58 力和耕畜肌力的世界。”除非我们将这一点牢记在心，并想象我们自己也回到了这样的手工世界，否则，我们根本不会理喻那个使英格兰景观到 19 世纪才成形的无限缓慢的过程，其细节中蕴含的许多美妙迷人之处也就会被我们永远忘掉。

不过，说它是一个缺少动力的世界也许并不完全正确。到 8 世纪，英格兰已出现水磨，在接下来的 300 年间，水磨更是遍布英格兰的东部和中部。《末日审判书》中大约有 6000 座水磨记录在案。在林肯郡，每三座村落中就有一座有水磨，诺福克郡和萨福克郡大概相似。然而，越往西，尽管适用的溪流越多，但水磨的数量却急剧减少。在西部和北部，古老的手推石磨方式仍在使用。这样，萨默塞特郡有 371 座磨坊，但德文郡却只有 98 座，而康沃尔郡仅有 6 座。

这种水磨非常小，产生的力大概和今天一辆小型汽车的马力差不多；它们由溪流驱动，在今天看来，好像连一点点东西都推不动，所以渐渐湮没于荒草之中。几乎所有的河流起初都比现在宽得多。虽然《末日审判书》中记载的一些磨坊仍在运作，但它们在各地方都很稀少。随着很多海港的现代大规模谷类加工业的发展，大部分地方磨坊都不再起作用。因过去的耕地转成牧场，许多磨坊在更早的世纪即已停工，其确切的基址今天难以定位。有时候，人们会偶然发现，在远离任何住所的地方有一个被废弃的小水磨，这时又会体会到早期世界手工达到的规模。那些被废弃的磨坊，尽管它们这时候并没包含什么古老的东西，但它们所

在的地方却很古老，常常可追溯到盎格鲁-撒克逊时代。一旦某个地方被人们选定，某条河流被改道或被筑坝，磨坊往往就会不断得到利用，直至当地的谷物加工业终了。《末日审判书》中记载的磨坊全都是研磨谷物的水磨。那时，无论风车还是由水力锤驱动的印花布漂洗机在英格兰都还不存在，它们直到 12 世纪末才同时出现。

到诺曼征服时代，除了水磨，在那片风景中还出现了另外一种建筑，即乡村教堂。6 世纪伊始，人们就开始修建基督教教堂，在某些地方也许还要更早一些。截至 1086 年，英格兰有几百座 59
教堂，甚至可能有上千座。之所以这么说，是因为我们非常确定，《末日审判书》（它并不特别关注教堂）并没打算将那个时候存在的所有教堂全都记载下来。在有上好石料可资利用的地方，一些教堂就用石头来建，规模也很大（例如北安普顿郡的布利克斯沃斯（Brixworth）和厄尔斯巴顿（Earls Barton）的教堂；不过在英格兰的大多数地方，除了埃塞克斯郡的格林斯坦德（Greenstead），乡村教堂都是些不显眼的小木屋，用茅草铺顶，早已被取而代之。教堂和水磨一样，在那片景观中通常都不太显眼。钟楼很罕见，也还看不到那种英格兰特色十足的风景，即教堂尖顶或在树丛中耸立，或在一片宽广的景色中直刺宁静的秋日天空。最早的教堂尖顶建于 12 世纪末 13 世纪初，正如我们应当预料到的，人们首先是在北安普顿郡及其比邻各郡的大石灰岩地带发现它们的。

到 1086 年，我们今天所知的几乎每一座村落都已出现在那片景色之上。有些例外的主要是北部和中部的村落，它们是工业革命的产物。不过，直到 12、13 世纪，在英格兰一些依然森林密布的地方，到处都有一些村落才建立起来。几乎每座村落的周围都有敞田延伸，数量两三块不等，每一块都有几百英亩，但无论什么地方，这些田地都未能抵达村落领地的边界。如果人们从村落向外走，走上半英里，最多一英里，就会到达荒野的边缘，遇到一大片构成一道临时屏障的高地或沼泽地，或大量尚待斧砍的原始森林的树干。每座村落都有自己的边界，在高地乡村，界限则可能还比较模糊，一旦它们开始在无人区接壤，这即是与相邻社区争端的起因；而在《末日审判书》的时代，也许半数的村落领地（将成为教区）还有待从自然的荒野中夺得。

在英格兰的很大一片地区，特别是在西部和北部（有时候在中部的核心区也是），人们很少能发现村落，常见的则是遥远的空地上零星分布的小村子和单座农庄，这些定居点如此之远，只有林间散发的柴烟味才会暴露它们的存在。在规模较大的小村子周围，敞田的分布和一个村落差不多，但规模要小些。在德文郡和
60 牛津郡，人们可以找到对这些微型敞田制的记录，毫无疑问，它们在所有的郡都能看到。不过，像单座农庄一样，小村子常常被小块田地包围，田地的形状通常很不规则，周围还有宽大的土堤，这暴露出它们是由某些具有开拓精神的家庭一英亩一英亩零星地开垦，而不是大规模的村落土地清理活动的产物。田地规模很小，常常只不过一英亩，这既是因为开垦田地的工具性质所限，也是因为人们非常急迫地需要更多的土地。每一英亩都要尽可能快地投入使用。

在英格兰的一些较为崎岖不平的地区，过去其田地规模小，形状不规则，这一特征现在依然保留，而那些因坡太陡无法使用

犁的地区或地面落满石头的地区更是如此。在石头较多的地区，石块通常都太大，不值得挪动，人们就将它们砌入篱坝边界，以免麻烦，也使这些巨石不再能带来伤害。由于要绕过途中的一棵大树或一块大石头，或者为了把它们加进来，因此早期篱坝的走向往往极不规则。这方面的最好的例证，人们会在英格兰西南部花岗岩地区看到，不过，这一点对其所有的附近有石头或地面有石头的地区都适用。

在其他地区，田地的形状很大程度上取决于该地区常用犁的类型。在英格兰东南部，很显然，狭长的条田是由带固定犁壁的犁耕作的。按照一般的理解，这些条田组成的一片田或**弗隆**就是敞田制的基础。另一方面，带移动把手或旋转装置的单向犁既可以犁条田又可以犁块状田，其中任一形状的田地可能都和敞田农业有关。在很早的时候，肯特郡就有这两类田。

也许是为了使放牧更方便，肯特郡盛行块状田，这意味着更容易用树篱来整合并圈围小块土地，以便产生我们所认为的典型的现代样式。因此，肯特郡的圈地运动发生得非常早，在那里，敞田制大概在中世纪结束之前就已完全消失[①]。关于德文郡早期对敞田的圈围也可以作如是考虑，我们知道这发生于13、14世纪，
在那里我们从地图上发现了细长条田和小方块田的痕迹。关于英 61
格兰各地田地的形状以及它们的起源，还有很多的方面我们并不

---

① 迈克尔·南丁格尔：《犁耕与田地形状》，《古迹》(Michael Nightingale, "Ploughing and Field-shape", *Antiquity*)，第27卷（1953年），第20—26页；以及《关于肯特郡敞田农业的一些证据》，牛津大学论文，1952年，未发表（"Some Evidence for Open Field Agriculture in Kent", unpublished Oxford Thesis, 1952）。

了解，只有通过当地学者耐心细致的研究，才能使我们增进这方面的知识。

1086年的景观并不完全是乡村风光。城镇已出现初步的轮廓——在一些地方抑或是再现。古罗马人建立的一些城镇挺过了中世纪的早期[①]获得了新生，或者在经历一段时间的荒废后在原址上得到重建。盎格鲁-撒克逊人也修建了不少新城镇，特别是在9世纪和10世纪。这样的“城镇”规模很小，跟村落很难区分开，唯一的不同大概是它们周围有一圈防御土墙环绕（或部分环绕），正如我们在多塞特郡的韦勒姆（Wareham）和德文郡的利德福德（Lydford）还能见到的。1086年，仅有5个城镇的居民数量超过1000人，它们分别是伦敦、诺里奇、约克、林肯和温彻斯特。在天平的另一端，是《末日审判书》中记载的许多人烟稀少的自治市镇：以修道院方式成长起来的圣奥尔本斯（St Albans）和帕肖尔（Pershore），分别只有46个和28个居民。圣奥尔本斯由伍尔辛修道院院长（Abbot Wulsin）在大约950年建成，但经历了四五代人之后，甚至还不超过150—200人。在赫特福德郡的其他地方，1066年之前，威斯敏斯特修道院在阿什维尔建立了一个自治市镇。1086年，这里记录在册的居民仅有14人，而且从未发展出所谓的城市生活。利河（the Lea）边的斯坦斯泰德阿伯特（Stanstead Abbots）甚至更小，而且很快就不复为市。

在英格兰各地，我们都能找到这种小小的城镇，散布在充满

① 欧洲中世纪的早期（Dark Ages），即5—11世纪，被认为是愚昧黑暗时代。——译者

绿色乡村风光的景观之中。一些地方，例如埃克塞特，仍保存着
令人印象深刻的古罗马城墙，里面还有一座大教堂，不过大多数
地方都只有土墙所围的茅屋和大宅，并且很多城镇都注定会在接
下来的那个世纪左右统统消亡。也有不少城镇在《末日审判书》
的时代是全新的：伯克郡的纽伯里（Newbury）大约到 1080 年才
初次为人所知，德文郡的奥克汉普顿（Okehampton）在《末日审
判书》的时代只有 4 个居民和 1 个市场——明显是新生的。而且
在整个英格兰，今天有重要历史意义的城镇在那时都还是空空荡
荡的地方：如北部的纽卡斯尔、赫尔（Hull）和利物浦，东部的波
士顿和金斯林恩（Kings Lynn），南部的朴茨茅斯和索尔兹伯里，
西部的普利茅斯和拉得洛（Ludlow）。在英格兰中部和东部，大 62
量的小市镇还未出现，譬如伍德斯托克、马基特哈伯勒（Market
Harborough）和纽马基特（Newmarket）；其他大量的小市镇还只
是农业村落，例如埃文河上的斯特拉福（Stratford-upon-Avon），
以及特伦特河上的伯顿（Burton-upon-Trent）。

11 世纪末，英格兰每平方英里平均大约只有 25 人，所以其人口严重不足。成千上万平方英里的土地保持原初状态，耕犁或牲畜都不曾触及；更多的土地处于轮作状态，只有一半得到了利用。矿产这类丰富的自然资源几乎未被开采过。大片的森林、荒原、荒地、湿地和沼泽都等待着开拓者的开垦。英格兰还处在初步拓殖的发展阶段，正是从这一角度——就开拓者、边界和森林而言——我们可以考察从《末日审判书》的编纂到黑死病来临这之间八九代人的了不起的活动，而黑死病明确地终结了中世纪第一个拓殖大浪潮。

林中空地

英格兰的很多地方仍被茂密的森林覆盖，甚至那些早已有人定居的地区也是如此。总的来说，在大部分乡村地带，尤其是随处可见的黏土上，分布着茂密的橡树与梣树林；而在白垩土和石灰岩高地上（更确切地说，在某些地方，在覆盖白垩土和石灰岩高地的大片大片的黏土上），分布着绵延数里的山毛榉树林。在低地地区，榆树、枫树和椴树都是常见树木；在丘陵地带，即树林稀疏的地方，像今天一样生长着银桦。对于我们所知的大多数树木，盎格鲁–撒克逊时代和中世纪的祖先是熟悉的，但跟今天相比，它们有两个重要的区别。其一，在中世纪的英格兰，橡树远比今天常见，在今天只能看到几百棵的地方，在中世纪时能看到成千上万棵。其二，我们很有特色的一种树木，特别是高地农庄周围熠熠生辉的西卡莫树[①]——华兹华斯和马修·阿诺德对之耳熟能详——那时还无处可见。这种树直到16世纪末才引进到英国。

15世纪之前，从高处看到的英格兰一定就像一片大森林，层峦叠嶂的林海中几缕稀薄的青烟在远远相隔的各处袅袅升起。即
63 使垦荒已进行了20代，耕作的前沿离宅院仍然不远。在埃塞克斯

① 西卡莫树（Sycamore），几种科、属不同而叶子相似的树木的统称。在美国指悬铃木，一种沿街种植的硬木树种。此外，西卡莫槭（Acer pseudoplatanus，假悬铃木槭）有时也简称西卡莫。《圣经》中所记载的“西卡莫”，实际指西卡莫无花果，古埃及人用于制作木乃伊箱。无确凿证据表明作者在此指哪一种，故笼统地译作西卡莫树。——译者

图 15. 位于白金汉郡切尔腾斯山区（the Chilterns）芬吉斯特村（Fingest）的诺曼教堂。林木茂盛的切尔腾斯山区在相当晚的时候才有人移居。那里的几个村落（或教区）出现于 12 世纪。教堂的修建在精神上确保了一个由分散农场组成的新社区的创设。在这之前，这些农场并没有真正意义上的核心。1163 年，芬吉斯特村首次有名在录，这一日期与那座教堂的构筑处于同一时期。在英格兰森林比较茂密的地区或荒原的边缘，都可以见到许多这种偏僻的诺曼教堂。

郡东部的湿地罗林（Lawling），我们发现了一个相当古老的地名，表明这里很早就有盎格鲁–撒克逊人定居，时间则可能远至 5 世纪。尽管如此，800 年后，我们看到的还是大片的林地。1310 年的一个调查表明，在最近的几次垦荒（assart，源于古法语 *essarter* 的 64
一个词汇，意为“拔起树木”）中，有 600 多英亩的林地被清除，仍有 500 多英亩未被触动。11 世纪时，埃塞克斯郡总体上是一个森林密布的乡村地带，西边的林木甚至比东边多。在该郡的西部，我们看到一些村落有大片林地，能用来喂养一两千头猪。

12、13 世纪，这片林地大部分由个体农夫加以清理，转为耕地或牧场，因此，他们从荒地中辟出了新的田地和农场。不过，有的时候，人们也听说有通过这种方式建立的新村。在米德兰黏土地带的密林中，人们在 1209—1235 年间首次听说莱斯特郡的伍德豪斯埃夫斯村（Woodhouse Eves）。这个名称意为“林中宅第”。同一时期，在诺丁汉郡出现了许多个伍德豪斯。现今利兹的一个近郊村庄伍德豪斯也是这么出现的，人们在 1208 年首次听说它；现今谢菲尔德的一个近郊村庄伍德豪斯则在 1200—1218 年间首次记录在案。从约克郡往南到德文郡，大量的英格兰地名揭示了外来者征服英格兰之后清除林地这一工作的重要性，其中大多数地名在 12、13 世纪首次记录在案——伍德科茨（Woodcotts）、伍德曼科茨（Woodmancotes）、伍德霍斯（Woodhalls），如此等等。同一时期还出现了大量的纽兰兹（Newlands）和纽霍斯（Newhalls）。所有这些地方都成为了行政村，或者最起码是教区，有自己的教堂，为某个分散的农场和村舍社区提供服务；不过，其他成千上万块林地清除的结果，都不过是出现了孤立的农庄，譬如德文郡的所有那些含有“wood”和“beare”成分的农庄（源自古英语单词 bearu，意为“一片森林”）。这样的农庄包括位于大托灵顿（Great Torrington）附近托里奇河谷（the Torridge valley）林木茂盛的陡堤上的伍德兰德（Woodland），人们首次在 1302 年听到它，当时名叫 *La Wodelond*，它也许就在这之前的几年才出现。

这一时期，在英格兰的西南部，即便没有几百个，人们也能找到几十个这种拓殖的例证。

《伍斯特郡红皮书》(*The Red Book of Worcester*) 给我们揭示了靠近切尔滕纳姆[①]的科茨沃尔德丘陵地带西坡的森林清理情况。伍斯特主教罗杰 (Bishop Roger，1164—1179 年) 将位于比绍克利夫村 (Bishops Cleeve) 的一片林地以 1 年 1 马克[②]的租金转让给了一个叫杰罗德 (Girold) 的人，而我们了解到，杰罗德已成功地为自己增加了至少 170 英亩的土地，不过，其中的一些林地还没有被清除。在这里，人们并不是将开垦出来的土地圈占成用树篱 66
围起来的分散的小块田地，而是为了便于集体耕作将其并入村落已有的敞田，一半归入这一块田，一半归入另一块田。然而，不远处的伍德曼考特 (Woodmancote) —— 1220 年首次记入《赋税全书》(*Book of Fees*) ——这一村名表明，还是有人新建了一座小村子。在罗林，从已提及的 1310 年的调查来看，很显然人们在这里也创设了分散的小块田地。例如，我们读到，约翰·德·维康比 (John de Wycumbe) 持有某块名为海吉隆德 (*Heggelond*) 的地产，他每年为此支付 4 先令 1 便士；在庄园内的其他地方，他还有一块地，"是新开垦的，位于其圈占的土地内"，为此他每年只需要付 1 便士，在米迦勒节[③]支付。在一定程度上，租金的不同

① 切尔滕纳姆 (Cheltenham)，英格兰西南部格洛斯特郡的自治市镇，以矿泉闻名遐迩。——译者

② 马克 (mark) 是当时西欧通行的货币，1 马克相当于 8 盎司银。英国从未流通过这种货币，但偶尔会使用这个货币单位。在英国，1 马克相当于 2/3 镑，或 13 先令 4 便士。——译者

③ 米迦勒节 (Michaelmas)，即 9 月 29 日，在中世纪的英国是每年的 4 个账目结算日之一。——译者

也许是由面积大小的不同决定的，在这方面我们得不到任何资料；不过主要看来，租金的不同也许取决于这样的事实，即海吉隆德是一块比较古老的圈地，现在可供有效地耕作，而位于丹格里斯（*Danegris*）的那块新垦地还不能作为耕地充分利用。

我们发现，在英格兰森林地带的其他地区正在形成两种类型的景观：古老的村落在扩大其敞田，而新兴的小村子和农庄则在一系列不规则的小块地的中央创设起来，由土篱笆圈围着。

从比较严格的字面意义上说，英格兰的大部分地区在诺曼征服后的几个世纪里都是“御林”[①]，即那片土地被辟为皇家狩猎保留区，受专门的法律——御林法（the forest law）所管辖。盎格鲁-撒克逊诸王拥有自己的猎苑（park），系大片的原始森林和开阔地带，由树篱或土坡和沟渠圈围起来，得到了小心的看护，以防范偷猎者和非法侵入者。位于牛津郡附近的伍德斯托克即是这样的一个皇家狩猎保留区，大约在公元1000年的时候人们首次听说它，当然其历史可以追溯到阿尔弗雷德时代。虽然在盎格鲁-撒克逊人的英格兰不难找到大片的无人定居的地带，但是诺曼诸王并不满足于这一点。他们在有人定居、开垦的地带插进御林以及使人承担法律义务的御林法，并将它们拓展到英国的大部分地区。征服者威廉所造的新御林（New Forest）即是说明这一过程的最著名的例证，它导致了一些村落和许多农田被摧毁，不过，其他的御林还要大得多。整个埃塞克斯郡都处于御林法的管辖之下，还有从

① 御林（Forest），字面意思是森林，而旧时在英国也指“御林”、“御猎场”。本书在翻译中根据具体语境，或译为森林，或译为御林或御猎场。至于 forest law，则统译为御林法。——译者

67

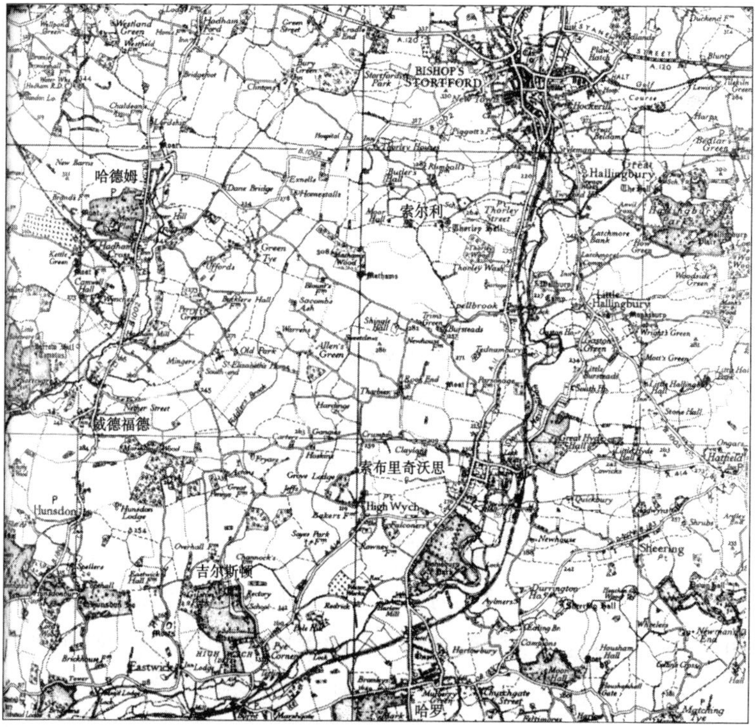

示意图 8. 赫特福德郡的盎格鲁–撒克逊人村落及在中世纪的散布

在那片河谷地带，矗立着许多盎格鲁–撒克逊人村落，包括哈德姆（**Hadham**）、威德福德（**Widford**）、索布里奇沃思（**Sawbridgeworth**）和哈罗（**Harlow**，埃塞克斯郡）等。在这些村落之间，有一片森林密布的黏土高地，**12**、**13** 世纪时为人开垦、拓殖。纵横交错的窄道和小径弯弯曲曲地从一座孤立农庄通向另一座，二十多个农场都得名于中世纪的拥有者或占有者；为数众多的“绿地”（**Greens**）以及仍然常见的残留林地都是这片地带的极具特色的标志，表明它直接由从前的林地圈围而来。还需注意“消失了的”村庄索尔利①和吉尔斯顿（**Gilston**），它们每个之中仅有教堂和一座“庄园府邸”幸存下来。吉尔斯顿本身是姗姗来迟的一个定居点（**12** 世纪），而索尔利（“荆棘开垦地”）也许在盎格鲁–撒克逊时代晚期才有人定居。

① 索尔利（Thorley），来源于古英语，含义是“棘丛 + 树林、开垦地”（thorn bush+wood，clearing）。——译者

林肯郡的斯坦福桥向西南到牛津桥，全长 80 英里的整个中部地区
68 也是如此。到 13 世纪，一条宽阔的御林带从靠近温莎城堡的泰晤士河开始，穿过伯克郡和汉普郡，一直延伸至南部海岸。

亨利二世治下，王室森林达到最大规模，可能覆盖了全部国土的三分之一。由于偷猎和擅自进入都会受到严厉的处罚，而国王们又定期狩猎，因此其后果是大大阻碍了对已有土地的耕作，也妨碍了对新土地的拓殖。不过，我们不必夸大这些方面的影响。对定居的农民来说，更令人恼怒的可能这并不是这些，而是类似于我们自己时代的那些狩猎乡绅的粗暴行为；因为这些人践踏了庄稼，损坏了篱笆，劫掠了他们奉为神物的猎物。而且，在一些地方，御林法中关于无人定居之荒地的条款也没有完全阻止农民开垦，他们交纳罚金后就可以这么做。这一时期的卷筒卷宗[1]中记满了在国王的森林中开荒的罚金，不过那笔钱与其说是罚金，不如说是为取得这么做的许可所支付的款项。中世纪的人们和我们一样为许可所困，并且他们已习惯于为每一种许可付款。一旦垦荒完毕，罚金或许可费交付之后，农民就可以在那块新土地上自行其是，不过，这依然隶属于御林法的管辖。

比如说，我们获悉，在 1184—1185 年，德文郡南部的一个小土地所有者理查德·福第斯丘（Richard Fortescue）为“毁坏森林”支付了 1 马克的罚款，这十有八九是从那片林地中清理并圈围新土地的结果。而在同一份记录中，我们却发现，蒙特索瑞尔（Mountsorrel，莱斯特郡的一个地名）有一个叫雅各布的人，由于

① 卷筒卷宗（Pipe Roll），12 至 19 世纪的英国财政部年度记录，亦称财政部大档。——译者

在王室森林中的活动，所付的罚款不少于12镑3先令8便士，相当于今天的1200或1500英镑。那些年头，从莱斯特郡到德文郡出现了炼锡热，犹太人在其中可能发挥了重要作用；在这种情况下，雅各布自始至终很有可能被卷了进去，并一直觊觎着王室森林中的一大片林地。而且，12、13世纪在整个英格兰的高地地区对矿物的搜寻——主要是煤、锡和铅——肯定直接引发了采矿者对于十分难以开发地区的开拓，否则这些地区还要等上几十年或好几代人才会迎来居民。

不过，王室拥有的狩猎保留区达到这样一个规模，肯定阻止了新的拓殖，并使现有的耕作难以为继；到理查一世和约翰王时期，为换取大量现款而在大范围地区持续地砍伐森林，则给人们 69
在荒地上进行新的拓殖提供了强大的动力。由于开发的人们愿意为之付出一大笔款项，这样，对于感觉沉重的一种负担他们还是承受得起的。1024年，德文郡人付给约翰王不少于5000马克，从而将整个郡——除了达特莫尔和埃克斯莫尔——的森林砍伐一空。这笔钱换算成现代货币，大概相当于30万—40万英镑。

负担轻一些、规模小一些的是私人猎园（Private park），即某些封建权贵的狩猎保留区。在很多情况下，这些猎园意味着我们今天所知的那些乡宅园林的萌芽。于是，今天英格兰北部最大的公园诺斯利（Knowsley）在1292年第一次为人所知时，人们得知的是，罗伯特·德·拉森爵士（Sir Robert de Latham）拥有“一片被称作猎园的林地”。“park”这个词最初的含义不过是“一块圈地”。在好几门语言中，人们都是从这个意义上使用它，在许多地名中也是这样用的，英格兰西南部尤其如此。诺斯利最初是一片天然林地，是用鲜活的树篱或一道堤坝和沟渠从一块比较大的地区圈围出来的。30 年后，它被人描述为“一座牧草郁郁的园林”。很明显，诺斯利正在恰如其分地演变为更加开阔的乡村地带，不过，它要成为像我们今天想象的公园一词所指涉的样子，还有很长的距离。

同样地，赫特福德郡哈特菲尔德公园（Hatfield Park）的开端也要追溯到 13 世纪的林地。赫特福德郡原本就是一个森林茂密的郡，哈特菲尔德庄园则由埃德加国王（959—975 年）赐予伊利（Ely）的僧侣，以便为他们的建筑活动提供足够的木材。到 13 世纪中叶，人们在庄园林地上圈围出两个猎园，其中的一个——大猎园（the Great Park）——大约有 1000 英亩，另一个大约 350 英亩。直到 19 世纪，人们才将这两座古代的猎园连接起来，形成了今天的哈特菲尔德公园。位于奇尔特恩丘陵（Chiltern Hills）北坡、坐落在阿什里奇（Ashridge）的那个著名猎园也是在 13 世纪首次为人所知，不过大规模的扩建则同其他许多重要的公园一样，发生在更晚的时期。莱斯特郡的布拉格特公园（Bradgate Park）实际上在 1247 年就存在了，当时罗杰·德·苏摩利（Roger de Somery）将它“连同那时在里面活蹦乱跳的小鹿一起”转让给了温切斯特伯爵，以换取在伯爵的所有森林里的狩猎权；此地大部分还处于由欧洲蕨、岩石和水构成的自然状态。

无论在哪里，如果有一座中世纪的猎园被一道堤坝和沟渠圈围起来，就有可能沿着这道边界线行进很远的距离，在某些情况下甚至可以在地图上将最初的边界线完全复原。克劳福德（O. G.
70 S. Crawford）先生通过一座 12 世纪的大猎园证明了这一点。这座猎园位于诺福克郡纽巴克汉姆（New Buchenham）和伯克郡纽伯里（Newbury）附近的汉普斯泰德马歇尔（Hampstead Marshall）之间；在这里，最初的边界堤可以追溯数英里远。[1]这道堤坝有一边沿着冈特的约翰（John of Gaunt）在金斯索伯尼村（King's Somborne，汉普郡）的那座猎鹿园南侧伸开，至今仍有 12 英尺高，墙外有一条沟渠。而其他许多这类的中世纪边界堤都是巨大的土木工程，在规模上可以与（像克劳福德先生所说的）奥法墙和万斯沟（Wansdyke）这样的防御工事媲美。不过，并非所有这类建筑物都如此令人印象深刻，想要考察这些被人遗忘的边界，有时就必须做好准备，去搜寻小得多的堤坝和沟渠。对中世纪的猎园及其边界的重建是一项有益的工作；这样的工作还有很多，正等待着富有耐心并熟悉地方风物的田野工作者来完成。

湿地、沼泽和荒原

对于全国地形测量局绘制的几张 1 英寸地图，我们可以坐下来，像读一本书一样全神贯注地阅读，快乐满足会油然而生，兴奋激动也可想而知。在这里，我们会看到种类繁多的地名（而英国每一个地区的味道都各有特色），像神经组织一样错综复杂的细密的大路小径，村落和小村子所在的位置，在遥远乡村的那些浪漫的被护围的农庄，孑然屹立于田野的教堂，由轮廓线或与教区边界相互一致的道路所构成的图形。我们可以在脑海里一小块一

① *Archaeology in the Field* (Phoenix House, 1953), pp. 189—196.

小块地仔细分析这样一张地图，而不管原本是不是了解这个国家，像这么做的话，就可以很好地学习一下地方历史。

有这么一张令人兴奋的地图，描绘的是沃什湾周围的乡村，特别是其西侧和南侧的乡村，也即林肯郡和诺福克郡的沼泽地带。我们不过用寥寥数语就可以恰当地描述这幅美丽的图画，就如同节目单上的说明可以表示一部交响乐的质量一样。像比科海文和弗里特海文这种特有的名称[①]，其所在地现在位于内陆好几英里；或者莫尔顿海角（Mouldton Seas End）、瑟弗里特海角（Surfleet Seas End）和海沟农场（Seadyke Farm），这些地方今天全都远离了海岸线；而所谓的罗马堤却蜿蜒穿越那片广阔的平地，许多小教堂则远离堤岸立于盐沼之中。所观察到的这一切事物，立即引起了我们对这片乡村的历史的思索。

71 我们还观察到，沿沃什湾西侧，在波士顿和韦恩弗里特（Wainfleet）之间，大路小径的形状盘根错节，与后面的沼泽或前面的湿地都形成了明显的对比。后面的沼泽是一片巨大的开阔空间，那里的道路寥寥无几，仅有的路也很笔直；前面的湿地中大路小径统统消失于无形，给我们留下了一幅除了许多排水沟外什么也没有的景观，那些排水沟径直向前延伸，朝着泥滩，朝着大海，朝着远处的天空。至于那大路小径盘根错节的地带，从比较大的一段来看也不过一两英里宽，那里密密麻麻地点缀着分散的农庄和一些小村子。每隔几英里，我们就看到一座规模可观的村落。我

---

① 比科海文（Bicker Haven），意为小船避风港，弗里特海文（Fleet Haven）意为舰队避风港，从地名判断，它们可能均为港口。——译者

们还注意到另外一件引人注目的事情，那就是，与位于其两侧的任何一条小径一样，从波士顿到韦恩弗利特的主干道七扭八歪，到处是拐角；对经常驾车旅行的人来说，这一定是全英格兰最难跑的主干道了。正如这一不规则景观中其他彼此平行的东西一样，这条路大体上与地图上所称的罗马堤和老海堤（Old Sea Bank）平行，也大体上与一系列小径平行。迄今我们相信，这片乡村，就像与之酷似的沃什湾南侧一带那样，拥有一部与众不同的历史，事实也的确如此。在这片景观中，有一些古老的村落，以及几个世纪从一边的湿地和另一边的沼泽开垦而来的土地；这片景观主要建于7—17世纪，在这里，许多蜿蜒的小径代表着盐沼中绵延的边缘，是人们填海夺来的。

这片景观中最早的定居点是核心村。虽然这张1英寸的地图并未显示，但这些村落全都沿着一片泥沙带伸展开来，泥沙带本身则夹在那沼泽和湿地之间，高出两边几英尺。在这片干燥、坚固的地基上，最早的盎格鲁-撒克逊定居者建立了家园，这可能在7世纪，而不会更早。整个这一地区，在位于丘陵地带边缘的斯蒂坪（Steeping）和远至韦兰河（the Welland）的斯博尔丁（Spalding）之间，没有一个早期的地名，也没有一座那异教徒时期的墓地。

在10世纪的大部分时间里，丹麦的征服者也即士兵来到这片人烟稀少而且有些乏味的土地上定居下来，斯科贝克（Skirbeck）和兰格尔（Wrangle）等村名证实了这一点。不过这里的大多数村名仍是用英语表达的。人们筑堤护卫那条狭窄的泥沙带，以免其受到后方沼泽和前方大海的侵害。随着人口的增长，可用地面临

的压力越来越大，我们也就开始得知，人们进一步在沼泽和湿地
72 之中筑起堤坝，以获取新的土地。

尽管在这一地区的地图上有 6 个地方都出现了“罗马堤”这一名称，但没有证据表明罗马人在沃什湾周围的这一地区进行过任何筑堤活动。大多数所谓的“罗马堤”在日期上都晚于 16 或 17 世纪才为人所知，朝向波士顿–韦恩弗利特路东侧的那部分尤其如此。不过，对那座老海堤，现在可追溯到的时期，肯定是在诺曼征服之前，它的边界可能是由韦恩弗里特远至贝宁顿（Benington）那条主干道的线路表示的。如果我们注意到这条路当初曾经是沿古老的海堤顶端延伸的人行道，由人力劳动经过一点一滴的巨大努力修建而成，我们就会开始理解其所经之路上为什么有特别多的拐角和弯道。越过波士顿（那时它还不存在），这条堤道向内陆蜿蜒数里，绕彼时还处于外海的比科海文而行。据人们所知，该避风港在诺曼征服之后不久就淤塞起来，这就为我们显示了该堤修建的最终日期。《末日审判书》记载的一些村庄屹立堤上（例如兰格尔），这一事实确证了该堤建于诺曼征服之前的论点。目前，我们只能做出以上的结论。

11 世纪末，位于沼泽地带的村落数量仍然很少，规模也不大[①]；湿地和沼泽几乎难以触及。我们得到了大约1150—1300年间的大量证据，证明人们开始在沼泽和湿地中修建堤岸和沟渠。

接下来，降水量可能一直比较有限。不管怎样，克劳兰德

---

① 参见 H. C. 达比的《末日审判书时代的英国地理》第 116 页中的人口地图（H. C. Darby, *The Domesday Geography of England*,［Cambridge University Press］, vol. 1: *Eastern England*［1952］, p. 116）。

修道院（Crowland Abbey）的编年史提到，在这一时期，沼泽逐渐干涸，于是，在沼泽中大规模修筑堤坝、开辟出大片可耕地已绝非难事。在沃什湾南部，霍尔比齐（Holbeach）、瓦普罗德（Whaplode）和弗里特（Fleet）的人们从1160年起就致力于上述工作。到大约1160—1170年我们得知有了星期六沟（Saturday Dike），到1190—1195年有了汉索克沟（Hassock Dike），1203—1206年有了阿斯加沟（Asgardike），1241年有了公共沟（the Common Dike）。所有这些沟渠都是人们不断向沼泽进军的产物，因此，80年间，这些村镇的可耕地和草场所增加的面积不少于50平方英里。其中，约有17或18平方英里是在1206—1241年最后一次大规模开垦活动中增加的。①

沼泽垦荒由整个社区集体推行，主力军是丹法区（the Danelaw） 73
的百户区（hundreds）和双百户区（double hundreds），新垦地被划分成若干个博瓦特②，其中每一博瓦特都附有修补一定长度的土堤和沟渠的义务。比如说，在沃尔索根村（Walsoken），每英亩土地对应修补湿地中4英尺的海堤以及沼泽中1英尺的坡堤（Podike）。在西沃尔顿（West Walton），每英亩土地对应修补6英尺2英寸的海堤以及1英尺的坡堤。一个人玩忽职守会产生什么样的后果，1439年1月19日的情况可以说明。一个叫托马斯·弗洛尔（Thomas Flower）的人，丝毫不理会堤坝总监（the dike reeve）的警告，没有去修补由他负责的那一段维斯海滩（Wisbeach）沼

① 这段话的主旨应归功于H. 霍拉姆（H. Hallam）教授，参见本章的精选书目。

② 博瓦特（bovate），英国古代的一种土地测量单位，相当于1/8卡鲁凯特，每一卡鲁凯特在60—160英亩之间。——译者

泽堤，结果从英格兰中部地区倾泻下来的洪水冲破了堤防，在很短的时间内将1.2万—1.3万英亩的土地淹没。在另一个湿地庄园，我们得知1331年几乎有1000英亩土地都被淹没；在特林顿（Terrington）和西沃尔顿，1316年"一大半土地都浸在海里"。

与人们在沼泽中修筑堤坝的同时，村落也在向大海进军。尤其是，由于潮汐在沃什湾南端周围的作用，盐沼的位置不断被抬高，这样，当高到一定程度时，人们就可以将其圈围起来，并筑起一道海堤以防潮汐侵蚀。盐沼在一段时间后可以变成新生湿地，而一些新生湿地最终可以变为肥沃的可耕地。因此，我们在今天的那些村落和那片海之间发现了一系列不同年代的海堤。比如，在1286这一年，霍尔比齐和瓦普罗德的人们在罗马堤的外侧修了一条镇堤。

许多这样的堤坝都很高、很宽，其上足以留出一条路。当老坡沟年久失修，沼泽地区的所有城镇及维根豪尔（Wiggenhall）就合力垒起一条新堤；我们得知新堤有五六英尺高，底边有18英尺宽，顶端有12英尺宽。在其他地方我们获悉，为防止一个村邑[①]的洪水侵害另一个村邑，一个百户区的村中的堤坝能建到16英尺高。今天，许多这种古老的沼泽堤和海堤都铺上了辅路，这有助于解释其独特性：它们要么常常是急转弯，要么常常绵延几英里，虽然方向时常变化，但很明显其上有一条连续不断的边界线。在林肯郡北部格林姆斯比（Grimsby）附近，我们从1595年的一份调查中得知，那时马什切普尔（Marsh Chapel）小村的那条干道

① 村邑（vill），英国旧时行政单位，相当于现在的镇。——译者

（也是唯一的一条路）就是此前的那条老海堤。我们发现，早在12世纪，村庄和小村就沿着这条堤坝伸展开来，这可以在从泰特尼（Tetney）往南到索尔特弗里特（Saltfleet）的地图上看出来（示意图7）。堤坝上的一两个村在诺曼征服时即已存在，因此，在这里， 74

图16. 靠近格拉斯顿伯里（Glastonbury）、位于阿塞尔尼（Athelney）的萨默塞特平原。阿塞尔尼意为“王子”（princes或athelings[①]）之岛；878年，阿尔弗雷德王在这里建起作战基地，反抗丹麦人。所提及的这个岛就是图上背景位置的高地，矗立于一片由沼泽地和咸水湖构成的盎格鲁-撒克逊时代的景观之中。这些沼泽地大多在10—14世纪由沼泽地修道院将水排干，造就了我们在这里见到的那种乡村风貌：有一条以柳树（通常是截去树梢的）点缀边缘的狭窄的排水沟（drain或*rhine*[②]），几块宽阔的茂盛的草场，还有那座“孤岛”。甚至在盎格鲁-撒克逊时代后期，许多这种岛都被修成了梯田，种上了葡萄；在一些地方还能看到这样的梯田。

① atheling在英国历史上指的是盎格鲁-撒克逊人的王子，尤指王储。——译者
② *rhine*，系英语中的方言，意为“沟渠”。——译者

我们又一次将集体开垦沼泽的现象推回到诺曼征服之前的时代。

我们发现，对湿地和沼泽的开垦在整个林肯郡及其毗邻各郡都在进行，一些情况下由修道院主持，另一些情况下由封建权贵
75 主持，在其他地方由整个村落推行，毫无疑问，在一些时候也由农民个人进行。不仅如此，我们还在英格兰所有的沼泽地区都发现了同样的行动——在萨默塞特平原，格拉斯顿伯里修道院、穆切尔尼修道院和阿塞尔尼修道院忙着在这里开垦；在肯特湿地，坎特伯雷大教堂下辖的隐修院从 12—15 世纪后期都是开垦的急先锋，在霍尔德内斯也是如此。对湿地和沼泽的开垦使得数百平方英里的新土地投入耕作，并营造出一幅具有特色的景观：沟渠边垂柳成行，数千只绵羊在绿草茵茵的肥沃牧场上吃草，星星点点的农庄点缀其间。我们一般可以通过地图上出现的不规则形状来识别中世纪的工程：弯弯曲曲的沟渠，堤坝上以及随后在堤上铺砌的道路中常见的急转弯，密集分布的分散的定居点，所有这一切，与后来的排水系统那长长的笔直的界线以及稀稀落落的农庄之间开阔的空地形成了对比。

从沼泽地开垦而来的牧场并非唯一的供养大量羊群的地方。8 世纪以来的证据表明，白垩土丘陵和石灰岩丘陵常常具有同样的作用，因为它们今天还有开阔的绵延起伏的牧羊场。12 世纪初，卡昂（Caen）的圣三位一体修道院的修女们在位于科茨沃尔德丘陵地带（the Cotswolds）[1] 的米切汉普顿公地（Michinhampton Common）上放牧了 1700 多只羊；1225 年，在威尔特郡南部的南

① 科茨沃尔德丘陵地带在英国的西南部，曾是羊毛的主要产地。——译者

达默勒姆村（South Damerham）以及马丁小村，有4000多只羊在白垩土丘陵上啃食牧草。我们并不清楚在盎格鲁-撒克逊时期这些石灰岩丘陵和白垩土丘陵草场最初是在什么时候得到利用的，因为《末日审判书》并未给我们提供有关这些地区牲畜的信息，不过盎格鲁-撒克逊人的法令中有一些不经意的证据提示我们，那时人们已经熟知这些高地草场的价值。最近，我曾探访自己所在的牛津郡教区的一些偏远牧场，它们位于鲕粒石灰岩上；我去那里是为了寻找958年的一份地契中提到的 *Rammadene*——公羊谷——的下落。我看到在开阔的向阳的山坡上，有几百只羊在吃草，1000年前它们也一定是这样啃食的；当时，这个干燥的小河谷恰恰因为羊群的巨大数量而得名。那是一片古老的景象。我认为，人们可以相信，科茨沃尔德高地和威尔特郡丘陵在撒克逊时代晚期的景观就已酷似我们今天所知的面貌。科兹沃尔德乡村为数众多的希普顿镇和希普什顿镇[①]则进一步证明，在《末日审判书》及更早的时代，这里的高地上有大量的羊群。斯陶尔河[②]上 76
的希普什顿镇（Shipston-on-Stour）得名于8世纪此地存在的一个洗羊处（a sheep-wash）。榆木林下的希普顿镇（Shipton-under-Wychwood）在8世纪的一份地契中也记录在案，查威尔河[③]上的希普顿镇（Shipton-on-Cherwell）则出现于11世纪初年。而且，在

① 两个镇名，Shipton 和 Shipston 来源于古英语，意为“有羊之地”。——译者

② 斯陶尔河（River Stour），位于英格兰沃里克郡的一条河，系埃文河的一条支流。——译者

③ 查威尔河（River Chewell），泰晤士河的一条主要支流，位于英格兰中部，源于诺森普敦郡，在牛津与泰晤士河合流。——译者

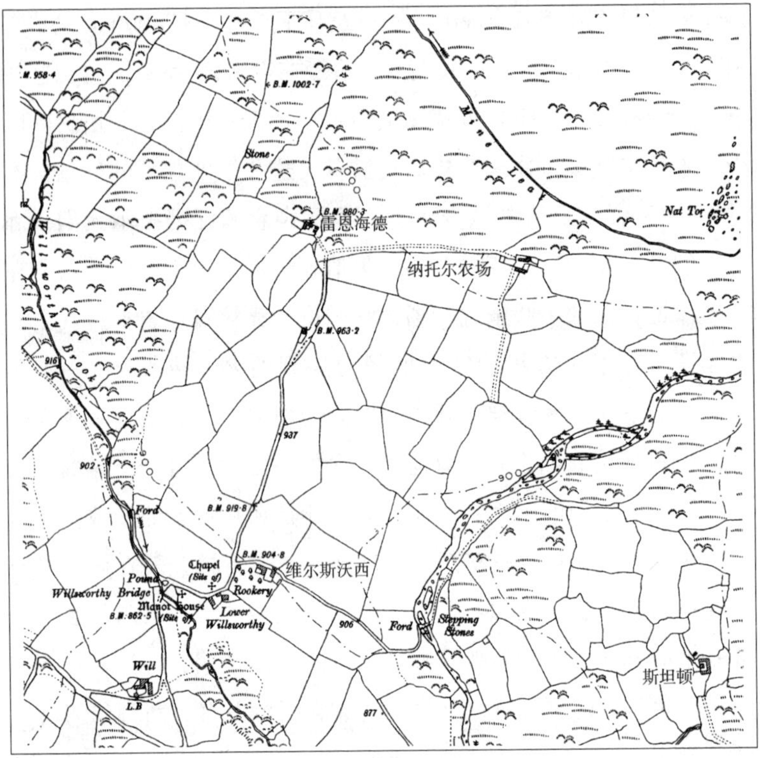

示意图 9. 中世纪德文郡的田地形状

图上展示的地区位于达特莫尔的西南角。在《末日审判书》中，维尔斯沃西（**Willsworthy**，“维福尔的农场”［**Wifel's farm**］）记录在案，这是一座源自盎格鲁–撒克逊时代晚期的农庄。**1086** 年，这里有少量的可耕地和大面积的牧场（**2** 里格长、**3** 里格宽）。**4** 个奴隶在这个农场上为布雷顿的阿鲁雷德（**Alured the Breton**）工作，这位阿鲁雷德在 **1066** 年从农场原本的撒克逊主人西沃德（**Siward**）手中得到了这块地。**1242** 年，斯坦顿（意为“石头山”）首次被记录在案。农场附近的田地最初很可能在大约 **12** 世纪的某个时候从《末日审判书》所记载的高低不平的高沼地草场开垦而来，是典型的直接从荒地中零敲碎打得到的圈地：规模很小，形状很不规则。纳托尔农场（**Nattor Farm**）在 **1340** 年首次得到记录。没有发现早期有哪里提及雷恩海德（**Lanehead**），不过，像这一地区所有的边远农场一样，它十有八九起源于中世纪。在这张图上，中世纪的耕作边界得到了恰当的标示。

位于切尔滕纳姆[1]东南数英里处的切德沃斯（Chedworth）的古罗马维拉上，发现了一处规模巨大的漂洗场所，它将科茨沃尔德丘陵地带大规模牧羊的时间向前推至公元3—4世纪。 77

在中世纪期间，景观中出现了许多变化，例如湿地和沼泽地带的大规模排水系统，对林地的清除，养羊的范围向修道院所属的牧场般的庄园上扩展，在约克郡山谷和威尔士地区尤其如此。这些变化要归功于修道院，从12世纪起，西多会修道院[2]尤为重要。西多会修士通常会移居荒野，并将荒地垦作良田。不过，他们偶尔也不得不通过抹消一些定居的村落和农场，来为自己创建一块人造的荒野。在英格兰中部地区，库姆修道院（Combe Abbey）于1150年毁掉了上斯迈特小村子（Upper Smite），嘉伦顿修道院（Garendon Abbey）则抹消了迪斯利村（Dishley），并将其改造为庄园，几个世纪之后，罗伯特·贝克韦尔[3]在这里开展了家畜育种方面的突破性实验。在林肯郡，里夫斯比修道院（Revesby Abbey）在1142年将3个小村子完完全全地化为废墟，以至今天难以发现它们原来所在的位置。

为从事农耕，许多修道院开辟了庄园，在约克河谷一类的低地地区尤其如此；不过，大多数庄园是为大规模养羊而建的，这

① 切尔滕纳姆（Cheltenham），英国西南部格洛斯特郡的自治市镇，以温泉闻名。——译者

② 一译西都会。天主教隐修会，1098年由法国人罗贝尔始建于法国勃艮第地区第戎附近的西多，因会服为白色，又称白衣修士。——译者

③ 罗伯特·贝克韦尔（Robert Bakewell，1725—1795），英国农学家，18世纪英国农业革命中的一位重要人物，以最早系统地有选择地进行家畜育种而著称。——译者

主要分布于林肯郡和约克郡的白垩土高地和石灰岩高地。毫无疑问，修士们的羊群在单群数量上是最多的，而农民们的羊群也不少，其总数通常远远超过修士的羊群，正如威尔特郡南部的证据所显示的那样。在许多地方，农民们早在修道院到来之前就利用高地牧草了。

在那些真正的荒原上，修道院的作用就没那么明显。从荒原到小块牧场，这种转变主要是农民家庭劳作的结果；他们有时以一家为单位，有时显然是以小组为单位，因此，我们今天既能见到单独的一个农庄，也能见到三四成群的一小撮农庄——一个小村子。我们是在对达特莫尔的重新拓殖中看到上述景象的；这片土地自铁器时代以来几乎彻底荒废，人们从13世纪中期开始重新拓殖。达特莫尔有35个“老庄子”（ancient tenement），其中有一些像利顿（Riddon）那样，由一个单独的农场构成，其他的像巴贝尼和匹兹威尔（Pizwell）那样，每一个都有三座农庄齐聚在一个地方。这些中世纪农庄由坚固的花岗岩修建而成，其中的一些农庄遗存下来，今天在达特莫尔还能见到，位于雅德沃西（Yardworthy）、查拉库姆（Challacombe）和查尔维奇镇（Cholwich Town）等地的农庄即是如此（见图17）。在大多数情
78 况下，单个的农民家庭在蕨丛和岩石间劳作，以建造一座新的农场，位于博德明荒原上的德兰克河谷（De Lank）深处的丰艾科（Fernacre，“蕨丛丛生之地”）是这样得来的，圣尼奥茨（St Neots）教区里的沃尔沙（Wortha）——1241年首次为人所知——是这样得来的，还有毗邻康沃尔郡荒原的所有教区里的其他大量农庄也是这样得来的。

图 17. 一座中世纪的荒原农庄：德文郡的查尔维奇镇。查尔维奇，意为“最冷的农场”，位于达特莫尔的西南边缘，首次大约在 1200—1220 年记录在案。图上显示的花岗石农庄的日期差不多可以追溯到大约 1500 年，不过，农民最早在这个地方建立的农庄的遗址还残存在下面的那个庭院中。

在英格兰北部，农耕的边缘同样向高处扩展到了山腰。沿克劳斯费尔峰（Cross Fell）[①] 的西坡，人们在 1200 年首次获知米尔本（Milburn）小村庄，那里的教区教堂中有诺曼后期的工作痕迹，这证实了那种观点，即，它是 12 世纪荒原开垦的结果。不远处，人 80
们看到，进入 13 世纪拓荒者一直在勤奋工作，英格兰西南部的荒原上就有这样的例证：柯克兰（Kirkland）直到 1230 年左右才为人所知，穆尔顿（Murton，意为“荒原之地”）在 1288 年为人所知，

① 英格兰北部奔宁山脉（the Pennine Hills）的最高点。——译者

79

图 18. 坎伯兰郡沃斯代尔河谷（Wasdale）尽头显示的耕作边界以及中世纪拓殖形成的富有特色的农田形状——弯弯曲曲的小径和微小的不规则田地：一片由双手塑造的景观。

达夫顿（Dufton）在 1289 年为人所知。以上这些皆为小村子，不过人们也见到了单个的农庄，例如布莱肯斯维特（Brackenthwaite，意为“清除蕨丛”）和奥斯维特（Outhwaite）。然而，超过一定的高度，高地荒原就不值得开垦。这种地方甚至不能够维系中世纪一个农民家庭的困顿生活，只好留给鹬鸟栖息和山羊啃噬了。即便如此，这种地方也并非荒无人烟之地。当相邻山谷的村民们赶着羊群在高处的分水岭相遇时，这就会引起纠纷：他们常常相互指责对方擅自越过了起伏不平的草场上不易觉察的分界线。有两个修道院的佃农为此顶撞了起来，一边是位于沃夫代尔（Wharfedale）上方基尔塞荒原（the Kilnsey Moors）上的喷泉修道院（Fountains Abbey）的佃农，一边是位于艾恩悬崖（the Arncliffe）和西边利顿荒原（Litton Moors）上的塞利修道院（Salley Abbey）的佃农；直到 1279 年，这里才有一条用大石头标示出来的界线，每块石头上都有一个十字标。在马尔汉姆荒原，喷泉修道院、博尔顿修道院和塞利修道院都竖起几英里长的石灰岩墙，以杜绝边界纠纷。从那时起，这些石墙无疑经过了多次修整，不过它们大体上仍属于中世纪的围墙，代表了拓殖运动的高潮：不断向高处推进，进入为羊胡子草覆盖和冰冷薄雾笼罩的高原。

山水之间的建筑物

在黑死病暴发前夕，英格兰的人口大概是《末日审判书》时期的 3 倍。尽管对该时期这样的说法无法做到十分精确，但仍可以估计，在高峰期，也即黑死病第一次暴发（1348 年）前不久，总共可能将近有 400 万人。成千上万英亩的新土地是人们与荒野和水域斗争取得的，自诺曼征服以来，其上的定居尽管还是很稀疏，但已过去十代之久。出现了许多新的市镇，还有不少的新村落以及几千座小村子和独立农庄应运而生。这时候，人们在山水之间见到的村镇远远超过从前。

在乡村的某些地区，修道院建筑十分常见，其中的一些宏伟壮
81 观。整个英格兰有五六百个修道院。仅约克郡一郡就有 66 个，林肯郡有 51 个。萨默塞特郡、肯特郡和格洛斯特郡同样有许多大修道院和小隐修院。有一些修道院的教堂与大教堂相似（如图 19），

图 19. 里沃修道院（Rievaulx Abbey），约克郡最美的西多会修道院之一，1132 年建于拉伊代尔（Ryedale）。像其他所有的相似创位的修道院一样，里沃修道院开拓了附近的荒野，在边远处建立了庄园。适于耕作的农场建在河谷地带，上方的石灰岩山岗上有大量的羊圈。

或深处于乡村地带，或高耸于中世纪的市场之上。

教区教堂在数量上比修道院多得多，但规模一般没那么雄伟，自诺曼征服以来修建了几千座，其中大多数可能建于1150—1250年的100年间。正是在这一时期，英格兰被完全划分成教会的一个个教区（至少到工业革命时期才被迅速扩张的北部和中部市镇打破），教区教堂也就成为新社区的醒目标志和中心。许多这 82
种教区教堂都很小，构造朴实无华，有一座结构单一的中堂和高坛，用本地采石场所产的粗石建造而成，由农民使用农用工具修建，位于最遥远的德文郡的哈尼教堂（Honeychurch）即是一例。有时候，庄园主会为大部分教堂建筑付款，这样建成的村庄教堂就很美观，结构也更复杂一些，比如莱斯特郡的斯托克戈尔丁村（Stock Golding）的教堂。不过，到14世纪初，农民们并非全都囊中羞涩。在英格兰某些地区，有相当多的富裕农民，例如林肯郡南部和诺福克郡西部的湿地与沼泽教区，在这里我们发现了一连串的教区教堂，绵延不断几英里。这种华丽的教堂大多都有13世纪早期初次出现的尖顶，由此我们看到了通常认为的典型的英格兰景观：环顾四周，教堂的尖顶或者在树丛中赫然耸立，或者在沼泽地划破天际。事实上，从林肯郡往南到萨默塞特郡北部海岸，沿着并靠近优质鲕粒岩石材地带，在一片宽广的斜向穿越英格兰的乡村地区，尖顶特征尤其明显。在其他地方，高塔在数量上远远超过尖顶，不过这种现象并非全然与地质有关。

在拉特兰郡富裕的小乡村，有50多座中世纪教堂，而这里最多大约1.2万—1.3万人，这样每250人就有一座教堂。拉特兰郡的教堂大都富丽堂皇，其中一些又大、又漂亮，惹人注目（图20）。

83

图 20. 拉特兰郡的凯顿教堂（Ketton）。在 13 世纪期间，英格兰东部的农场和牧羊场进入发展的第一个繁盛期，结果之一就是以更大的规模重建教区教堂。拉特兰郡和北安普顿郡的早期英国教堂尤其值得注意。这张图展示了凯顿教堂塔楼和尖顶的平和之美，即使在它自己所在的乡村地带也是无与伦比的。

科贝特[1]曾估计，在毗邻的林肯郡霍恩堡（Horncastle）方圆6英里范围内可以数出100座教区教堂。在英格兰，像林肯郡这样的地区，教区往往非常小：正如我们所见到的，诺里奇（Norwich）附近的一些教区面积还不到500英亩。不过，往北在约克郡和兰开夏郡的荒原地区，中世纪教堂稀少，彼此相隔很远，教区的规模也就极大。哈利法克斯老教区占地将近7.6万英亩，兰开夏郡的沃尔利母教区（the mother-parish of Whalley）即使到19世纪大约还有30英里长、15英里宽。在中世纪的时候，这里差不多有55个村镇。

大约12世纪末，几乎同时出现了两种新的机械——风车和漂
洗机（fulling mill）。据记载，最早的风车出现在理查一世统治时 84
期，其后迅速扩展，在英格兰南部和东部尤其如此。19世纪初格林伍德和普林格尔（Greenwood and Pringle）[2]对埃塞克斯郡的勘测标出了该郡的212座风车，而肯特郡最早的大比例尺地图标出了78座，对萨塞克斯郡则标出了66座。风车至今仍是这些郡景观中一种显眼的特征，然而其中大多数早就不能运作，按废弃程度不同或矗立或掩埋。至于漂洗机，大约在1185年首次为人所知；它们只在一些地方出现过，而且全都消失得无影无踪，不过从各地废弃的面粉机（corn mill）中仍可窥见一斑。

景观中更重要、更持久的成分是城镇。自诺曼征服以来，英格兰人建立的市镇之多令人称奇，其中大部分诞生于12、13世纪

① 即威廉·科贝特（William Cobbett，1763—1835年），英国政治评论家、新闻记者，作有名著《乡村漫游》。——译者

② 19世纪上半期英国一家著名的出版商商行，出版英国各郡的大比例尺地图，与英国全国地形测量局竞争。——译者

的“自治市镇修建热”之中。所有阶层的土地所有者都分享了这场投机热潮——国王本人、主教和修道院长、世俗权贵，甚至地方的小土地所有者，概莫能外。在牛津郡，亨利二世在皇家公园大门口附近建起伍德斯托克镇，有一个事实揭示出此地的起源隶属于这一时期：这个令人愉悦、生气勃勃的小镇严格说来还是布雷顿（Bladon）附近的母教堂下辖的一个小教堂教区，而布雷顿则是距此地 1 英里远的不显眼的村庄。理查一世在 1194 年建立了朴茨茅斯（Portsmouth）镇，以取代那时已遭淤塞的更古老的波彻斯特（Porchester）镇。此外，约翰王在 1207 年给成长中的利物浦村颁发了第一份特许状，允许它建立自治市镇。

大牧师也是城镇建立者中重要的一员。普利茅斯由普利姆顿大修道院副院长建于 13 世纪中期，伊恩沙姆修道院院长则于 1215 年从位于老村庄边缘的领地中划出一块地，作为其新市镇的建筑用地。在埃文河上的斯特拉福附近，1196 年伍斯特主教同样在位于撒克逊时期的村庄（今天称为老城）边缘的领地中划出 109 英亩的一块地。在建筑用地上，这个地方标划的界限是 12 杆长、3 杆半宽[①]（每一块大约 1/3 英亩），计划修建 6 条街道，3 条与河平行，3 条与河垂直；这是一个初级的城镇规划，就像几年后人们在索尔兹伯里主教创设的规模要大得多的新萨勒姆（New Sarum）发现的一样（示意图 10）。斯特拉福有如索尔兹伯里立即取得了成功。1252 年进行的一项调查记录这里有“240 多座租用房（burgage tenement），此外大约有 50 块地、各式各样的商店、摊位及其他财

① 杆（Perch），长度单位，每杆等于 5. 0292 米。——译者

85

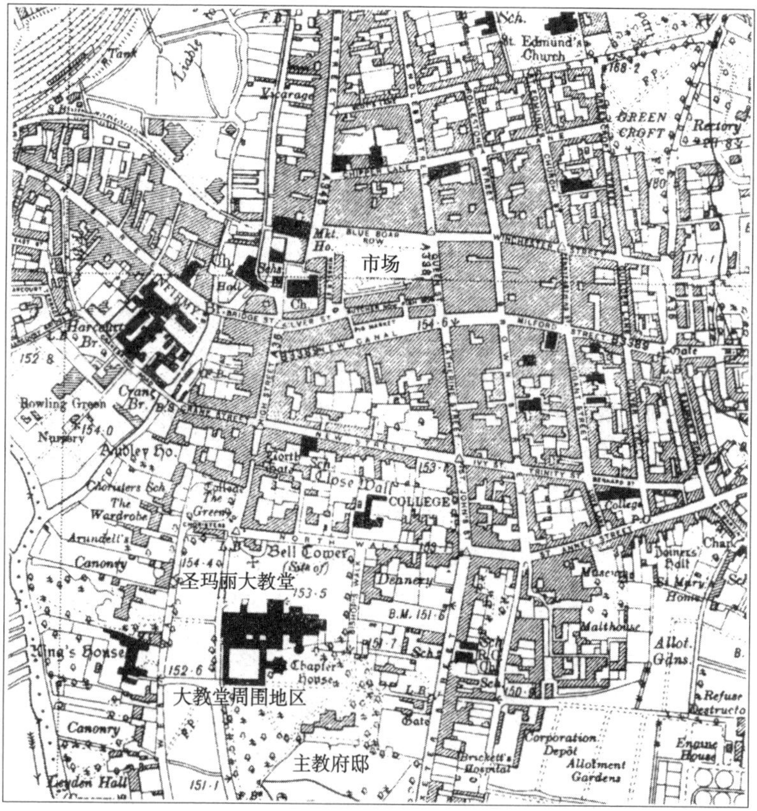

示意图 10. 中世纪索尔兹伯里规划图

索尔兹伯里（新萨勒姆）保持了最初在 1220—1225 年设计的棋盘式街道布局。萨勒姆的主教拥有埃文河畔的富饶牧场，距老萨勒姆以南 2 英里远；在这里，理查德·勒·珀尔主教在其新教堂北部设计了一座城市。笔直的街道与其下奔流的溪水将这个地方划分为许多长方块或方格。在每一格里，每座房屋的用地也都标了出来，全都是标准的 7 杆乘 3 杆大小，每块地每年给主教支付 12 便士的地租。人们也设计了建大市场的地方，市场的一边是行会会馆，另一边则是主要的教区教堂。尽管租用房或房屋用地早就失去其完美的对称性，但最初的街道规划幸存下来，因为后来的城市在西边和东边发展，使 13 世纪的核心区完好无损。

产”。一块109英亩的土地，每英亩有3座房屋的话，应该可容纳约300座房屋，并能留出街道和额外的空地，因此在两代人的时间内，斯特拉福所有可资利用的地方可能都被占用并建起了房屋。大的世俗地主也在创建市镇，像伯德福德（Bideford）的格兰威利斯（Grenvilles），或格洛斯特郡许多地方的伯克利（Berkelays），它们都取得了成功，成功的程度则各不不相同。

86 这些市镇中有一些是在全新的地方建造起来的，其他的则是在农业村落的基础上扩大来的。有些市镇如愿地发展为集镇，许多市镇则未能显现出城市生活的特征，因为皇家特许状或领主特许状本身并不能保证人们一定会追随而来，也不能保证生意兴隆。德文郡所建市镇中约有一半的发展目标都落空了，康沃尔郡的这一比率也大致如此。有些新城镇一开始就是按棋盘式街道布局设计的，比如索尔兹伯里、斯特拉福、拉德洛和伊恩沙姆；不过大多数都没什么规划，只是在一片划定的区域内任意发展。[①]

到14世纪初，老式的英格兰城镇成为乡村景观中一个常见的特征（其中大部分一直很小，不管怎样在某种程度上都具有乡村色彩），它们在12—14世纪的成功发展影响了整个乡村地带的联系和交流。上百个小集镇的创建，每一个都服务于方圆3—5英里的范围，在比较偏远的地区很可能达到10英里；这些集镇首次催生了——或许应该说是加固了相当数量的主要道路，并使上百座桥梁架设起来。这些主要道路将城镇相连，其中的一些道路成为全国交通要道。

① 还可参见第九章“英格兰的城镇景观”部分。

有许多条道路在诺曼征服之前的法令中被称作“港道”（port-street），它们穿过一座又一座的城镇，成为早期的直达路；这种道路在英格兰南半部为数甚多。即便如此，在1066—1348年，又修建了另外的几百条路，一般是将已有的古老的村际小道连在一起，并在必要的地方通过踩出一条新路将直达线上的间断填补起来。与此同时，我们发现大多数古老的桥梁也在这时首次出现于记录之中。

在盎格鲁-撒克逊时期，人们已十分了解桥梁的重要性，那时对桥梁的维修被列入所有土地所有者“必须履行的三项义务”之中。虽然有一些英格兰的桥梁可以追溯到盎格鲁-撒克逊（甚至还有罗马）时期，但人们过河的方式通常不过是在大多数乡村浅滩
涉水而过，或用木板搭起简陋的桥梁。石桥在12、13世纪很罕见，88
因此在这一时期的文件中难以见到有关这种桥梁的记载。在出产好石料的地方，石桥自然更为常见，鲕粒石灰岩带沿线即是如此。在德文郡这种难以获得合适石料的郡县，即使像巴恩斯特布（Barnstaple）和彼得福德（Bideford）这样重要的桥梁，在13世纪末首次修建时也都是用大木料修建的。位于埃克塞特郡的那座12世纪桥梁也是用大木料修建的，不过在13世纪中期之前就被石桥取代了。

今天十分著名的大多数桥梁都诞生于国内贸易日益发展繁荣的那些年代。在诺丁汉郡，人们早在924年就为特伦特河架起了桥梁，不过这是唯一的渡口，除依靠渡船外，人们只有从这里才能到达上游河段。我们得知维奇诺尔桥（Wichnor）修建于亨利三世统治时期，特伦特河上的伯顿桥建于1175年，下游几英里处的

87

图 21. 朗斯顿城堡（Launceston Castle）及城镇。这座城堡在 1066 年后不久由诺曼的莫尔坦（Mortain）伯爵建在著名的敦海伍德（Dunheved）山上，用作康沃尔半岛军事上的门户。这位伯爵从邻村的圣斯蒂芬教士那里抢走了每周一次的集市，到 1086 年将其建在他的城堡附近。这即是朗斯顿镇的开端，其依附性起源可从它处于城堡脚下这一位置看出来，图上这一点清晰可见。

重要的斯沃科斯顿桥（Swarkeston Bridge）建于 1204 年（其中大部分桥体依然可见）。纽瓦克附近的凯勒姆桥（Kelham Bridge）在 1225 年第一次为人所知；穆斯卡姆桥（Muskham Bridge），中世纪跨越那条河流的桥梁中最矮的一座，在 1301 年引起关注，当时以"干草桥"著称——那就是说，它是一座能运送大量干草的桥梁。这样，特伦特河上几乎所有的重要桥梁都建于 12—13 世纪，我们还可以认为，上述情况合乎英格兰大多数大型河流。

在英格兰，城堡出现于 11 世纪晚期。不久之后，几乎每个重要城镇都有了一座城堡高高耸立；在许多老城镇，为给城堡腾地方，人们拆除了大批房屋。在许多地方，雄伟的城堡都建于坚固的有战略意义的地方；在那里，一座全新的市镇就在城堡旁边成长起来，既为满足城堡的日常需要，也为享受城堡的保护。这样的市镇包括拉德洛、朗斯顿（图 21）、泰恩河上的纽卡斯尔以及迪韦齐斯（Devizes）。到 14 世纪初，在英格兰各地都能发现城堡，不过它们的分布并不均匀。肯特郡有大约 40 座城堡，而大郡德文只有 8 座城堡。

第四章　黑死病及疫后的英格兰

废弃的村落

89 虽然经过了12、13世纪的大拓殖，但是当1348年夏末黑死病第一次折磨这片国度时，英格兰仍有许多荒无人烟的地方。黑死病的暴发是一个在很多方面有深远影响的事件，包括在景观方面造成的重大变化。接二连三暴发的瘟疫夺走了英格兰约1/3至一半的人口，中止了13世纪的“土地占有热”（land hunger），这一热潮曾使得拓荒者高高攀上荒原，并进一步深入林区和灌木丛生的荒野。随着人口压力的减轻，人们从边缘地带退缩。贫瘠的农场遭到废弃，为其他地方回报更丰厚的农场让位。这时候，不再是农民找土地，而是地主找佃农。

在位于诺福克郡西南、萨福克郡西北的布雷克兰（Breckland）沙地以及位于林肯郡灌木丛生的荒野和高地的瘠土上，从边缘地带退缩的行动极其明显。11世纪末，布雷克兰仅有稀疏的人口分布。《末日审判书》显示，该地每平方英里仅能养活20—25人，与之相比，在东盎格里亚其他地方是70—80人。这个地区因其畜养的大量羊群而闻名。也许《末日审判书》记载的一些牧羊场在接下来的几代人中就被开垦为拥有可耕地的村落，林肯郡西部荒野上的奥恩比村（Aunby）发生的情况就是确证。一份日期为1626年9月10日的地契的摘要提到，“最初奥恩比村是从古代放牧羊群、牲畜的牧场和养兔场建设而来的，其上只有一个羊倌和一个养兔场场主的小屋，后来人们破土种植谷物，进行耕作，修 90
建适于饲养业的棚舍，还有为这里提供方便的其他必要设施”。邻近的圣威尔村（Holywell）似乎也是以同样的方式兴起的，因为我们得知这两地的居民“最初都是种植者、佃户，由此成为土地占有者”。这两个村落原先的“种植者”很可能是在12世纪下半叶的某个时候从拜沙姆堡（Castle Bytham）先祖村迁徙而来的。人们在1190年首次听说了圣威尔村，在1219年首次听说了奥恩比村。奥恩比是个纯正的斯堪的纳维亚人名称：意为“奥森的农场”。顺便提一句，奥恩比村的起源史告诉我们，并非所有的拥有斯堪的纳维亚人名的村落都可以回溯到9、10世纪丹麦人征服的时候。整个12世纪，在林肯郡以及丹法区的其他地方，丹麦人的个人名字得到了普遍的使用，因此，奥森很可能用他的名字为一个建于亨利二世统治的时候或稍晚的村落命名。奥恩比村只存在了很短的一段时间，15世纪时这里似乎就被遗弃了，如今所见的只有小溪边的一座孤零零的农场。在那片荒野上方2英里远的地方，矗立着废弃的皮科沃斯村（Pickworth），那里只剩下中世纪教堂的一个拱门的残骸。皮科沃斯作为一个村落，最后一次为人所知也是在15世纪。

全英格兰共有1300多个废弃的村落，它们的大部分遗址是在中部和东半部——低地地区发现的。在约克郡东区，有上百个遗址为人所知，林肯郡约有 150 个，诺福克郡有 130 个。在中部的边陲，沃里克、莱斯特和北安普敦三郡大约有 250 个废弃的村落遗址。当我们向北、向西进入英格兰的高地地带时，这种遗址的数量明显减少，不过这也许是因为在那些地区村落的数量本来就很少，而且在那里要找到废弃的小村子和独立农庄是比较困难的。比如说，克劳恩代尔农场（Crowndale Farm），刚好位于德文郡集镇塔维斯托克外侧、普遍认为的弗朗西斯·德雷克爵士的出生地，在 1336 年曾是一个小村子，有 7 座农庄。60 年后，这里只剩下一块租种地，磨坊弃置不用，到了今天，它以一座农场残存下来。

尽管黑死病可能在 30 年内共夺走了多达 150 万人的生命，
91 但它并非村落和小村子大规模荒废的直接原因。确实有些村落，人口完全灭绝，再也无人定居，譬如牛津郡的提尔加斯里村（Tilgarsley）、林肯郡西部的中卡顿村（Middle Carlton）以及莱斯特郡西部的安姆比昂村（Ambion）—— 1485 年博斯沃思原野战役[1] 就是在其空旷的遗址上打响的。偶尔会有一个村落因为瘟疫而人去室空，人们在不远的新地方重新安居下来。牛津郡的康姆贝村（Combe）和离它几英里远的斯蒂普尔巴顿村（Steeple Barton）即是如此。在这两个地方，幸存者都没有回到原来的村落，而是在村落附属的小村子中重新定居下来，坐视旧时的家园荒凉败落，老鼠横行。

11 世纪“新御林”的开辟和 12 世纪许多西多会庄园的兴建已
92 造成了一些村落的荒废。除了这些被蓄意清除的村落外，另一些

① 英格兰玫瑰战争中的最后一次战役，发生于 1485 年 8 月 22 日。——译者

后来在难以对付、不值得耕种的乡村地带建起的村落，甚至在黑死病到来之前即已衰落，濒临崩溃了。阿斯特雷村（Asterleigh），12 世纪牛津郡韦奇伍德森林边缘的一处空地，在 13 世纪早期获得了兴建教区教堂处理教区事务的权利，但是到 1316 年，该村因贫穷而与毗邻的肯丁顿（Kiddington）教区合并。英格兰有许多始建于盎格鲁-撒克逊和斯堪的纳维亚时期、存留至今的大村

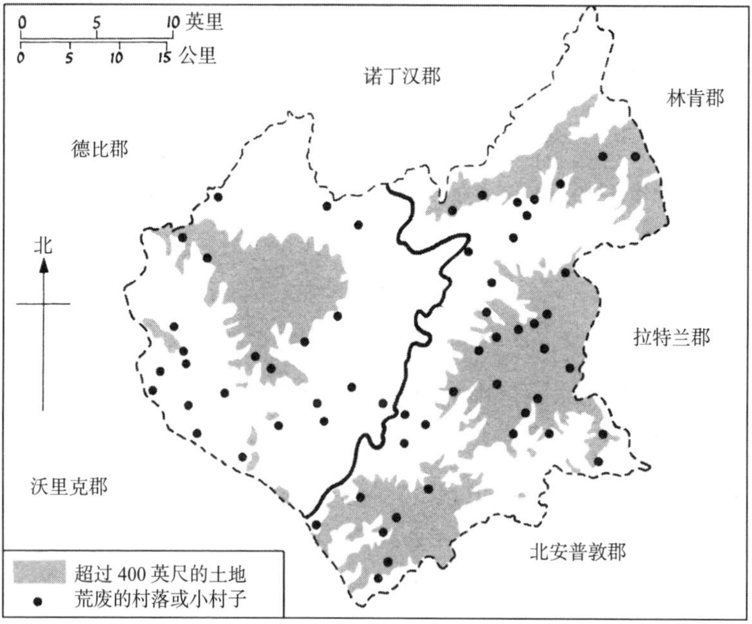

示意图 11. 莱斯特郡的废弃村落

该郡西部的几个废弃村落是早期向修道院庄园转变的结果。非常明显，在该郡的东半部，废弃村落都集中在里阿斯统（Liassic）[①] 黏土高地上。里阿斯统黏土的西部边缘在图上用粗黑线标明。这些黏土上的村落大多在 1450—1600 年间被荒废。

① 源于 Lias，系侏罗纪早期的岩石。——译者

落，但是也有几百个像阿斯特雷或林肯郡丘陵地上的梅顿维尔（Maidenwell）那样的村落，它们在边缘地带挣扎生存，艰难地拥有了教区教堂却无力加以维持。而且，对于像阿斯特雷村这样的地方来说，那场瘟疫进一步给予了毁灭性的打击，结果一蹶不振。

由于接连不断的瘟疫造成的极高死亡率的影响，边缘地带的那些村落和小村子逐渐被废弃。在布雷克兰沙地边陲及其周围，废弃村落不少于 28 个。其中大多数又小又穷，延续二至三四代人的时间后逐步荒芜，这样，很多村落的最终荒芜是在 15 世纪。在诺福克郡北部的乡村，考尔柯克（Colkirk）方圆 4 英里之内，有 4 座破败的教堂，全是小礼拜堂，在中世纪盛期[①]由拓荒者修建，中世纪结束前废弃，任凭风吹雨打。[②]林肯郡的荒野上布满了破败的教堂，卡尔西比（Calceby）（图 22）即是如此。林肯郡的 1 英寸地图反复揭示，人们可以去哪里寻找那些消失的村落。联合教区的例子不少，譬如兰顿（Lenton）、凯斯比（Keisby）、奥斯古德比（Osgodby）或凯尔比（Careby）、奥恩比和圣威尔等地。在这样的例子中，人们一般都会发现，一个地方作为宗教中心幸存下来，其他两个地方各自都由一座孤零零的农庄加以代表。

如果有人拜访这样的一个地方，旧时村落的证据一般可以在一块紧挨着保留原名之农庄的田地中找到。通常，一座中世纪小教堂的残片印入眼帘，立马就能辨识曾经的村落，不过更多的时

① 中世纪盛期（High Middle Ages），特指 11—13 世纪的欧洲中世纪历史。——译者

② J. Saltmarsh, “Plague and Economic Decline”, *Cambridge Historical Journal*, 1941.

图 22. 林肯郡破败的卡尔西比诺曼教堂。废弃的村落遗址位于教堂矗立的那座小丘的另一侧。该村最初是在 9 或 10 世纪由丹麦人建于丘陵地带不值得耕作的白垩瘠土之上，中世纪的某个时候被废弃。

候甚至连这些证据也会全然消失，可见的痕迹仅有压在农庄卵石地基上面的杂草丛生的堤岸，以及堤岸间标记先前大路小径界线的浅浅的凹地（图 23）。最好是在秋春之间那 6 个月来拜访这些地 93
方；那时，新生的野草和荨麻遮盖的地面痕迹还不到一半。

土地所有者，无论僧俗，常常会加速村庄的荒废，使废弃村落的最后阶段提早到来。逐渐减少的人口不足以维持封建领主领地上传统的农业生产，由于牧业所需的劳动力与农耕所需相比不 94
过九牛一毛，因此在对大部分土地享有绝对所有权的地方，地主就会驱逐村落剩余的人口，以便将开阔的耕地圈围成大块的牧场，用来放牛养羊。村中的房屋被拆毁——一桩轻而易举的事，因为

图 23. 格洛斯特郡下沟滩（Lower Ditchford）废弃的村落遗址，位于马什湿地中的莫里顿（Moreton-in-Marsh）和斯陶尔河上的希普什顿之间。该村大概在 15 世纪中期的某个时候消失，除地面轮廓外，什么都没留下——这一轮廓比通常的更不规则。在这片景色中，象征旧时敞田耕地的垄-沟也一目了然。

房屋建在卵石地基上，墙壁大都是泥巴糊的——男女老幼饱含热泪，背井离乡，去其他地方谋求新生。这些教区和地带的景观完
全改变了。条田在青草的遮盖下消失（当然它们在整个中部地区 95
绵延起伏的山岭上还长存不绝），无所遮蔽的大块敞田让位于用树篱围起来的圈地——这些圈地以现代标准来看仍然非常大。还有1000多座村落和小村子从那片景观中被抹去，唯有孤零零的农庄或牧羊人的小屋，标志着它们所在的地方曾有人烟。

新定居点的开发

然而，黑死病初次暴发后的一个半世纪也并非全然一副萎缩、衰落与忧郁的景象。有理由认为，在中部地区，这几代人的时间以经济极度衰退为特征，其经济下滑到了最低点；在那里，13世纪的繁荣也达到了最高峰。在西部和北部，生活更加困难、更加粗糙，定居点更多地散布在山中，而地产通常可能都比较小；在那里，一旦瘟疫最猖獗的阶段过后，生活似乎一成不变，恢复了原样。其实，在英格兰西南部，我们找到了充足的证据，证明那里的经济不但没有衰退，反而略有增长，一些社会阶层至少取得了适度的繁荣。

在英格兰的一些地方，人们仍从荒野中开垦新的土地，不过规模远不及13世纪的大拓殖。在白金汉郡和赫特福德郡的密林中，也许还有萨塞克斯郡的林地中，人们不断将新垦地加入现有的农庄；坎特伯雷下属的小隐修院院长们则仍致力于开垦肯特郡东部和西南部的湿地。小隐修院院长托马斯·戈德斯顿（Thomas Goldston,

图 24. 康沃尔郡波尔帕罗村（Polperro）一幅近乎中世纪的景观。波尔帕罗村首次于 1303 年出现在记录之中，比其他著名的渔村要早一些，可能从一开始就是作为一个渔村在位于几乎被陆地所包围的海湾中发展起来的。

1449—1468 年）在其任上花了 1200 英镑——现代价值大约 8 万英镑——“围垦”阿普多尔湿地（Appledole Marsh），而小隐修院院长威廉·皮赞姆（William Petham，1471—1472 年）又花费 300 英镑开垦了 600 英亩湿地。在塞尼特岛（the Isle of Thanet）[①] 上的蒙克顿（Monkton），也有相当数量的湿地为小隐修院所开垦。

① 此地位于英格兰肯特郡的最东端，过去因文特森海峡（The Wantsum Channel）而与英格兰隔开，现在不再是一座岛屿。——译者

15 世纪，出现了一些新的定居点，譬如渔村。1415 年，人们第一次听说斯泰瑟斯（Staithes），一座位于约克郡北部海岸的渔村，村名的意思是“码头”。此地确曾作为西奥顿（Seaton）或辛德维尔（Hinderwell）等老村落的码头，它不过是巨大崖壁上
的一个小裂口，直到渔业沿海岸发展起来之前都无人问津。同 96
样，1410 年，人们第一次听说了康沃尔郡南部的米瓦基塞村（Mevagissey），而在北部海岸，纽基（New Quay）和布德（Bude）两村都是在 15 世纪首次出现于记录之中。此前，这些地方的任何一处可能都曾有过一些村舍，但都还不足以使人们给它们单独命名。当村舍数量迅速开始增长时，人们才听说它们的名字，而它们的成长可能有赖于近海捕鱼业的显著发展，这使得整个村庄都能靠捕鱼为生。这一行业并非那种自远古以来一直进行的为满足个人需要的随意捕捞，而是在一个多少称得上资本主义的基础上组织起来的。它至少向某人支付报酬，使其在合适的地点修建码头和防波堤，以便在否则将会危险的海岸上造出人工港。

这类村落的范例出现于 16 世纪晚期，当时，乡绅乔治·卡里 97
（George Cary）为德文郡北部的克洛弗利村（图 25）建了一道防波堤或码头。直到这时，克洛弗利一直是个偏僻的农业教区，不理会大海，对它毫无兴趣。但石砌大码头的修建改变了一切，使得此地成为德文郡的阿普多尔到康沃尔郡的博斯堡（Boscastle）之间那段凶险的海岸上唯一安全的港口。乔治·卡里于 1601 年 8 月 9 日立下遗嘱，他在其中说道：

> 我最近在大海和岸边的塞文尼河（Severne）河口修了一 98
> 个码头或门户，靠近这片海的浅滩，离我之前说起的在克洛

图 25. 德文郡的克洛弗利村（Clovelly），其作为渔村的起源应归功于伊丽莎白时代的一位乡绅。那道巨大的崖壁中并没有天然港口，但他修建了图上可见的花岗岩码头，从而造出了一个小的泊锚地。该村在沿河岸而行的山坡上发展起来，现如今，河流改道了。

弗利村的主要住宅大约半英里或差不多半英里；我还修了好几座房屋、地窖、货仓和其他的建筑物。这些建筑也正位于悬崖之下，并座落在上述的克洛弗利的盐滩之上，在那里几近翻越悬崖。这总共花了我大约 2000 英镑。而在我花费精力建设之前，这个地方一无是处，或者说无关紧要。

我们很少能看到这样的真实图景，描述一个新村如何建立起来。直到这时，克洛弗利不过是高原上一个农场和村舍散布的教区。那位乡绅在奔腾的河流两侧沿狭窄的河谷建起村舍，这条河是通往海岸的唯一通道。他还在悬崖下面建起了鱼窖与货仓。后来，河流改道，汇入一支小瀑布，从其他地方奔流入海，而干涸的河床被改建成一条条用大卵石铺设的街道或宽阔的道路。我们今天所知的村落景色那时就完满地形成了。

新建筑的落成

1350—1500年，景观中增添了大批新的建筑。人们重修或扩建了几百座新的教区教堂，这在英格兰的一些地方比其他地方更甚。15世纪期间，出现了几百座私人的小礼拜堂或小教堂，大多数附属于远处的教堂，不过也有一些修在人迹罕至的十字路口，供远离教区教堂的地区使用。在这几代期间，人们修建了更多的城堡，最终也架设或重修了更多的石桥。

在中部地区，很少看到新的教堂建筑的痕迹，这里，农业的衰落很广泛、很严重。像福瑟陵格（Fotheringhay）这种特别情况除外。这是一座大教堂，1400—1440年间由王室的约克公爵修建，为此地的乡野景观添加了某种高级的文明气息。（图26）

在英格兰西南部，人们完全重修或扩建了一大批教堂，使得垂直式的哥特教堂建筑差不多成为该地区千篇一律的典型样式。其中大多数都拥有经彩绘上色、镶金的圣坛屏[①]，沿教堂的整个宽

① 中世纪教堂里分隔中堂与唱诗班席或圣坛的建筑装饰，其上方有耶稣苦像。——译者

99

图 26. 北安普顿郡福瑟陵格教堂，由王室的约克公爵修建。那带有大窗的顶塔、教堂中殿和侧廊都出自威廉·霍伍德（William Horwode）之手。他是斯坦福石匠协会的成员，1434 年承建教堂的这些部分。教堂内唱诗班或教士席位所在的豪华庄严的高坛于 1415 年完工，在 16 世纪被拆去顶盖并毁掉，因此使得教堂今天看上去不太平衡。福瑟陵格教堂修建之时，中部地区所有其他教堂建筑实际上都处于停工状态。

度铺展，非常美丽。德文郡的托布瑞恩（Torbryan）教堂是15世纪早期木石工艺的典范，不过，还有许多其他类型的教堂，到18世纪才遭到低教会派[①]破坏者的肆意毁坏，在19世纪维多利亚时期得到了“修复”。 100

并非所有教区都有资金来重修或扩建教堂。15世纪，人们给德文郡哈尼教堂的小建筑增添了一座简朴的钟楼和三口新钟，翻新了高坛拱门和室顶，新添了几扇窗户，不过基本上没有触动12世纪教堂的本体。没有必要对这个与世隔绝的小村子的教堂建筑进行扩建。人们还给它准备了几排简单装饰过的橡木长椅，这也许还是这个小教堂的第一批座椅。随后一切尘埃落定，又支撑了五百年。

即使像哈尼教堂这种偏僻的小教堂都设法增添钟楼，可见当时对流行时尚的追赶。在乡村，在城镇，钟楼像雨后春笋般到处涌现，其中的一些还相当雄伟。萨默塞特郡、萨福克郡和约克郡的钟楼特别多，特别值得注意。德文郡和康沃尔郡的钟楼也相当多——然而这两郡所拥有的中世纪尖塔还不到十二个。不过，这里的钟楼常常模仿其他地方的样式，罕见例外。它们既不美观，也不醒目，大多数都平凡无奇，沉闷乏味（图27）。这在一定程度上是因为缺少合适的石材，但也并非完全如此，因为即使用花岗岩也能够造出像坐落在荒原中的韦德康姆村（Widecombe-in-the-Moor）和莫顿汉普斯特德集镇（Moretonhampstead）那样的宏伟

① 低教会派（Low Church），英格兰基督教圣公会中的一派，主张简化仪式，反对过分强调教会的权威地位，较倾向于清教徒，与高教会派（High Church）相对。——译者

图 27. 康沃尔郡迈克尔斯托教堂（Michaelstow），一座较为古老的教堂，15 世纪以简朴的样式全部重建，这种样式在比较贫困的乡村教区是很常见的。

钟楼。教区教堂中最好的一批钟楼是直到 1550 年的地方工业繁荣时代的产物。韦德康姆钟楼据传由这一教区的锡矿矿工出资修建，这很可能是正确的；萨福克郡的拉文纳姆钟楼的修建，则耗费了斯普林家族——其时最富有的布商——两代人的心血。确实，布商和羊毛商常常出资，彻底重修所在教区的教堂，坐落在威尔特郡斯蒂普尔艾什顿的那座漂亮的教堂即是物证。1480—1500 年间，当地的两个布商沃尔特 · 卢卡斯（Walter Lucas）和罗伯特 · 朗

（Robert Lang）资助了教堂的修建。而众所周知，科茨沃尔德丘陵地带的“羊毛教堂”更是人们想要的例证。

14、15世纪，在英格兰的一些教区很大、教堂分散的地方，
私人小礼拜堂或小教堂开始大量出现。土地所有者，无论大小， 101
都要向主教申请特许证来修建这种小教堂，理由主要是他们的宅
邸离教区教堂太远，在冬季几个月不便礼拜。在西南诸郡，私人
小教堂特别多，在宗教改革之前至少有两三百个。有时候，小教
堂或小礼拜堂只是乡绅或者非贵族出身的地主（franklin）住宅
中的一间屋子，不过通常会是一栋单独的建筑物，就像朗塞斯顿 102
（Launceston）南部4英里处那座依然完美的中世纪小教堂崔卡里
尔（Trecarrel）一样。崔卡里尔是一个家族的古老的发源地，因其
居所而得名，距勒赞特（Lezant）教区教堂大约1.5英里，就康沃
尔郡冬天的泥泞道路来说够远的了。因此，罗伯特·崔卡里尔和
他的妻子、母亲一道恳求主教允许他们在“宅第”内建一座小教
堂，1405年5月8日他们得到了所需的特许证。今天见到的小教
堂建筑物，与幸存下来的中世纪府第及其他建筑物分隔开来，是 103
大约一百年后用石灰岩重建的，可能由那位亨利·崔卡里尔爵士
修建，他在1511—1524年间重修了朗塞斯顿教堂。

在偏远地区，一些小教堂矗立在路边，例如无主小教堂（No Man’s Chapel），15世纪它立在埃克塞特北部3个教区相汇的十字路口。然而，由于这种小教堂不是为公众礼拜准备的，因此它们多半都位于大宅之内，或是在宅外的院子里。通常，只有地主及其家庭才能获得兴建小教堂的特许证，不过即便如此，他们也必须服从一些额外的条件，比如在所有重大的宗教节日里要参加大

图 28. 朗塞斯顿附近崔卡里尔的那座中世纪小教堂或私人礼拜堂。崔卡里尔家族的中世纪庄园大宅仍在不远处屹立。这个小教堂供奉的是抹大拉的圣玛丽亚，最初是在 1405 年由埃克塞特主教授权建造，不过，今天所见的建筑物可能是在 16 世纪早期由重修朗塞斯顿教堂的亨利・崔卡里尔爵士用花岗岩修建的。在英格兰西南部，这类私人小礼拜堂保存完好的非常少，可是能找到许多破败不堪的例证。

教堂的仪式。

随着时间的流逝，许多获准建私人小教堂的府第都变成了农场住宅，并且在宗教改革以后得到重建，这就使得小教堂的痕迹消失殆尽。不过，在英格兰西南部的一系列例子中，人们也许还能在一间附属的房屋、一个干草棚或者一座小谷仓中找到中世纪小教堂的很多痕迹。在德文郡拉普福德（Lapford）教区的伯瑞巴顿（Bury Barton），1434 年由雷西主教（Bishop Lacy）许可建造的圣詹姆斯小教堂，至今仍近乎完好地立在路旁，作为谷仓使用。在其他的从日复一日的农作的迫切需要中解脱出来的地区，例如同样在德文郡的法德尔（Fardel）和布拉德利（Bradley），15世纪的小教堂完好无损，时不时地还被人们适当地使用。然而，在它们变成废墟或不再用于宗教用途的地方，只有带窗花格的窗户或者以扶壁加固的墙或者隐约可见的支架顶，才能显示其最初的用途。

不要将这种私人小教堂或小礼拜堂与英格兰北部大教区涌现的教区小教堂（the parochial chapel）混为一谈。教区小教堂是为一些远离大教堂的村落或小村子里的公众祈祷设计的，比如在哈利法克斯大教区和沃尔利大教区，它们实际上是教区教堂，只不过名称不同而已。有时候，大教堂会小心保留进行洗礼或举行葬礼这样的一些权利，不过在大的荒原教区，就连这些权利一般也不得不让给远处的小教堂教区。大教堂和小教堂之间的关系常常为我们提供了理解早期拓殖状态的有价值的线索；对此，我们并没有找到其他的记载。大教堂矗立在先祖村之中，拓荒者们从这里出发，去清理林地，开垦荒原，排干沼泽，并建立新的村落和 104
小村子，最终拥有了自己的独立的小教堂教区。在北部荒原教区，这一点不是那么确凿无疑；在那里，这种单一的关系因教区规模太大而模糊不清；不过在特伦特河以南，这一点一般来说是真实可靠的。大教堂的位置表明了一个地区的最初定居点所在，我们在地图上将它们标出来，就能把握诺曼征服之前，即记录稀少、分散的一个时期人们定居的某种图景。

14世纪晚期和15世纪也见证了一大批石桥的修建或重建，我们今天见到的最漂亮的一批石桥是这个时候修建的。尽管英格兰重要的桥梁大都建于12、13世纪，但由于道路交通的大发展，早期的这些桥梁要么太窄要么不安全，因此被石桥取代。靠近亨廷顿（Huntington）和圣艾弗斯（St Ives）、横跨乌斯河（the Ouse）的大桥是桥梁重建的这一时期特别值得注意的范例，美德威河

图29. 位于康沃尔郡韦德布里奇（Wadebridge）的中世纪桥梁，大约建于1468—1470年，1847年加宽。韦德布里奇最初是卡梅尔河口（the Camel estuary）上的一个浅滩，简称为*Wade*，出自古英语中表示“浅滩”的那个词。用卡鲁[①]1602年的话来说，这座中世纪的桥梁至今仍然是“该郡可圈可点的最长最坚固也最漂亮的桥”。

① 即托马斯·卡鲁（Thomas Carew，1595—1640年），英格兰诗人，其爱情诗和轻快的抒情诗深受查理一世的喜爱。——译者

(Medway)上的东法雷桥(East Farleigh Bridge)是另一座非常漂亮的中世纪石桥。在英格兰北部，靠近科克比兰斯代尔(Kirkby Lonsdale)、横跨鲁因河(the Lune)的壮观的魔鬼桥(Devil's Bridge)建于15世纪；靠近特维泽尔(Twizel，诺森伯兰郡)、横跨提尔河(the Till)的那座非凡的桥梁到16世纪早期肯定就屹立在那里了。利兰[①]大约在1540年见到了这座桥，并描述它"有如一张石弓，雄伟又坚固"，正如我们今天所见到的那样。

在德文郡，一些漂亮的中世纪桥梁保存下来，特别是塔玛河(the Tamar)上的那些桥。大约建于1439年的灰石桥(Greystone Bridge)完好无损。稍稍靠下游一点的是马桥(Horse Bridge)，建于1437年，再往下就是新桥(New Bridge)，一座用白色花岗岩修建的宏伟的桥梁，由附近的一个地主，皮尔斯·艾德格康比爵士(Sir Piers Edgcumbe)在大约1530年修建。德文郡北部著名的拜德福德桥(Bideford Bridge)——有24个石质尖拱——在1460年后的某个时候取代了一座木桥，迄今仍是英格兰所留下的最令人惊叹的中世纪桥梁之一。

康沃尔郡有不少引人关注的中世纪桥梁，不过其中最好的一些桥梁，例如卢尔桥(Looe Bridge，1411—1436年)——在19世纪被毁了。靠近康沃尔郡北部的韦德布里奇，几个世纪中，一直是一处可跨越卡梅尔河的浅滩，这条河在此变宽入海。然而，大约在1468—1470年，人们在这里建了一座石桥(图29)，它

① 即约翰·利兰(John Leland，1506—1552年)，英格兰古文物收藏家，曾于1533—1545年间周游大不列颠，收集历史文献和遗物，其笔记为后来的历史学家提供了宝贵的资料。——译者

酷似同时代的拜德福德桥。泰晤士河上的阿宾顿桥（Abington Bridge）在 1416 年取代了原先的涉水浅滩，极大地增强了所在城镇的重要性。

105 并非所有的中世纪桥梁都位于交通要道之上，或跨越著名的河流。人们可能会发现，有一些中世纪的小桥隐藏在英格兰许多河流的上游，在康沃尔这类比较偏远的郡中尤其如此。这样的桥有靠近沃勒根（Warleggan）的潘特斯桥（Panters Bridge），它支撑了从博德明到里斯卡阿德（Liskeard）的古道；或者靠近圣尼奥特（St. Neot）的屈维比恩桥（Treverbyn Bridge），横跨弗维河（Fowey）。这两座桥都是 15 世纪的杰作。不过，在英格兰更先进、更繁忙的地区，古代的这些即使不够漂亮也够有魅力的小桥，已经被砖块、铁制品或混凝土所取代，人们走过时会因厌恶睥睨而视的。

新的教堂，新的小教堂，新的桥梁，新的码头，这一切表明，15 世纪，在这片国度上上下下，新的切割石料几乎处处大放异彩，或者说闪闪发亮，当然，在中部地区比其他地区要逊
106 色一些。而且，有钱有势的人还在为他们自己修建城堡。在约克郡，傲慢的斯克洛普斯在 14 世纪的最后 25 年建起了博尔顿城堡（Bolton Castle），那 4 个巨大的角塔向南俯瞰温斯利代尔谷地（Wensleydale）。位于达勒姆郡的雷比城堡（Raby Castle）建于同一时期，是北方城堡中最完美的一座。格洛斯特郡的伯克利大城堡在 14 世纪也得到了改造：

伯克利的塔楼威武傲慢
对四周的广阔原野虎视眈眈。

图 30. 博尔顿城堡，俯瞰约克郡的温斯利代尔谷地。理查德·勒·斯克洛普斯（Richard le Scropes）在 1379 年收到特许证，可以在高墙上修筑垛口。利兰说，修建该城堡共花了 18 年时间。

107 15世纪，随着无政府状态的恢复和私人武装的兴起，各地豪强纷纷为自己修筑新城堡，或者更确切地说，是修筑堡垒式的住宅；其中位于莱斯特郡阿什比德拉祖什（Ashby de la Zouch）的碉楼是最为卓越的城堡之一，这是黑斯廷斯勋爵威廉（William，Lord Hastings）大约在1475—1480年修筑的。在不远处的科克比穆克斯洛（Kirkby Muxloe），他又为自己修了一座设有防御工事的砖房，四周用壕沟围起。早些时候，第一任赫伯特男爵威廉（William，First Baron Herbert），在蒙茅斯郡（Monmouthshire）的拉格兰（Raglan）修建了城堡，今天成为英格兰最雄伟的遗址之一。

15世纪的许多城堡都是用砖块修建的。林肯郡的塔特沙尔（Tattershall，大约始建于1434年）和萨塞克斯郡的赫斯特蒙塞乌斯（Hurstmonceaux，大约始建于1460年）也许是其中建得最好的，它们大力推动了英格兰建筑中砖块的使用。诚然，砖块并不是一种全新的建筑材料，例如在东盎格里亚就能发现13世纪的砖建筑，其中以萨福克郡的小温纳姆庄园（Little Wenham Hall，约1260—1280年）最为著名。1442—1452年修建伊顿公学时消耗了250万块砖。大多数早期砖块都是从弗兰德斯进口来的，不过，修建科克比穆克斯洛城堡所用的砖块是当地制作的，这在接下来的几代人的时间内为乡间宅邸的建造者指引了道路。人们只是在难以获得合适的石材的地方才使用砖块，而且在很长一段时间内，它仅仅被用于修建大型住宅。对普通人家来说，直到17世纪末，它才成为常用的建筑材料。

第五章　都铎王朝至乔治王时代英格兰的景观

1500 年的景观

16 世纪初，英格兰景观中最引人注目的一个方面是，羊比人 108
多，其数量大概是人的三倍。全国只有 250 万—300 万人，然而羊的数量可能达到 800 万只。在长达千年的定居开拓和艰辛劳作之后，英格兰的经济仍带有垦殖的特点。人口太少，使整个景观得不到开化（即使在能够改善的地方也没有做到）；人口太少，使丰富的矿产资源得不到开发，甚至几乎还没被开采过；人口太少，使任何一项大规模的工业都无法建立。“这个岛上的人们，”1500 年前后一位意大利来访者写道，“在我看来，似乎一点都没有从其肥沃与富足中获益。”那时，英格兰是一个农业国度，草木青葱，山林幽静。在这里，大片茂密的森林要么与种着大麦、豆子或小麦的千顷“良田”交错，要么由斑驳的荒野、凄凉的高原以及小片的牧场围地穿插其间。

17 世纪末格利高里·金估计，英格兰和威尔士约有一半的土地都已经过耕作，可以分为可耕地、牧场或草场。他认为，那时有 300 万英亩的森林和矮林[①]，另外还有 300 万英亩的“御林、猎园和公地”。森林和矮林的平均价格几乎与可耕地持平（前者每亩 5 先令，后者则是 5 先令 6 便士），而据他估计，御林、猎园和公地平均每英亩可获 3 先令 8 便士的租金。此外，他还估算，当时的英国有不少于 1000 万英亩的“荒野、高原、山丘和不毛之地”，每英亩平均值 1 先令，可用来养羊。牧场和草场的价值最高，一般每英亩值 8 先令 8 便士。上述数字全部是平均值。每一类土地内部的优劣之分都相当明显。然而，这些数字足以快速、粗略地揭示 17 世纪 80 年代土地的不同用途之间的关系，以及每一类土
109 地的大致范围。金固然可能高估了荒地的数量，但无论对 17 世纪还是对 16 世纪来说，我们都找不到比他所提供的更好的数据了。

在 16 世纪初，林地的范围比起格利高里·金生活的时代要大得多，这是因为在介乎二者之间的那一时期，用材林遭到了极大的破坏。那时，木材独自发挥了今天的煤炭、钢铁和混凝土的作用——既作为燃料，又被用作造船、盖房及其他许多建筑工程的材料，还用于各种各样的修理工作。1629 年，有人说达勒姆郡的一个人在其有生之年就砍了 3 万多棵橡树，同样的破坏在英格兰所有的铁器加工制造区——在威尔德地区、迪安森林[②]、伯明翰和谢菲尔德附近以及克利山脉（the Clee Hills）之中——都在发生。当我们了解到这一切时，可以大致估算 1500—1688 年间林地丧失

① 矮林（coppice），指一小片长满树木和矮小灌木的林地。——译者

② 迪安森林（the Forest of Dean），位于英国西部格洛斯特郡与威尔士交界处的大森林，出产煤。——译者

的规模。

铁器工人并不是唯一的森林破坏者。16、17 世纪，农业上的巨大进步使大片林地被翻掘开来，种植谷物，饲养牲畜。1553 年，威廉·科里米莱（William Cholemeley）提到了“难以满足的对牛羊牧场的渴望”，这在接下来的 30 年中对林地造成了无法逆转的毁灭性破坏。100年后，布里斯[①]在《英国的改善者》（*The English Improver*）一书中提到，遍布整个西米德兰以及德比郡和约克郡的森林，“现在被圈占，成为英格兰浩瀚壮观的麦田”。诺丁汉郡的这位历史学家（1641 年）已注意到，在其有生之年，“难以尽数的赏心悦目的橡树”，被“绿毯似的草地上畜养的”绵羊和公牛吞噬殆尽。[②]

如果格利高里·金关于 1688 年的估计基本正确，那么 16 世纪初英格兰至少有 400 万英亩的林地，其中生长的全都是硬木材[③]。埃平和阿尔丁[④]、舍伍德（Sherwood）、迪安和韦奇伍德等森林，以及其他 20 座在本乡本土享有盛誉的森林，都实有其在，生机勃勃。小型森林在英格兰各地随处可见，不过中部地区比其他地区

① 即沃尔特·布里斯（Walter Blith，1605—1654 年），17 世纪论述农耕的一位英国作家，代表作是《英国的改善者》（*The English Improver, or, A New Survey of Husbandry*, London: J. Wright, 1649.）——译者

② H. C. Derby, “The Clearing of the English Woodlands”, *Geography*, vol. XXXVI (1951).

③ 硬木材是与软木材相对而言的树种，包括橡树等阔叶木和落叶木，一般用于制作家具。——译者

④ 埃平（Epping）森林位于英格兰东南部，伦敦东北，原为皇家狩猎区。阿尔丁（Arden）森林是英国中部一片早期非常广阔、树木繁茂的地区，位于斯特拉福西部，为莎士比亚的《皆大欢喜》提供了背景。——译者

相对少一些。日常生活中，小伙子们很容易就溜进了茂密的森林或人烟稀少的旷野，他们在那里可以尽情地释放过剩的能量。而在 20 世纪，在那些糟透了的、毫无生趣的市镇，这种能量却将年轻小伙子中的太多的人送上了少年法庭。对偷猎者来说，鱼儿和
110 野味应有尽有；对每个人来说，新鲜的空气任其呼吸，富裕的空间随便享用，如果他们想要的话还有万籁俱寂。空中没有工业烟雾，路上没有什么比马儿跑得更快，也没有没完没了的噪音。总共只有 300 万人，稀疏地分布在这片国度。最大的地方城市诺里奇（Norwich）可以被形容为“果园中的一座城，或城中的一片果园；房子和果树均匀地分布在城中”——对大多数国民来说，那时的英格兰是一个多么快乐无比的地方啊！

荒野之地就是荒野之地，人们视之为理所当然，时人并没有将林地、荒野和高原当作风景的描述。对“风景”的爱好尚待萌发，少数旅行者提及荒野地带时其口吻只有厌恶，因为这样的地方不出产什么有用的东西，对异乡人来说往往还十分危险。然而，乔叟却漫不经心地留下了一条令人愉快的资料，这是人们在一位中世纪作家的笔下几乎未曾料到的：

> 乡居山野近，
> 绿树映伊庐。

克莱尔[1]可能会欣赏这一描述。

---

① 即约翰·克莱尔（John Clare，1793—1864 年），英国诗人，以“北安普顿的农民诗人”闻名，本书第六章对他有详细的描述。——译者

18 世纪笛福的有关描述最能反映人们通常对荒野之地的态度。他描述的是 8 月中旬的傍晚穿越布莱克斯通边缘地（Blackstone Edge），也即罗奇代尔（Rochdale）到哈利法克斯（Halifax）之间荒原地带的情景，其规模和感觉差不多像今天的人们穿越安第斯山脉。笛福等人在“山顶附近”遭遇了一场昏天黑地的暴风雪，看不见任何路，也浑然不知自己就站在一道“可怕的悬崖”边。他们开始认真地讨论要不要返回罗奇代尔，“但就在这时，我们中的一个人向我们呼喊，说他接近了山顶，能够看见整个约克郡……”不过，接下来两页多全都是关于山脉、悬崖、风雪的记述，以及对他们在挣扎着到达哈利法克斯之前如何忧心忡忡的描写。

至于灌木丛生的荒野，这里有他对萨里郡巴格肖特荒野（Bagshot Heath）的描述：

> 这是一大片土地，其中某些部分距离首都最多 17—18 英里。这个地方不仅仅是穷，还相当的贫瘠荒凉，看上去令人惊恐；与其说它没太大用处，不如说它百无一用。这片土
> 地中大部分是沙地，身处这里的人们常常会以为自己是在阿 111
> 拉伯沙漠。在这里，风高高卷起沙粒，似乎要将旅行者的车队、牲口和人群统统淹没。因为我穿越这片荒野时遇上了大风天，这样，由风暴卷起的沙团几乎使我窒息，我没法让沙子不吹进我的嘴巴、鼻子、眼睛里。风停之后，沙子覆盖了邻近几英里的森林，毁掉了这片土地。这里生长着低矮灌木或欧石南，是荒地上常见的产物，即使在苏格兰高地上也有

生长，它们确实能够挡住沙子。尽管如此，这片土地还是异常贫瘠，它出产的东西养不活什么动物，只有很小的一些羊，主要以上面提到过的欧石南为食，但它们的数量非常少。这里也没有任何值得一提的村庄，方圆数英里内既没有什么房子也没有什么人。这片沙漠范围如此之大，有些人甚至说，这片荒地总共算起来不少于10万英亩，四周延伸到了萨里、汉普和伯克三郡。此外，还有一大片土地，几乎与高达明（Godalming）到彼得菲尔德（Petersfield）之间的土地一样糟糕，位于通往朴茨茅斯的那条路上，包括一些山丘，称为“后头”（the Hind Head）或其他名称。

荒野和公地通常长达十几英里，上面几乎没有一个住处，只有一些崎岖难行的狭窄小路穿越其中，正因为如此，旅行者们害怕天气骤然变坏，或夜幕过早降临。即使到18世纪末，汉普郡也还有10多万英亩的荒地（不包括丘陵地带），伯克郡有6万英亩。至于荒原地带，威斯特摩兰有3/4的地方在1793年仍未开垦，德文郡则有30多万英亩的土地荒无人烟，未得到开发。

另一方面，英格兰有一些地方在16世纪初得到了充分的开垦，丰饶多产。利兰观察到，人们从北部地区过来，一过特伦特河就会发现，乡村的面貌如何变得更加宜人。在英格兰中部的整个低地地区，没被树篱围起来的古老敞田一直延伸至地平线。但是在靠近西部、东部以及东南部的地区，典型的景观则是由树篱围起来的小块土地，其上农庄零星分布，弯弯曲曲的小路小径将农场彼此连接起来，就像今天我们所知的那样。在英格兰的东南部，肯特郡和埃塞克斯郡几乎完全被圈占了；萨福克郡以及萨里郡的东半部也是如此。在西南部，康沃尔郡、德文郡和萨默塞特郡的 112
敞田只不过是它们曾经有过的敞田的残余。利兰评论说，在亨利八世统治的时候，“萨默塞特全郡大部分地区都被篱笆围了起来”。这里所剩的少数敞田在16世纪期间又大都被圈占，与德文郡和康沃尔郡的情况如出一辙。到利兰生活的时代，威尔士和英格兰交界地区各郡也几乎全都被圈占，一直延伸到兰开夏郡之中。而约克郡北区和诺森伯兰郡的相当大一部分地区同样没有了敞田。

在所有这些外围地区，大量的土地直接由原始林地圈占而来，成为树篱围起来的小块田地。敞田在这些区域不曾见到。不过在这些郡里，在英格兰先祖村周围的一些地方，曾经也是有过敞田的，这些敞田后来也像直接从荒地开垦的田地一样，被改造成了规模较小的用树篱圈围的田地（示意图12）。为什么肯特、埃塞克斯、德文诸郡这么早就开始圈地？其中一个原因也许是，现实中有那么多的农田都是按照互不相连的小块圈地开垦的，相对于共同管理的敞田，这具有明显的优势，敞田耕作农亲眼得见这种优势，他们为之所动，因而在一个相当早的时期就同意圈占并重新安排他们的条田——比英格兰中部同意那么做的敞田耕作农早了几个世纪。另外一个原因无疑是这几个郡里有大量的草场。草场的缺乏，则使得大规模的圈地即使并非不可能，也会比较困难；因为人们会小心地捍卫、保护公共权利，以及在收割后的敞田上放牧的权利。在这种情况下，大多数自耕农可能都不愿意改变现状。而在草场广袤的地方，例如肯特郡和萨塞克斯郡的森林谷地，埃塞克斯郡和萨福克郡东部的林地，或德文郡和康沃尔郡荒原附

113

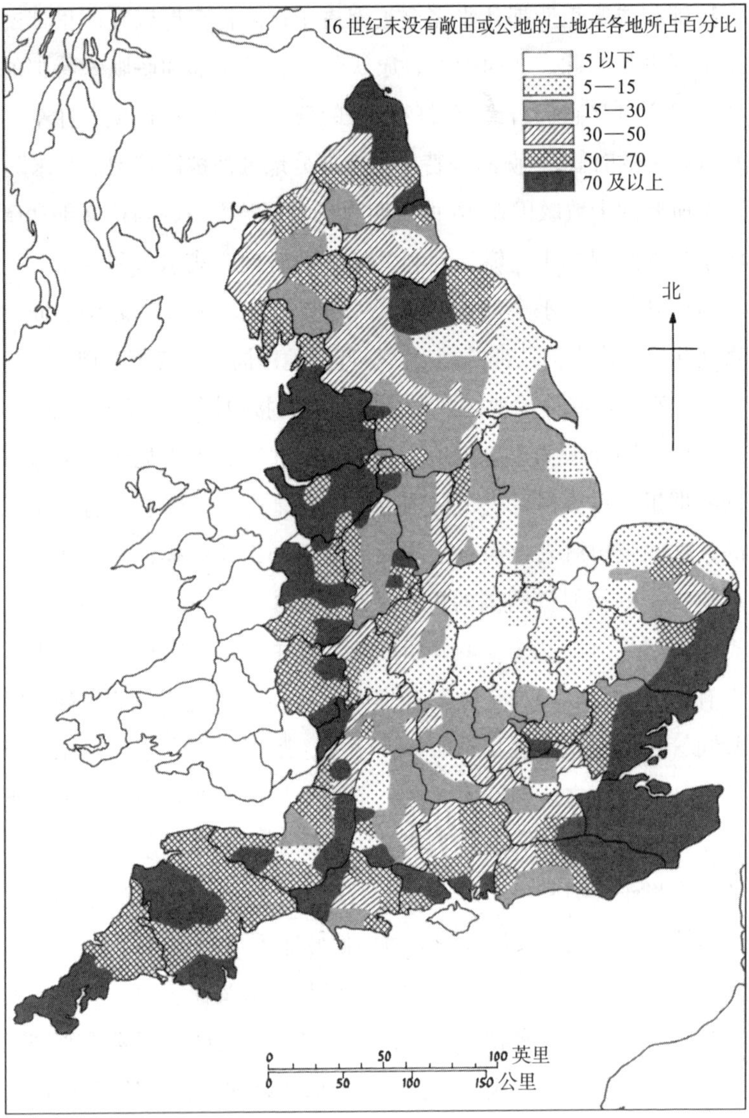

示意图 12. 16 世纪末没有敞田或公地的土地。

近，并不存在这种影响变化的障碍，因而及时完成了单独拥有小块土地的重大转变。

我们并不十分清楚景观上的这一重大变化是如何完成的，甚至也不知道它是何时完成的。但如果德文郡的迹象典型，那么这一变化似乎始于13世纪，并持续到14、15世纪。[①]至伊丽莎白时 114
代，在德文郡的任何地方，敞田都所剩无几。

有些时候，似乎是用篱笆一条一条地或两条两条地圈围条田，由此形成的地块形状就好像“使敞田固化不变”，这在一些教区依然保存下来。然而，有些时候，很显然是一弗隆或一大块土地被整片圈围成30—40英亩的单独一块地。这种规模相当大的圈围地很可能是领主的一块块互不连接的自领地，它们要么总是因规模或分散性而自成一块，要么通过购买和置换他人的条田拼凑而成。

从德文郡的塔维斯托克修道院地产中，我们能清楚地理解这种新型景观的创造过程：

> 一开始，将土地并在一起，通过购买或置换来实现。接下来，挖一条沟来标记持有人的土地的范围，挖出的土堆在沟的内侧，形成土堤。（1465年在伍德维斯［Woodovis］签署的关于弗斯圈围地［Furze Close］的租约规定，沟将会有4英尺宽、4英尺深；1398年利［Leigh］的租约文件对沟的尺寸也有相似的规定。）土堤上植树，编成树篱；当疏通沟渠时，

① 参见 W. G. Hoskins and H. P. R. Finberg, *Devonshire Studies* (Jonathan Cape, 1952)，特别是第277—278页。

> 土会被扬起并累积，土堤在这一过程中得以扩大。德文郡景观的典型特征莫过于这些巨大的堤坝，橡树、梣树、榛树或其他的矮林在其上茁壮生长，高达20英尺或更高，构成一道难以穿透的屏障。尽管这些树木占用了空间、土壤，因而造成了浪费，但它们永不枯萎，并且能在狂风暴雨中让牲口在有急需时有地方躲避。马歇尔认为，矮林篱笆的设计，最初也许是为了弥补森林砍伐带来的燃料损失。他补充道："许多农场都没有其他的林地，也没有燃料供应，只有拿篱笆充数；毕竟它们还能提供充足的燃料。此外，多余的木杆、小木料、柴捆和橡树皮等或许也可以出售。"①

在地方上，每一块这样的圈围地都被称作"猎园"（park），但变化的过程并未就此终结。人们普遍认为，20—40英亩的土地对有效农作来说太大了，像德文郡这样的牧区尤其如此。这种规模不能保证最有效地管理放牧，而且在高地和多风的乡村地带也不能为家畜提供足够的躲避处。因此，人们就竖起更多的篱笆，以
115 减小圈围地的规模。塔维斯托克附近的波里什（Bowrish）有2块地，一块12英亩，另一块20英亩，1491年之后的某个日子各自又都分为3块，这6块地留存至今。1416年后，另一块大约32英亩的圈围地也被分成了3块。人们可能将这些土地细分、再细分，以至最初的圈围地缩小成了比敞田份地大不了多少的小块土地，在地图上很难与直接从荒地中夺得的零星圈地分辨开来。明显的

① H. P. R. Finberg, *Tavistock Abbey* (Cambridge University Press, 1951), p. 50.

区别也许是，直接从林地及荒原圈占的土地在形状上很不规则，而那些后来通过一分再分所圈占的“猎园”而出现的土地，通常都拥有多少还算整齐的边角。

微型田地的出现也有可能是共同继承人之间划分一份地产的结果。比如，1501 年迪纳姆领主（Lord Dynham）逝世时，位于拉丝特利（Lustleigh，德文郡）附近的小块领地雷兰德（Wreyland）就像他的其他土地一样，由四姊妹平分，那领地上每一个农场都被分成了 4 份。之后，1/4 份的土地中又有一块被均分，从而分出了 1/8 的地块。“细分一块地产时，每一小部分都必须包括所有类型的土地中应得的一份——花园、果园、草地、可耕的牧场、林地和灌木丛，因此它通常都由几小块地组成，相互之间要隔一段距离。”[①] 结果就出现了一系列规模极小的田地——其中许多只有 1 英亩左右，有一些小到了半英亩。可以说，在英格兰的不同地区，所有这些潜在的因素都影响了景观的形成。地貌、土壤和气候等客观事实可以解释很多事情，但是在这些事实之外起作用的，则纯粹是诸如财产法和继承法等历史事实。也许只有诉诸隐藏在背后的社会史和法律史，才能对肯特郡和诺福克郡景观中奇特的土地形状以及其他特征作出解释，而能解读的人尚未出现。在这里，如同在德文郡一样，我们在很多地方所见的景观都是分散的农庄和小村子、圈占的田地、蜿蜒的小路以及宽大的篱笆。

16 世纪初，城镇作为景观面貌的一部分还不那么重要。它们

① Cecil Torr (ed.), *Wreyland Documents* (Cambridge University Press, 1910), xxv, p. 155.

规模不大，整洁、宁静。即使是中世纪城墙之外扩展出近郊住宅的地方，城镇也不大；在城墙之内，则有大量的栽满树木的空地、
116 大面积的花园和果园。埃克塞特城，一个大郡的首府，城墙之内只有 93 英亩的地，其中足足有 1/4 甚至多达 1/3 的地方都没有任何建筑物。规模可观的近郊住宅分布在东门和西门之外：总人口中大概有 1/5 的人住在城墙外面。而一个人花半小时就可以绕城墙四周走一圈，从城中心任何一个方向出发用 15 分钟就可以走到开阔的乡村。而且，对地方各处的最大城市，譬如诺里奇、布里斯托、约克、索尔兹伯里和考文垂来说，这种情况同样是确凿无疑的。即使在有六七万人口的伦敦，如果一个人打定主意要看绿地和野生灌木，城市也很快就被抛到身后了。

中部地区的圈地

在英格兰中部地区，敞田制呈现出经典样式，并具有最为深远的根源。在这里，绝大多数村民都在两圃制或三圃制环境中生存、劳作，不过一些地方为数不少的田地也是因再次细分而出现的。但即使在英格兰中部地区，这种古老的景观也并非到处都是原原本本的。我们已注意到，西多会团体在 12、13 世纪开辟了大片可耕的农场或牧师庄园；而在接下来的 2 个世纪，那些败落、废弃的村庄逐渐被因牧养牛羊而大片圈围的草场所替代（图 31）。这里提到的第二个变动在最初的时候主要是由持续的人口下降以及随之而来的村庄生活和耕地管理消极衰落所致；后来，由于等不及这一转化自然从容地完成，一些急功近利的地主便积极地加

图 31. 莱斯特郡因加斯比（Ingarsby）废弃的村庄遗址。因加斯比在 9 世纪或 10 世纪由丹麦人建立，到 15 世纪成为莱斯特修道院唯一的领地，1469 年被圈围成牛羊牧场。

以推动。

1498 年 10 月，亨利七世的王室司库威廉·寇普（William Cope）在沃姆雷顿（Wormleighton）驱逐了住在 12 个农场和 3 座村舍里的居民，此地位于沃里克郡和北安普顿郡相汇处的遥远的乡村。他圈占了 240 英亩耕地，用树篱和沟围了起来，并将这些新圈围的土地转为牛羊牧场，据说共使得60人流离失所。同一教区的另一位地主爱德华·雷利爵士（Sir Edward Raleigh）以同样的方式毁掉了另外6个农场。8年之后，乡绅寇普将那座庄园卖给了比邻的乡绅约翰·斯宾塞（John Spencer）[①]，此后不久，后者即
117 开始修建“美丽的庄园大宅”。这栋房子修成了，斯宾塞和“他家里的60个人”一起维持着一块好地产，而在1517年，托马斯·沃尔西[②]奉命调查造成人口锐减的圈地运动之时，斯宾塞被传讯。尽管在斯宾塞购买之前好几年寇普就已圈占了那座庄园，但还是要求他拔掉新栽的树篱，将土地重新恢复为耕地。

118 斯宾塞针对上述命令所递的诉状是一份有趣的文献，有助于理解圈地给当地景观带来的变化。他描述了他接手这片教区后所做的一切：

> 首先，修建并维护了教堂，购置了所有的装饰品，例如十字架、书籍、长袍、法衣、圣餐杯、香炉。因为教堂内原来的物品，那些农夫住在这里时使用的教堂设备，全加起来也值不了6英镑，结果据记载，他们从来没有举行过礼拜仪式。因为他们太穷，活得太凄惨，以至于他们连用于在教堂唱圣诗的书也买不起。此外，他们连一个牧师也没有，我已雇了一个，还打算再雇两三个。寇普也在这里建了4栋房子，

① 另有一说，约翰·斯宾塞是威廉·寇普（1450—1513年）的第二任妻子的父亲。——译者

② 托马斯·沃尔西（Thomas Wolsey，约1475—1530年），英国政治家和红衣主教，英王亨利八世的大法官和主理国务的大臣。——译者

并已经住人，有一些男男女女和孩子住在里面。这样，住在他自己的住宅里的人，加上另外4栋房子里的人，有20人，这与原来镇子（村庄或小镇）中的人数一样多。

而且，在同一片领地上，十二三四英里之内既无林地也无木材，约翰·斯宾塞为了获得木材和林地，便在这里种植树木，播撒橡树种子，开凿特大的沟渠，将各种树木不仅种在灌木树篱当中，而且种在树篱之间，紧挨着从前威廉·寇普曾在该领地上种植的老树篱。现在这个地方长出了许多林木，它们已经成材，可以造福于该领地上的所有居民，毗邻的乡村同样也可以从中受益。由于这些地区没有林地，这片乡村的穷人只好烧牲口赖以为生的禾秆。因此，在这些地区，树篱就成为既比谷物也比牧草重要的商品，摧毁它们将造成重大的损失……

现在，在他这个地方（即沃里克郡属于他自己的部分），他没有留下其他任何草场，只有刚才提到的这一块。如果现在将这块草场辟为耕地……必将彻底断了他的生路，因为他一直以来都靠在这块草场上牧牛维生；因为他不像其他牧场主，既不是公共市场上的买主也不是公共市场上的卖主，只是靠他自己在该草场上牧养牛群为生，养肥之后卖给伦敦城及其他地方，每年一次。过去这五六年，他的售价一直相当便宜，与他在其他年份的售价一样……正如陪审团将会证实的，6年来，他在这片不适宜谷物生长的领地上饲养的牛，比先前20年镇上有人居住的时候该领地饲养的牛还要多，这之后的20年也必将如此。

119 显然，这份诉状没起作用，因为3年之后（1522年），斯宾塞被强制命令在下一个圣烛节（2月2日）之前，将他在沃姆雷顿的所有土地恢复为耕地；到同一个日子，要拆除树篱，填平水沟，似乎还要重建曾被威廉·寇普毁掉的所有房子。第二份焦虑不安的诉状随即从沃姆雷顿传到伦敦，请求给予更多时间，至少要足以恢复原状，其结果如何我们不得而知。不管怎样，斯宾塞家族并没有被这次厄运所击垮；他们在北安普顿郡的乡村高地上获得了更多的土地，并在奥尔索普[①]安顿下来，在那里繁衍出两支贵族家族——奥尔索普的斯宾塞伯爵家族，以及马尔博罗（Marlborough）公爵斯宾塞-丘吉尔家族。

约翰·斯宾塞的抗辩，除了在他本人导致人口减少这一罪行上所供不实之外，其他的都非常合理。在英格兰中部地区，肆无忌惮地砍伐木材的行为已持续了好几个世纪，敞田景观中没有多少空间容许这种行为了，因此，斯宾塞通过广泛种植新的灌木树篱造福了整个邻近地区。此外，长期以来，人们一直在探索每一种类型和质地的土壤适合什么东西生长，在这些里阿斯统重黏土地带，以草场取代耕地的做法是人们向前迈出的一步，它使人们超脱于农牧混合的敞田耕作这一古老的模式，去探寻获利更丰、富于变化的土地利用方式。到16世纪末，在北安普顿郡和莱斯特郡里阿斯统高地上，即使没有出现绵延不断的草原地带，也非常接近于它，成千上万的牛羊在草场上吃草，而这些地方曾经是中

① 奥尔索普（Althorp），此地距北安普顿郡西北约5英里，自16世纪起就是斯宾塞家族的世袭封地，现属第九代斯宾塞伯爵查尔斯·斯宾塞所有。——译者

世纪农业的可耕地。不是上百个农民，而是约翰·艾沙姆[①]代表了这一时期最典型的形象。“1586年，这位精明的商人摇身一变成了乡绅，在兰波特（Lamport）的新圈地上漫步，满怀深情地数着羊，在帐本上草草记下总数。他还虔诚地加上了一句，‘愿上帝保佑这一切。’”

无论僧俗，在这样的地主拥有全部或绝大部分庄园土地的地方，要驱逐敞田上的农民就易如反掌。耕种岁末，即谷物收割后不久，农民们就被下令离开；他们的农庄被拆除，敞田上的许多条田就被辟为草场。几个大草场取代了两三块可耕地，用山楂树篱和沟渠圈围起来。

以这种方式圈围出的草场似乎规模很大。我们确知，一开 120
始，圈占草地后人们可能并没有设置新的界限；原先的每一块敞田可能照原样直接转变成了草场。这样，莱斯特郡南部普尔特尼（Pulteney）庄园中的1000英亩草场在1547年隶属于两大圈围地——中地（Middle Field）和高地（High Field）。中地位于人口减少的奈普托夫（Knaptoft）教区，离普尔特尼没几英里，1525年，那里的草场不少于600英亩。在莱斯特郡东部的沃特伯勒（Whatborough），1494年隆德隐修院（Launde Priory）最初圈围的土地占400多英亩，不过到1586年人们测绘这一领地时，这片类似牧场的草场已被灌木树篱分成许多比较小的地块，当然以现代标准来看，它们的面积还是相当大。在莱斯特郡的加尔比

① 约翰·艾沙姆是英国学者拉姆齐的《丝绸商和冒险商人约翰·艾沙姆》（G. D. Ramsay, *John Isham, Mercer and Merchant Adventure*, Northumberland Press, 1962.）一书中的主角。——译者

（Galby），一份1640年的租约表明，2个从事畜牧业的自耕农承租了一块面积为120英亩的草场。人们可能会找到类似的例证，证明在中部各郡，都铎时期圈地者曾在那里圈地的地区，草场圈围地是多么的广袤。生活在安妮女王执政时期的笛福（Defoe）曾见过艾尔斯伯利山谷（the Vale of Aylesbury）中的一块草场圈地，以每年1400镑的租金出租给一位牧场主。虽然他没提到那块草场的面积，但可想而知它一定巨大无比。

这些巨大的草场绵延起伏，几乎远至地平线，它们也许是人们在大规模养殖牛羊方面最早做出的铺张实验，是不太切合实际的一种新型养殖业实践。没过多久，大规模地块的缺点就暴露出来——在中部地区，牛羊过冬缺少躲避之处，高地地带尤其如此。而且，在这样一种无栅栏的大范围牧场内不可能密集地放牧。逐渐地，在最初的围栏之内，人们立起了新的树篱，隔出了比较小的地块。但即便如此，其中的一些地块仍然很大，今天凭借面积就能认出它们来。例如，在奈普托夫，大圈围地（the Great Close）差不多还有88英亩。在18世纪后期，许多这样的大块土地都被缩减，当时像贝克威尔（Bakewell）之类的牧场主凭经验发现，对草场放牧来说，10—12英亩的小块圈地最为经济，当然，在英格兰中部的绿色高地上，今天还能看到一些上百英亩的地块。

在地主拥有整个教区，可以为所欲为的地方，人们也许会碰上最大规模的圈地运动。但是在许多教区，除了乡绅之外，还有其他许多自由持有农（freeholder）。不管他们手中的土地份额有多小，在这种圈地加以推行之前，都必须得到他们的首肯。在敞田
121 之中，他们的土地和乡绅的土地交错在一起，乡绅走不了多远可

能就会撞上他们；他们还拥有在收割后的整个敞田上放牧的公共权利，乡绅不能任意剥夺或削弱这种权利。因此，在这样的教区，乡绅想要圈地，就有必要取得他们的一致同意，并给他们提供一些诱人的条件。这样，自伊丽莎白时代以来，我们有几百个例子来证明教区中的圈地是通过协议进行的。而且，在这一变化出现之前那些不太重要的自由持有农没被收买的地方，他们得到了两三块圈占地作为自己的份额，以交换他们可能因重新分配而投入联合经营的几百块条田。于是，许多源于都铎王朝时代或斯图亚特王朝时代的田地规模都不大，它们集中反映了小自由持有农持有小块园地的情况。因为缺乏标记，人们很难从地面上辨识这一时期的树篱。它们或许比源自中世纪的篱笆要小，其中很可能没有那么大的树木，但它们肯定要比那些相当脆弱的山楂树篱更结实，后者的种植是 18 世纪议会圈地运动的结果。不过，在这种情况下，我们关于这些树篱种植日期的最好证据还隐藏在书面文献之中。

总的来说，都铎时代乡绅的圈地活动在 16 世纪中期减少，但从 16 世纪最后 15 年开始，自由持有农之间协议圈地的蔓延引起了一场新的变革浪潮，这持续到内战的爆发。1660 年之后，政府不再反对地主个人圈地，而自亨利八世统治初年以来它一直在这么做。其实，政府的反对基本上没有效果，不过及至 1640 年，这一政策不啻是对大规模农业变革的一种约束。复辟时期，由地主们掌权的新政府具有了不同的思维方式，结果，英格兰所有的敞田教区都从中世纪景观向现代景观转变。例如，在达勒姆郡，“在复辟后不久，城镇的公地大都被圈占”，约瑟夫·格兰杰（Joseph

Granger）在 1794 年向农业委员会报告该郡的情况时如是说。威尔特郡西北部——有名的乳制品区——大约在同一时期被圈围；在莱斯特郡，圈地运动在 17 世纪 60 年代和其后几十年最为剧烈。从同时代的原始资料中我们所知较多的是都铎时代圈地者的罪恶
122 行径，但是很有可能，在英格兰中部地区，17 世纪的树篱要比 16 世纪多得多。有些人将英格兰中部景观视为议会圈地运动的无可置疑的产物。而即使在北安普顿郡，也有一半的土地在第一部圈地私议案出台之前就已被圈占并转化成现代景观；在毗邻的莱斯特郡，每 5 块田中就有 3 块是在议会圈地时期之前创设的。如果了解到这些事实，他们可能会很惊讶的。英格兰的树篱出自各个时期——凯尔特时期、撒克逊和丹麦时期、中世纪、都铎王朝时期、斯图亚特王朝时期、乔治王时代，甚至维多利亚时代也有多处。它的样式很复杂，所蕴含的历史也复杂，泛泛而论并不能公正地对待它。正如司汤达（Stendhal）在另一个地方所说的，一切乐趣和真理都隐藏在细节之中。[①]

英格兰乡村的繁荣景象

15、16 世纪的圈地使人口减少，在某些小地区，它们产生了毁灭性的后果；在那里，三四个毗邻的村庄和小村子很可能被彻底地从景观面貌上抹掉了。因此，在莱斯特这个小郡，有六十几

---

① 引言出自 H. P. R. Finberg, *The Local Historian and his Theme* (University of Leicester, Department of English Local History, Occasional Paper no. I, 1952), p. 5.

个村庄和小村子消失，主要发生在大约1450—1600年间（更早而不是更晚）。这就是说，合计每六个中世纪定居点中差不多就有一个消失了。其他很多村庄和小村子则在规模上大大缩小，像科尔德牛顿村（Cold Newton）和山上伊尔斯顿村（Illston-on-the-Hill），人们今天在这些村中见到的景象是，一些房子乱七八糟地挤在“大街”的一头，“大街”穿过一扇通往旷野的大门之后，就变成了荒草漫生的小径，蜿蜒在已毁的农庄和村舍的残墩之间。莱斯特郡所发生的情况几乎在英格兰低地地带所有各郡中都是有代表性的。然而，一定不能过分夸大圈地的总体影响。尽管有许多地方消失，其他一些地方在那场经济风暴中束手无策，但大部分地区幸存下来，迈入了伊丽莎白一世治下生气勃勃的扩张时代，享受了前所未有的繁荣。在整个英格兰，除去最北端的四郡，我们见到了大量的证据，证明大约1570—1640年间的两代人身处重建的伟大时代。亨利八世时代以降出现了乡村住宅修建的浪潮，这一点广为人知（本章稍后会谈及）；但有所不知的是，除最穷的人以外，所有的社会阶层都投入重修和新建的热潮之中，在城镇 123
和乡村都是如此，而关注起来就会发现，这是非常明显的。

在英格兰的一些地方，整个15世纪乡绅和小地主一直在重修宅邸。德文郡还有很多属于这一时期的这种房子，现如今常常被后一个时代的修缮所掩盖；在其他的郡，人们也能发现15世纪庄园大宅和农庄的范例。不过，1550年大多数英格兰人都还住在中世纪祖先留下来的又黑又脏又挤的宅子中。它们往往是一居室的房屋——一厅一室，框架用木头搭建，墙壁用加固过的泥土修砌，整座宅子立在卵石地基上。没有玻璃窗，壁炉也只有一个。两个房间都没装天花板，而支撑屋顶的椽条和屋顶上的茅草都裸露在外。即便在产石料的乡村地带，房屋也很少用石头修建。

到 16 世纪六七十年代，富裕一些的约曼农[1]开始为自己修建更大、更好的住所。有时候他们对祖屋加以扩建和改建；而在有砂石可用的地方，通常他们都会将旧房子拆得一干二净，然后重新修建。在该世纪末，重修住宅的风尚向下蔓延，影响到了地位更低的农民——农夫（husbandman），而在有些情况下，可能还影响到了比较富裕的茅舍农（cottager）。然而，村舍多为地主所建，造价可能很低廉，质量也就可想而知，因为无论如何，在英格兰没有一座 16 世纪的村舍保存下来。地产经纪人所称的“古老世界的村舍”（an olde worlde cottage）——就算它真的是 16 世纪的房子——原本也是某个农民的住宅。在英格兰，似乎没有早于 17 世纪晚期的真正的村舍留下来，大多数在日期上可能都属于 18 世纪。

在乡村，重建或扩建大小住宅的浪潮强劲地增长，持续到 17 世纪 20 年代。这种现象如此普遍，以至于坐落和靠近从多塞特郡到约克郡海岸斜向跨越英格兰的大岩石带的所有村庄似乎都在同一时期得到了重建。北安普顿郡的克利韦斯顿村（Colly Weston）就是这方面的范例（图 32），而与它经历相似的村庄数不胜数。

重建浪潮不限于村庄，独自居住的约曼农同样也搬了家，有了
124 更好的房子。在兰开夏郡的高地教区和约克郡山谷，我们发现了用石料修建的坚固的农庄，装上了带竖框的窗户，前门门楣上通常有

① 约曼农（yeomen），农民的一个阶层，即自由持有农。——译者

图 32. 北安普顿郡的克利韦斯顿村。克利韦斯顿村像许多英格兰村庄一样，主要是在 16 世纪末 17 世纪初得到重建的。上图展示的是大约 1620 年的一栋典型的约曼农住宅，用当地的鲕状石灰岩修建，屋顶铺的是著名的克利韦斯顿石板瓦。

一块日期石[①]；农庄稳固地立在那里，任凭荒原上的风吹雨打。

北部的这些农庄常常被西卡莫树遮挡，这一树种是在 16 世纪末引进英格兰的。杰拉德[②]在《植物志》(1597年)中说到，西卡莫树是“英格兰的一位陌生客”。常见的枫树与西卡莫树很相像，是

① 日期石(date-stone)，一种将房屋建筑日期及其他信息镌刻其上的石头，常见于西欧古建筑。——译者

② 即约翰·杰拉德(John Gerard，也拼作 John Gerarde，1545—1611 年)，英国历史上一位植物学家和草本植物采集者，以 1597 年出版的长达 1484 页的植物学著作《植物志或植物通史》(*Herball, or Generall Historie of Plantes*)著称。——译者

大不列颠岛土生土长的树种，为盎格鲁–撒克逊人所熟知。从约克郡往南到多塞特郡的一系列地名（譬如 Mappleton，Mappowder）都是因为周围的这种树而得名的。西卡莫树或称大枫树，完全是一种更高大的树木，它长得快，叶片大，足以提供舒适宜人的树荫。比起其他的林木，这种树抵御山风、海风的能力更强，因此
125 在英格兰的高地和无遮蔽的地区广泛引种，当作农庄住宅的挡风墙。在其他的有点光秃的景观中，夏天西卡莫树播撒浓密的树荫，这对牲口来说是一件幸事。于是，我们就见到了一幅颇具特色的北部景象：低矮的坡顶上有一座农庄，用荒原石修建，石板瓦铺顶；朝风的一侧，矗立着一丛闪闪发亮的西卡莫树：

> 宏伟的西卡莫树啊，
> 播撒着怡人的浓荫。
> 多么轻柔，
> 多么壮丽。

在德文郡西部多风的高地上，人们能见到同样的图景。虽然有许多人表示他们不喜欢西卡莫树，因为它结籽太多，落得满园都是，但一些诗人却钟爱它，华兹华斯和马修·阿诺德[①]两人都可以作为见证。

英格兰中部地区的村庄，无论是位于岩石带还是位于黏土地，

---

① 马修·阿诺德（Matthew Arnold，1822—1888 年），英国维多利亚时代著名评论家及诗人。——译者

在那两代人的时间里都见证了上千座房屋的修建。这里典型的树木是榆树和椤树，种植它们是为了遮阴，也是为了美化石墙或砖墙。米德兰西部诸郡那些“黑白相间”的木房子几乎全都建于1570—1640年间。再往东，在莱斯特郡和北安普顿郡，多数房子都已被维多利亚时期工业村的红砖房毁掉或淹没，不过如果远离这些针织品和鞋袜制造区的话，还是能找到不少。

关于热火朝天的重建风潮已毋庸多言，从南部的康沃尔郡到肯特郡，还有东部的很多郡，一路上人们都能发现其例证。在两代人左右，体现了英格兰乡村风格的，多种多样且具有地区特点的建筑在各地风起云涌，其基础在于当地有充足的建材，而小农经济，更确切地说是乡村文化又懂得如何用得好，用得漂亮。如果我们想趁来得及的时候研究和记录英格兰的各种小型建筑，无论是在乡村还是在城镇，正是在这几代人中我们能发现最丰富的证据，其次就是在17世纪晚期和18世纪初繁荣的第二次重建浪潮中。

英格兰乡间民居和城镇小屋的这一波繁荣，是两个因素的产物——资金，加上对隐私和舒适的追求。历经中世纪后期漫长的衰退之后，英格兰强劲地恢复过来，渐渐挤满了人。以伦敦为首，
城镇发展迅猛，催生了一个巨大的食物市场。工业也在发展，对 126
皮革和羊毛等乡村制品的需求量不断增长。16世纪40年代以降，物价快速上涨，因此农民们对市场很有把握。那些人对土地的保有是能得到保障的，所交纳的租金和贡金相对固定，他们所需的劳动通常由家族提供，而支付的成本或多或少固定不变，售价则不断上涨。无论对农民还是对商人和工厂主来说，这都是一个利

图 33. 沃里克郡亨利因阿登。不仅英格兰的乡村大都在 1570—1640 年间得到了重建，而且大部分城镇也同样如此。米德兰西部诸郡特有的“黑白相间”的木房子几乎全都建于这一繁荣、扩展的时代。

润暴涨的时代。人们手里的盈余非常可观——正如哈里森①和卡鲁等几位同时代作家就此评论的——于是，就像今天在相似的情况下他们所做的一样，农民们开始着手改善住房。

追求一点个人隐私的风尚也逐步向下渗透，先是贵族阶层，再到商人，然后是约曼农，最后是普通农夫。这就需要更多的屋子以备专用，并引起了其他的变革，其中包括在普通房屋中采用
127 二层结构，由楼梯连通。许多中世纪的住宅都有大门厅，穿堂风

① 即威廉·哈里森（William Harrison，1534—1593 年），英国的一位牧师和史学家，晚年曾被委任为温莎的圣乔治教堂的教士，历史上主要以《对英格兰的描述》（*Description of England*）著称；这一作品最初于 1577 年作为英国史学家霍林希德的编年史（Holinshed’s Chronicle）的一部分问世，是人们了解伊丽莎白时代英格兰的一份重要文献。——译者

徐徐而过，而其他的房间是没有天花板的，这些住宅在16世纪后几十年和17世纪初被“现代化”了。人们在大约往上一半高的位置给旧时的房间装上镶板，就在上面造出了另外的一层。安装了更多的壁炉（哈里森在1577年提到了“近来竖起的大量烟囱”）；又在每层分别加入隔断，有可能隔出六七个比较暖和的小房间，取代沿用下来的两三个空荡荡的大屋子。还安装了更多的窗户，大部分窗户首次镶上了玻璃。制造廉价玻璃的方法也已经研究出来，这时候城镇和乡村的中产阶级都能使用玻璃，这意味着修建房子时可以比从前安上多得多的窗户。许多老房子就是按照上述步骤接受现代化洗礼的。在德文郡，据室内观察通常会发现，1600年前后人们以这种方式对某座15世纪的房屋进行了现代化的修缮和装饰。不过，还有大批大批的房屋完全是重建的，它们成为了那片鲕状石灰岩地带，也即所谓的“科茨沃尔德岩石带”（Cotswold Stone）的一个明显的特征，当然，这一特征径直向下延伸到了多塞特郡，往上延伸到了约克郡北部。大约1570—1640年间的两代人赋予英格兰景观的，是一些令人印象深刻的建筑。很多约曼农通过自我修建漂亮的新宅来表明其社会地位的提升，比如那位发迹的约曼农理查德·库伯（Richard Cooper）。他在1572这一年买下了沃里克郡和牛津郡交界处的沃明顿庄园（Warmington），并用埃吉山（Edge Hill）的棕色铁矿石重建了庄园大宅（图34）。人们发现，他儿子亨利被人称作“绅士”：在这些繁荣发展的世代中，这是普通的一例。

北部四郡在18世纪期间才经历大重建。这也许是因为荒野地区赚钱比较困难，或者因为不那么轻易地舍得花钱。人们注意到，

图 34. 位于沃里克郡沃明顿的庄园大宅。这是伊丽莎白时期一位发迹的约曼农的住宅，他在 1572 年买下这座庄园，不久之后修建了这座漂亮的宅邸。这座住宅是用附近山上找到的暖棕色铁矿石修建的，屋顶铺上了鲕状石灰岩做的石板瓦，与克利韦斯顿村所用的那种近似。

17 世纪 90 年代以来在湖区有那么多旧时的农庄得到了重建，这大概比英格兰南部晚了 100 年。与此同时，英格兰的其他很多地区经历了第二次重建或新建风潮。比如，在中部地区，可能也包括东盎格利亚，牧场主们在威廉三世和玛丽女王以及安妮女王时期[1]富裕起来，用手工制作的砖块自建了许多好看的房屋。在北安普顿郡十分迷人的村庄罗金汉姆（Rockingham），有许多房子显然是

① 即 1689—1714 年。——译者

在 1660—1720 年间得到重建的。

在英格兰的乡村，正是后来这一繁荣时期，或许也是慈善的 128
驱动力到达高峰的时候，我们在村庄和乡镇看到了这么多引人注目的学校和济贫院。人们认为，彼得·布兰德尔（Peter Blundell）在蒂瓦尔顿（Tiverton）的大笔捐赠就是早期教育慈善事业的范例：初建于 1604 年的那所学校依然矗立在镇子边上。在马基特哈伯勒村（Market Harborough），还矗立着当初在 1614 年由罗伯特·施密斯（Robert Smyth）建立的那所小文法学校[①]（图 35）。这位罗伯特·施密斯在伊丽莎白时代的伦敦发了财，他立下遗嘱，将一笔钱留给其故乡市镇周围所有教区的穷人，因为孩提时代他
曾在那些教区的田里拾过落穗。在后一个时期，人们可以想到位 129
于遥远的北安普顿郡克里普斯顿村（Clipston）的那所文法学校，1667 年建立，外貌依然未变；或者吉尔斯伯勒村（Guilsborough）的那所文法学校，一幢令人印象深刻的由铁矿石修筑的建筑，用克利韦斯顿石板瓦铺顶（1688 年）。在伯克郡的布鲁伯里（Blewbury），用砖块修建的一所漂亮的学校矗立在教堂院子边上。这是在 1709 年由一个名叫威廉·马尔萨斯（William Malthus）的商人修建、创办的一所慈善学校，260 多年来孩子们一直在那里接受教育。

英格兰的村庄，只要还未被 20 世纪的利爪所触碰，那么，它连同其农庄、村舍、学校、济贫院，也许还有体面的早期小教

① 在英国，文法学校（grammer school）原指建于 16 世纪前后的注重拉丁语的学校，这些学校后来成为教授语言、历史、科学等的中学，现在也指大学预科。——译者

图 35. 位于莱斯特郡马基特哈伯勒村的老文法学校，1614 年创办，每年得到 22 镑 8 先令的捐赠。由于捐赠款不足，这所学校在 19 世纪早期转为国立中学。它赫然矗立在集市当中，教堂旁边，现如今不再投入使用，但作为伊丽莎白一世和詹姆斯一世时期地方文法学校的典范，被精心地保护起来。其十分有特点地立于市场之中，教堂之后，学校、教堂和办公之处全都聚集在同一场地上。

130 堂，基本上都是大约 1570—1770 这两个世纪的产物。在那段时间之前，生活一直艰难不适，除了满足基本的生存需要外，几乎没有或根本没有结余；即使有一点点，也花在装饰、美化教区教堂上了。在那段时间之后，人们目睹了乡村社会的分裂、大部分乡村人口数量的下降以及人们外逃进城镇的情景。但是，在那 200 年——七代人的时间——乡村英格兰兴盛起来。除了零零散散地开垦一些小块地之外，使人精疲力竭的开拓工作已经结束。

这时候，至少对一个农业国度来说，人口足够了，人们有时间休息、玩乐了。从暗淡的盎格鲁–撒克逊时代起，艰难生活很容易演变为饥饿致死，这一问题一直困扰着人们。这时候，由于几百万英亩的土地得到开垦，人们的手头也宽裕起来。在一天的辛苦劳作过后，人们不必再出去多砍什么树，多清理什么地，这一切都已经结束了，这一切都是值得的；现在，人们有时间去凝视、去思量生命中不仅仅实用的东西了。入夜，斯图亚特王朝或乔治王时代的约曼农更乐意捧起一本书，而不去触碰祖先留下的斧子或锄头。

乡间大宅和猎园

为生活愉悦而建乡间大宅，这源于16世纪早期。在那之前，权贵巨贾们要么住在城堡，要么住在设防宅邸，要么待在城壕之内。有钱人终日盘算着如何防御敌人。这时候，有了强大的中央政府和司法系统，这些人可以放松下来，不用没完没了地想着自我保护，所修宅邸不必设防了。格洛斯特郡的索恩伯里（Thornbury）是最后一座自称为城堡的大宅[①]，建于1511—1521年（但始终没修完）。不过，“这栋建筑物纯粹为家庭生活所用，其上的城堡角楼之类一律都是装饰”。

许多乡间大宅建于亨利八世统治时期。康普顿维恩耶兹宅（Compton Wynyates）（图36）是在上康普顿废弃村庄的遗址上修

① 这一说法似乎欠妥，因为之后还有一些宅邸自称为城堡（castle）。——译者

图 36. 沃里克郡的康普顿维恩耶兹宅，位于埃吉山泥灰岩或铁矿石峭壁下方，那里宽阔的沃里克平原向远处延伸，抵达天际。康普顿维恩耶兹宅是英格兰最早的真正的乡间大宅之一，1520 年前后完工，并且现在位列最迷人、最漂亮的乡间大宅之中。

建的，位于那道泥灰岩峭壁下方的山谷之中。1510 年，威廉·康普顿爵士获准圈围 2000 英亩的土地，两年后他开始在这里建设猎园。这座住宅是英格兰一座最迷人的都铎宅邸，修建所用的砖块实际上取自另一个废弃农庄——福尔布鲁克（Fullbrook）。早在
131 100 年前，亨利五世的兄弟贝德福德公爵在这里建了猎园，拆毁了这个村子和教堂。而康普顿维恩耶兹所用的砖块正是从这位公爵

的城堡取得的。

诺福克郡的东巴沙姆宅（East Barsham）大约修于1500—1515年，而萨福克郡的亨格雷夫府（Hengrave Hall）大约修于1538年。在萨默塞特郡，利提斯加里（Lytes Cary）这座中世纪的庄园宅邸大约在1530—1533年得到扩建。这里不可能记载这一 132
时期修建的所有的乡间大宅。人们在英格兰的每一个郡都能见到，今天它们常常因18世纪的扩建、重建而改头换面。

1550年之前修建的乡间大宅大都追随传统的中世纪设计，突出强调大门厅，布局上带有随意性；不过，亨格雷夫府却预示着新的文艺复兴风格的来临。这座府第是“从中世纪设计迈向伊丽莎白时代样式的一个台阶”。正是在该世纪的后半期，特别是在最后一代人中，乡间大宅对景观的影响达到极致。这是宏伟大宅 133
极为出色的时代；其中的一些大宅的确是豪宅，而最大的那些则由伊丽莎白时代的政府高级官员修建。不管是王室财务主管伯利勋爵（Lord Burghley），还是大法官克里斯托弗·哈顿爵士（Sir Christopher Hatton），都宣称他们修筑这样豪华的宏伟建筑，是为了照顾女王陛下及其大批侍从的需要；但这种豪宅却刺激了十足的攀比之风，掠夺修道院大发横财的新贵们竞相修筑了一大批大而无当的豪宅。

在西部，锡尼家族[①]经过一代人的修建（1550—1580年）落成了朗利特宅（Longleat）；爱德华·菲利普爵士（Sir Edward

① 锡尼家族（the Thynnes），由约翰·锡尼爵士（Sir John Thynne，c. 1513—1580年）创建，他是第一代萨默塞特公爵的总管，议会的一位成员。——译者

图 37. 北安普顿郡的伯利宫和猎园。伯利宫完完全全是一座伊丽莎白时代宅邸，由一位政府大官员，也即王室财务主管威廉·塞西尔[①]修建。1556 年他开始改建一座小宅子，1587 年完工时建成了这座豪宅——即是如此。其中大部分工程是在 1577—1587 年这一时期完成的。在 18 世纪末，由“能人布朗”（Capability Brown）对那个猎园做了景观美化，并造了那座湖。

Phelips），女王的仆从（Serjeant）、后来的卷宗主事官（Master of the Rolls）[②]则修建了（1580—1601 年）蒙塔丘特宅（Montacute）。在北安普顿郡，塞西尔通过 10 年的集中建设（1577—1587 年），修成了伯利宫（图 37），哈顿则在霍尔德恩比（Holdenby）以更大的规模修建了豪宅。霍尔德恩比作为一幢住宅，甚至比 18 世纪的布

① 威廉·塞西尔（William Cecil，1521—1598 年），第一代伯利勋爵，从 1558 年起任伊丽莎白女王的执政顾问，直到 1603 年为止。1572 年起任王室财务主管。——译者

② 英格兰及威尔士上诉法院的首席民事法官，可以决定案件的法官分配。——译者

莱尼姆宫[1]和霍华德城堡[2]还要大：它的前部有360英尺宽、224英尺长，而对比起来，布莱尼姆宫是320英尺宽、220英尺长。现如今，这幢豪宅几乎没什么保留下来——只有两个门框还立在田野之中，还有方形庭院的一条边的一部分留在那里。不远处，哈顿还在科尔比府（Kirby Hall），1570年开工的一座宅邸，直到1640年也没修完。现在，这也许是全英格兰最吸引人的遗址。同样在北安普顿郡，托马斯·特里沙姆爵士（Sir Thomas Tresham）也在拉什顿（Rushton）和利维顿（Lyveden）修了住宅。在德比郡，什鲁斯伯里的女伯爵伊丽莎白（"哈德威克的贝丝"）[3]于1576年开始修建哈德威克豪宅，直至1607年去世前仍在监督这项工程：它就此留下了一个象征伊丽莎白时代繁荣和活力的杰作。17世纪早期出现了其他的豪宅——如肯特郡的克诺尔宅（Knole），约克郡的巴顿阿格尼丝宅（Burton Agnes），埃塞克斯郡的奥德利恩德宅（Audley End）。最后那座宅子于1616年完工，詹姆斯一世看到它之后评价道："这幢住宅对国王来说太豪华了，当然对王室财务主管来说可能正合适。" 18世纪时，为了将其改得更适合居住，这座

---

① 布莱尼姆宫（Blenheim），是安妮女王赐给第一代马尔博罗公爵约翰·邱吉尔（John Churchul，1650—1722年）的宅邸，修建于1705—1722年，别名丘吉尔庄园。——译者

② 霍华德城堡（Castle Howard）并非真正的城堡，而是霍华德家族卡莱尔支系（the Carlisle branch of the Howard family）的私人宅邸，位于英格兰的北约克郡，始建于1699年，由建筑师约翰·范布勒（Sir John Vanbrugh）为第三代卡莱尔伯爵查尔斯·霍华德（Charles Howard，3rd Earl of Carlisle，1669—1738年）设计，差不多花了100年才修成。——译者

③ 即伊丽莎白·塔尔博特（Elizabeth Talbot，1527—1608年），16世纪伊丽莎白女王时代英国社会的一位著名人物，以"哈德威克的贝丝"（Bess of Hardwick）著称，先后四次结婚，由此进入上层贵族社会。——译者

图 38. 北安普顿郡科汀霍尔宅（Courteenhall）及猎园。与伯利宫和布莱尼姆宫之类的豪宅相比，这是一种更为典型的英格兰风景：一座大小合宜且简朴、庄重的乔治风格住宅，矗立在小巧而树木茂盛的猎园之中。这座住宅建于 1791—1793 年间，建筑师是塞缪尔 · 萨克森（Samuel Saxon）。

巨宅大部分被拆毁。

16—19 世纪，大批较小的乡间大宅纷纷修建起来；由于本书并不是研究建筑的历史，而是研究乡间大宅对景观的影响，因此，对这些房子不必再多谈了。18 世纪虽然建了诸如霍华德城堡和布莱尼姆宫这样的豪宅，但是在乡村，最有特色的景致，还是规模较小的乔治风格宅第矗立在大小适当的猎园中——荫荫绿树间红
134 色砖块给人温暖，粉饰灰泥闪闪发亮（图 38）。18 世纪，“新的乡

图 39. 拉特兰郡的山上的伯利（Burley-on-the-Hill）：1694—1702 年间，由达尼尔·芬奇，即温切尔西和诺丁汉伯爵（Daniel Finch，Earl of Winchelsea and Nottingham）为欣赏“景色”而建的一座宅邸。从这座宅邸能饱览凯特莫斯（Catmose）河谷的辽阔景色。

间大宅的选址不仅仅是出于实用的考虑，而是受到了审美的影响。它们通常建在隆起的台地上，以便‘饱览景色’（图 39）。由于富人们控制人工供水系统的能力越来越强，这一点就成为可能”[1]。不过，库珀[2]却抱怨说，人们受到诱惑，纷纷将住宅建在毫无遮蔽的

① G. M. Trevelyan, *English Social History* (Longmans, 1966), p. 403.

② 威廉·库珀（William Cowper，1731—1800 年），18 世纪英国诗人，擅长描写日常生活和英格兰乡村景色。——译者

山顶，在树木成长起来能遮风挡雨之前，只能任由四面八方吹来的大风肆虐。

修建乡间大宅的热潮一直持续到19世纪最后25年。丑陋的仿哥特式[1]建筑一栋栋立起来，其中很多都是发迹的工厂主和商人的住所。许多地主也借维多利亚时期农业最后一波繁荣的东风重修了祖屋。英格兰所建的最后一栋乡间大宅——毫无疑问将是所曾修建的最后一栋——是德罗戈城堡（Castle Drogo），1911—1930
135 年间由德文郡的勒琴斯[2]为某个富有的零售商修建。这是一个引人注目的花岗岩构件，从荒原上拔地而起，为英格兰400年的乡间大宅建设画上了恰当的句号。

当我们涉及景观时，比这些住宅本身更重要的是在其周围环绕的猎园。猎园（park）一词最初只不过是指为保护猎场中的动物而圈围起来的一大片土地，通常是林地。今天，乡间大宅周围的许多著名的猎园就是这样起源的。北安普顿郡的奥威尔斯通猎园（Overstone Park）最初在1255年被圈围起来，而我们得知埃克斯顿猎园（Exton Park）最早可追溯到1185年（那时这里还是一片森林）。阿什里奇（Ashridge）、哈特菲尔德（Hatfield）和诺斯利（Knowsley）等猎园全都是在13世纪首次为人所知。伍德斯托克猎苑（Woodstock Park，现在的布莱尼姆宫）甚至更为古老。公元1000年之前，它已作为盎格鲁–撒克逊诸王的狩猎保留区被篱笆围

① 仿哥特式建筑（Gothic Revival），一译“哥特式建筑的复兴”，特指自18世纪末到20世纪初期盛行于欧洲及北美的模仿哥特式设计风格的建筑形态。——译者

② 埃德温·勒琴斯爵士（Sir Edwin Landseer Lutyens，1869—1944年），20世纪英国著名建筑师。——译者

了起来，并从周围的韦奇伍德榆木林中分离出来。普罗特[1]宣称，这是阿尔弗雷德大帝（King Alfred）创建的。由于放牧的牲畜啃食树苗，树木慢慢稀少，妨碍了其自然再生，因此围栏或墙内茂密的林地让位于比较开阔的景致。早期的许多猎园都是为了保护鹿 136
群而设的，不过总的来说，无论城堡还是其他大型住宅，四周的景观都相当杂乱、荒凉。

猎园出现又消失，唯有通过地图上的小地名才能纪念它们的存在。1250 年，康沃尔伯爵理查德从利菲尔德（Leighfield）森林圈围了弗里特瑞斯猎园（Flitteris Park），此处位于拉特兰郡和莱斯特郡的交界处。1577 年的萨克斯顿地图[2]上标注了它，不过早就改作他用了，仍冠以这一名称的只有一座孤零零的农场。北安普顿郡的猎园很少有早于伊里莎白一世时期的。1552 年王室财务主管在他父亲死时继承了他的地产，之后，他创建了作为鹿园的伯利猎园，即该郡最大的猎园。到 1562 年，它显然已建成，因为我们在那一年的国务文件中读到了“送到伯利猎园的鹿”这条材料。

今天，英格兰的不少猎园都达到了 1000 或 1500 英亩。贝德福德郡的伍伯恩（Woburn）方圆 12 英里，共包括 2400 英亩的土地。诺斯利，英格兰北部最大的猎园，占地 2500 英亩。诺丁汉郡的中心有或者说曾有一组著名的大猎园——近 2300 英亩的威尔

① 即罗伯特·普罗特（Robert Plot，1640—1696 年），英国博物学家，牛津大学的第一位化学教授。——译者

② 由英国地图绘制员克里斯托弗·萨克斯顿（Christopher Saxton，1540—1610 年）制作完成的第一部英格兰和威尔士郡图。——译者

柏克猎园（Welbeck）、克伦伯波猎园（Clumber）、索瑞斯比猎园（Thoresby）以及拉福德猎园（Ruffold）。

这样的大型猎园通常是一系列扩展的结果，它们最初往往很不起眼。北安普顿郡的阿贝索普猎园（Apethorpe Park）是在詹姆斯一世时期扩建的。之前，这位国王曾在威斯特莫兰伯爵弗朗西斯[①]那里作客，他发现其鹿园既不够大，也没储备足够的遮蔽物。詹姆斯一世指示伯爵再圈占 314 英亩的土地。在同一郡的奥尔索普和迪恩尼（Deene），16 世纪末到 17 世纪初，斯宾塞家族和布鲁德奈尔家族（the Brudenells）通过卖地和换地不断增大他们的鹿园。这一时期，许多面积膨胀起来的猎园开始吞噬不少上好的谷地，因此常常会出现对猎园扩展的抱怨。

18 世纪期间，特别是在地方贵族占上风的年代，猎园的扩展甚至更为广泛。这些贵族为自己修建豪宅之后，还需要（或认为他们需要）另外几平方英里的惹人注目的荒地加以衬托。因此消失的，不仅仅是猎园围墙内隶属于村庄的谷地，一旦人们认为整个村庄挡住了一片“景色”或妨碍了某些大型的景观设计规划，
137 那么，它就会被摧毁，并在别处加以重建。大约 1764 年，吉尔伯特·海斯科特爵士（Sir Gilbert Heathcote）在拉特兰郡的诺曼顿（Normanton）建造猎园，为此毁掉了那座中世纪的教堂和村庄。该村庄在其他地方重建，教堂则在猎园内重修。在约克郡的伯顿康斯坦堡（Burton Constable），对猎园的扩建使得村庄被永久

① 即弗朗西斯·法恩（Francis Fane，1580—1629 年），第一代威斯特莫兰伯爵（1st Earl of Westmoorland）。——译者

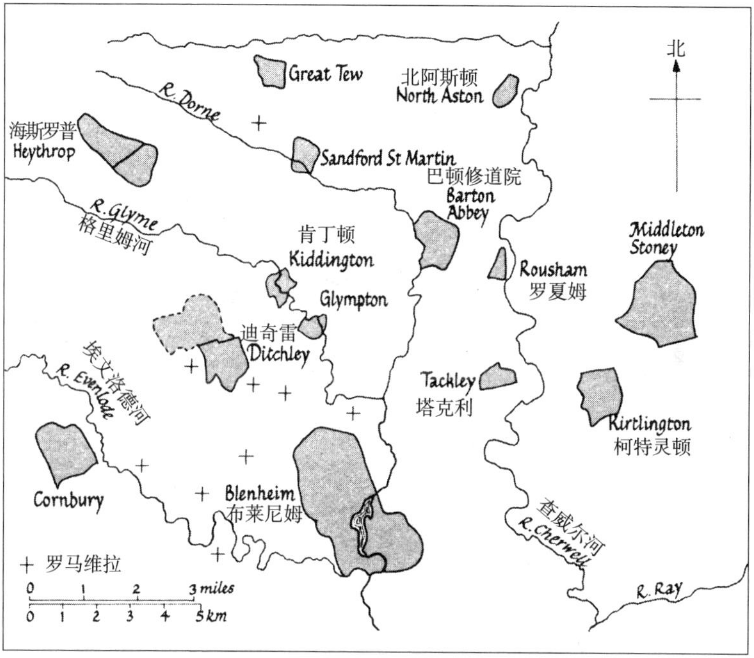

示意图 13. 牛津郡北部部分猎园的分布

猎园的边界是根据国家测量局地图初版（1833 年）绘制的。自那时以来所发生的主要变化是巴顿修道院猎园的创建（被安插在那幅图上）、迪奇雷猎园的扩展（用虚线标出）以及海斯罗普猎园（Heythrop）的一多半被改作他用（全都位于图中那条线的西北部）。该区大部分位于鲕状石灰岩地带，一直因大型宅邸和地产而受到青睐。为说明这一点，图上添加了著名的古罗马维拉——其中大多数相当于我们的乡间大宅——的遗址，并以＋表示。有一处维拉遗址不太确定，用问号标出[①]。（有关这一地区罗马–不列颠人聚集的更完整的图像，参见第 42 页示意图 2。）这里显示的猎园覆盖了范围广泛的时期。布莱尼姆猎园始于 10 世纪（或许更早一些），迪奇雷猎园始于 1605 年，巴顿修道院猎园则始于 1870 年左右。

---

① 图中并未标出带问号的这一处。——译者

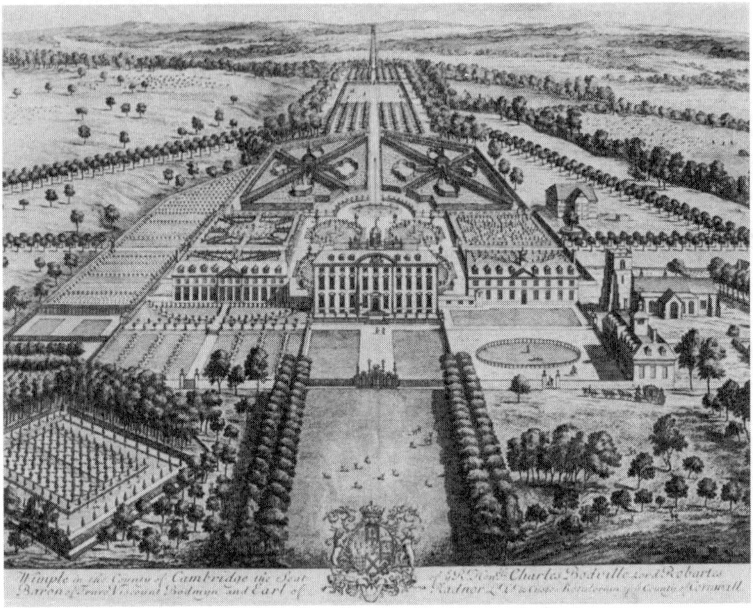

图 40. 大约 1709 年剑桥郡维姆波尔的样貌。基普（Kip）的这幅图样展示了 1632 年左右由托马斯·奇切利爵士（Sir Thomas Chicheley）修建的宅邸、这一时期规则的几何图形花园以及将近 2. 75 英里长的大道。

138 拆除。在剑桥郡的维姆波尔（Wimpole，图 40），那座古老的村庄妨碍了 18 世纪的土地改良，于是人们在猎园大门外将其作为模范村加以重建。1807 年，第一代曼维尔斯伯爵（Earl Manvers）在索瑞斯比猎园旁边的巴德比（Budby）修建了一座模范村，由哥特式村舍构成，以取代那座年代久远的老村子。也许最为著名的例子是米尔顿阿巴斯（Milton Abbas）的那一个，这是多塞特郡的一个小市镇，好几个世纪矗立在米尔顿本笃会修道院的大门外。1752 年，第一代多切斯特伯爵将整个这块地方买了下来，并决定在修道院的废墟上建一栋家族大宅。那时，这座已经有点衰败的小镇挡了伯爵大人的路，于是被拆掉了。1786—1787 年，在将近一英里远的新地方，一座模范村建立起来。以茅草铺顶的村舍一对对地修建，每对和每对之间用一小块栽了栗子树的地隔开。教堂和济贫院也在新村中重新修建，不过，文法学校却挪到布兰德福德（Blandford）去了。

考虑到大地主对英格兰景观形成的影响，有 3 个名字依然 139
值得关注。从盎格鲁-撒克逊时代开始，对林地的破坏就一直未
曾中断，到 17 世纪末已造成木材的短缺。正如我们在 1519 年
和 1522 年约翰·斯宾塞的诉状中见到的，早在亨利八世统治时
期，大片的乡村地带，特别是在英格兰的中部地区，就已伐光了
树木。1664 年，约翰·伊夫林[1]，萨里郡的一个地主，出版《林木
志》（*Sylva*），恳请人们开展造林活动。在书中他可以宣称，他已 140
说服地主们种植几百万棵树。特别是在 18 世纪，地主们遵循了他
的树木栽培原则；正是在这一时期，我们拥有了大量的外来树木，
现如今，在这片国度的某些受人眷顾的地区，它们是引人注目的。
17 世纪后期在伊夫林的启发下人们种植了很多橡树，它们适时地
成材，正好赶上后来 100 多年与法国开展的海军争雄，用于扩大
海军所需的船只建设。

---

① 约翰·伊夫林（John Evelyn），英国日记体作家（1620—1706 年），有美术、林学、宗教等方面的著作 30 余部。其《日记》（1818 年出版）从 1631 年写到 1706 年，被认为是有关 17 世纪英国社会、文化、宗教和政治生活的珍贵史料。——译者

威廉·肯特（1685—1748年）[①]作为风景式园林（landscape gardening）的真正创始人，是非常重要的，当然，他的传人兰斯洛特·布朗（Lancelot Brown，1715—1783年，一般以能人布朗著称）发挥了更大的影响。的确，正是因为肯特、布朗以及后来者如瑞普顿（Repton）等人对乡村大宅周围猎园的设置产生了普遍的影响，催生了英格兰景观是“17、18世纪人造的产物”这一毫不恰当的观点。

肯特关于风景式园林的观点是对17世纪大宅周围过分规则的几何园林的一种反动，而威廉三世从荷兰引入的风格进一步强化了这种拘谨的格调：有水的地方必须视野开阔，林荫道的树木必须整整齐齐，边角必须修剪得方方正正，这一风格在肯辛顿王宫花园中得到了反映。肯特设计的花园不太规则，而且充满浪漫气息，“时不时地，景色会突然变化，在并未料到的拐角处出现礼拜堂、小瀑布、树丛和塑像，使观者欣喜若狂，惊讶不已”。这种新风格的一个最完美的范例是位于白金汉郡斯托（Stowe）的那个猎园，由皮特[②]帮助修建。在这片国度，牛津郡的罗夏姆园

① 威廉·肯特（William Kent），英国唯美主义者、画家和建筑师，18世纪后半期风景式园林进入全盛期的先导者。肯特从不完善的造园理论中建立起较完整的体系，发现越过绿篱的所有自然界都是猎园。他以“自然嫌弃直线”（Nature abhors a straight line）这句话作为口号，在细部中打破了古老的式样，对直线的园路和行道树路、喷泉和绿篱等一概排斥，只保留带有不规则形状的池岸和弯曲的河流。为真实地复制自然，他在肯辛顿园（Kensington Garden）甚至种上枯树，这成为奇闻。——译者

② 威廉·皮特（William Pitt，1708—1788年），英国辉格党政治家，首相，第一代查塔姆伯爵，通称为老皮特（William Pitt the Elder），以与其子，也同样是英国首相的小皮特（William Pitt the Younger）相区分。——译者

（Rousham）依然还是唯一的一座肯特亲手创作的，仍维持原样的范例。

能人布朗则在皇家植物园邱园（Kew）与布莱尼姆宫的建造中发挥了很大的作用。1764 年，他通过在格利姆（Glyme）小河上

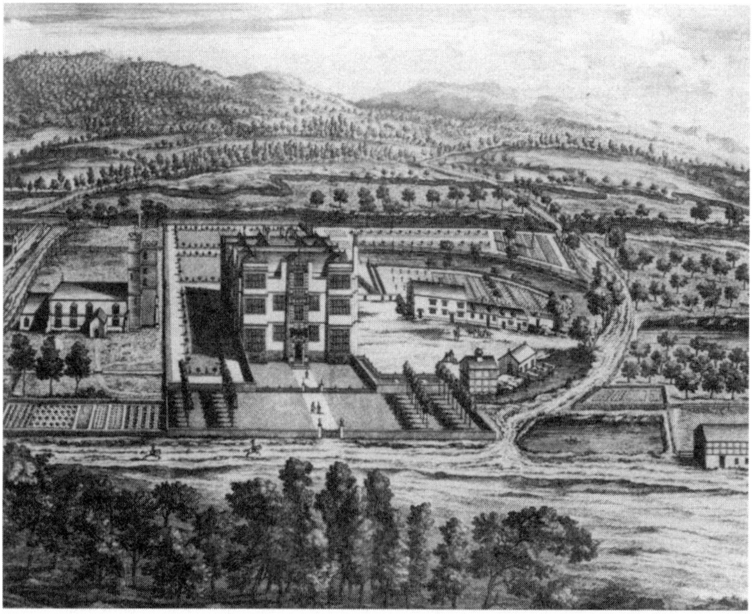

图 41. 伊辛顿（Easington），1709 年左右的一座乡间大宅的样貌（仿基普的图样），以及与整齐、复杂的维姆波尔宅的对比。在这幅图中，那座大宅子还未将自己与乡村景色分隔开来，周围没有猎园，也没有规则的几何图形花园。崎岖的乡村道路几乎直通大宅，农场的房屋就矗立在院子中，给羊洗药浴[①]的地方离大宅不过几码远。只有草坪从三面将大宅与那片农民景观隔开，不过，从教区教堂与这座大宅的关联以及新近种下的几排小树来看，流行风尚的开启是显而易见的。

① 对羊进行药浴是防治羊体外寄生虫的一种简单而实用的方法。——译者

建坝引水，在布莱尼姆宫（图 42）造出了本国最壮观的私人湖泊：“在欧洲没有比它更美的人工湖了”，萨奇魏瑞尔·希特维尔[①]如是说。布朗巧妙地处理了猎园中好几平方英里的景观，成规模地植树，与那座范布勒（Vanbrugh）大宅相映成趣。

1775 年左右，布朗也在伯利宫造了一个湖，抹消了早些时候

图 42. 牛津郡的布莱尼姆宫及猎园。这是一座 18 世纪的豪宅，1705—1722 年间由范布勒为马尔博罗公爵和公爵夫人修建。那个猎园原本是盎格鲁-撒克逊诸王的猎苑，占地 2700 英亩，方圆 9 英里，由能人布朗作了景观美化。1764 年，他通过在格利姆小河上建坝引水，造出了那座美丽的湖泊。为复原布莱尼姆战役[②]的情景，这里的树是一组组种植的，每一组树代表着一个营的士兵。

① 萨奇魏瑞尔·希特维尔（Sacheverell Sitwell，1897—1988 年），英国作家，以建筑尤其是巴洛克建筑为题材进行创作。——译者

② 西班牙王位继承战争中的一场重要战役。——译者

的那座规则的几何图形花园，在此之外他对那座猎园作了大规模的“景观美化”（第 165 页图 37）。1797 年出版的一部伯利宫指南写道：

> 正是通过已故的兰斯洛特·布朗的天才构想，这片原本 141
> 杂乱无章的荒野现在才变得井然有序，和谐怡人。如同那位
> 伟大的以色列统帅①，他带领强壮的植物大军开进了一片看似
> 蛮荒之地，正是在那里，他展示了奇特的魔法，以一个又一 142
> 个的奇迹使人惊叹不已。这里有很多令我们印象深刻的美景，
> 它们更多的是布朗先生造出的乡间美景，而不是自然女神的
> 作品，然而它们似乎与自然融为一体，单纯质朴而不矫揉造
> 作，即使很有品味的人，如果匆匆一瞥也难以发现其中的
> 差别。

除去建造了将近一英里长的一座湖之外，布朗还将难以胜数的树木从一个地方挪到另一个地方，以便与那里的面貌和景观相协调；还建起一座哥特式教堂，并种植灌木，开辟新的林荫道。在伯利宫并没有出现“愚蠢的行为”——没有威廉·肯特那样的过度的装点。肯特为追求逼真的效果曾在肯辛顿园种植枯树，或者在德文郡的城堡山（Castle Hill）上为福蒂斯丘伯爵立起“荒废的”村舍——后来伯爵的一位较有经济头脑的后代纠正了这项愚不可及

---

① 即摩西，公元前 13 世纪时犹太人的领袖。《圣经·出埃及记》中记载，摩西受上帝之命，率领被奴役的希伯来人逃离古埃及，前往富饶之地迦南。——译者

的行为，修补、翻新了那些村舍，使他手下一些佃农可以在此居住。那一时期的许多假废墟表明，当时英格兰山顶宅邸的数量绝非一星半点。

在19世纪的大部分时间里，人们还在继续建造猎园，直到地主们开始感受到80年代的农业大萧条造成的拖累为止。将国家测绘局地图初版与当代版加以比较，人们就会对源自19世纪的猎园数量有一些概念。了解英格兰最后一座私人猎园建于何时将是一个非常有趣的话题，那是丧钟敲响之前土地贵族们最后的华贵姿态。

第六章　议会圈地时期英格兰的景观

> 圈地啊，你是施加于这片土地的诅咒；
> 策划你的那些无赖啊，多么没有品味。
>
> ——约翰·克莱尔

18 世纪初，英格兰的乡村景观与今天呈现的面貌还是远远不 143
同的。诚然，在大片的乡村地带，特别是在西部和北部，还有东南部的广袤土地上，田地和篱笆的样式、小村子和农场、大路和小径等，都已和我们今日所知的相差无几。但是，在约克郡和多塞特郡海岸之间那上百万英亩的土地上，乡村景色在很大程度上仍然保持着中世纪的风貌。耕作仍在自 13 世纪以来基本没什么变化的敞田上进行，在可耕地和草地之外分布着大片的公共牧场，其中大都为荆豆和金雀花所覆盖，出现在从荒原到山地的各个地方。

议会圈地的范围

要确切地说出 1700 年前后英格兰还有多少地方是敞田，这不太可能，不过可以大略估算一下。我们知道，一时不考虑对公地和其他“荒地”的圈围的话，通过议会法案和裁定书圈围的敞田大概有 450 万英亩。1688 年格利高里・金估计说，英格兰和威尔士的可耕地加起来共有 900 万英亩。这样，如果我们说，1700 年大约一半的可耕地已按照我们今天所见的田地的样式被圈围起来，
144 另外大约一半还是敞田，可能不会错得太离谱。敞田景观今天仅幸存于几块数百英亩的地块中，分别位于布朗顿（德文郡北部）、莱克斯顿（诺丁汉郡）以及阿克斯霍姆岛上的哈克西和埃普沃思（第 51 页图 8）。

格利高里・金还估计，英格兰和威尔士有不少于 1000 万英亩的土地仍是“荒野、高原、山丘和不毛之地”，远远多于他曾计算的这一国土总面积的四分之一。1795 年，新成立的农业委员会（Board of Agriculture）将“荒地”（waste）数量定为 800 万英亩弱。这两个数字可能都过高。今天，英格兰和威尔士的公地、荒地和野地大约是 500 万英亩。1700 年以来，大约有 200 万英亩的荒地通过法案得到圈围，这样，我们可以合理地猜测，18 世纪初英国总共有 700 万英亩左右的“荒地”，而非格利高里・金估计的 1000 万英亩。

在每个世纪，人们一直断断续续地圈围敞田，开垦荒地，速度有快有慢；敞田圈围后，形成了许多规模比较小的地块，塑造了我们今天所熟悉的世界。但是在斯图亚特王朝复辟之后，政府不再干涉私人地主圈围敞田的行为，变化的速度显著加快。及至 1730 年左右，大多数圈地都发生在我们所说的土地所有者之间，是通过私人协议进行的。议会法案极少处理圈地问题。不过，在乔治二世治下，特别是 18 世纪 50 年代以降，通过所涉各个教区的特派专员协调落实的议会私议案（private act）成为了推动变革的主力。从那时起，英格兰景观的变化，或者说其中很大一部分

变化，就以革命性剧变的速度发展下去。

这场剧变正如我们所说的，几乎影响了3000个英格兰教区。在许多教区，经过世世代代甚至几个世纪的零星圈围之后，还有敞田幸存下来，而乔治王时期对圈地的裁定只不过是最终清除所残留的这些敞田。从这个意义上说，景观中发生的这场革命还算温和。不过，在大多数教区，这是一场彻底的转变，由古老的敞田景观转变成了现代的棋盘式小方块地。在敞田景观中，狭长的条田相互交错，绿色田埂或乡村小路蜿蜒曲折，田边地头还有未耕地，人行道上长满了青草；而棋盘式的小方块地则被山楂树篱围了起来，新修的道路几乎又直又宽，从各个方向都能穿越教区。在如此短的时间 145
内完成了如此复杂的转变，大多数地方在法案颁布的一两年内大部分变化就已经完成了，这不啻是规划的伟大胜利。人们不禁反省，如果今天出现同样重要的问题，那将会有什么结果。

由特派专员们的裁定所勾勒的纸上蓝图的确没有立即造成现实中的一切转变，在适当的时候我们将会看到这一点；尽管如此，景观的变化还是非常迅速的。一个童年时在敞田里玩耍，或者见过公共牧场上的羊群的村民，能够活着看到他所在教区的现代景观建立并成熟起来，道路四通八达，篱笆树长大了，新的农舍矗立在从前空空如也的田地上。一切都不同了，古老的教区地标可能荡然无存。也许，年纪大的人还能在各处找到一些从前世界的痕迹：他年轻时候见惯的风车虽然现已遭废弃，无人问津，但仍屹立在新田野的角落；或者在新建牧场的垄-沟地貌中保留了以前条田的印迹，不过仅此而已。然而，这场从古老的景观向现代景观的转变，并没有影响到英格兰的所有地区。在一些地方，譬如在肯特郡、埃塞克斯郡或德文郡，转变发生得更早一些。在那里，它全都是以一种不同的方式进行的，其中很多的田地要么直接由森林和荒原开垦而来，根本没有经历敞田阶段，要么在早期从敞田圈围而来。

关于这场议会圈地运动对英格兰景观造成影响的范围，我们的确可以描述得相当精确。它对中部各郡的影响最大，正是在这里我们发现乔治王时代规划的景观多于其他任何地区。不过即使在这里，乡村景观改变的程度也远远小于我们的想象。在所有各郡中，景观受敞田转变影响最大的是北安普顿郡，这里刚好有约一半的地区是由议会法案和裁定书处理的。与其毗邻的各郡——北部的拉特兰郡，东部的亨廷顿郡和贝德福德郡，南部的牛津郡——差不多都发生了同样重大的转变。在这条规划的乡村带上，我们还应当将白金汉郡的北半部包括进来，因为虽然在整个这片国度每三英亩耕地中只有一英亩受到了议会圈地的影响，但是受
146 影响的地区大多集中在奇尔特恩丘陵（the Chilterns）北部的平原上。在该郡东侧，位于贝德福德郡边界沿线的地方，每两英亩土地中就有一英亩是由乔治王时期的规划者处理的。示意图 14 标明了英格兰深受这种规划影响的地区。大体上说，绕约克郡海岸的弗兰巴洛岬（Flamborough Head）延伸，往南经过中部地区远达多塞特郡海岸，然后从东北方向沿白垩高地到达诺福克郡海岸，形成了一条巨大的规划带。这是一片连绵的乡村地带，南北最长处大约 200 英里，东西最宽处 120 英里左右；这里面，平均每 10 英亩地中就有 3 英亩是经过议会圈地处理的。沃里克郡、格洛斯特郡和威尔特郡等几个大郡在这一“集结”区的西部形成一个整体，

147

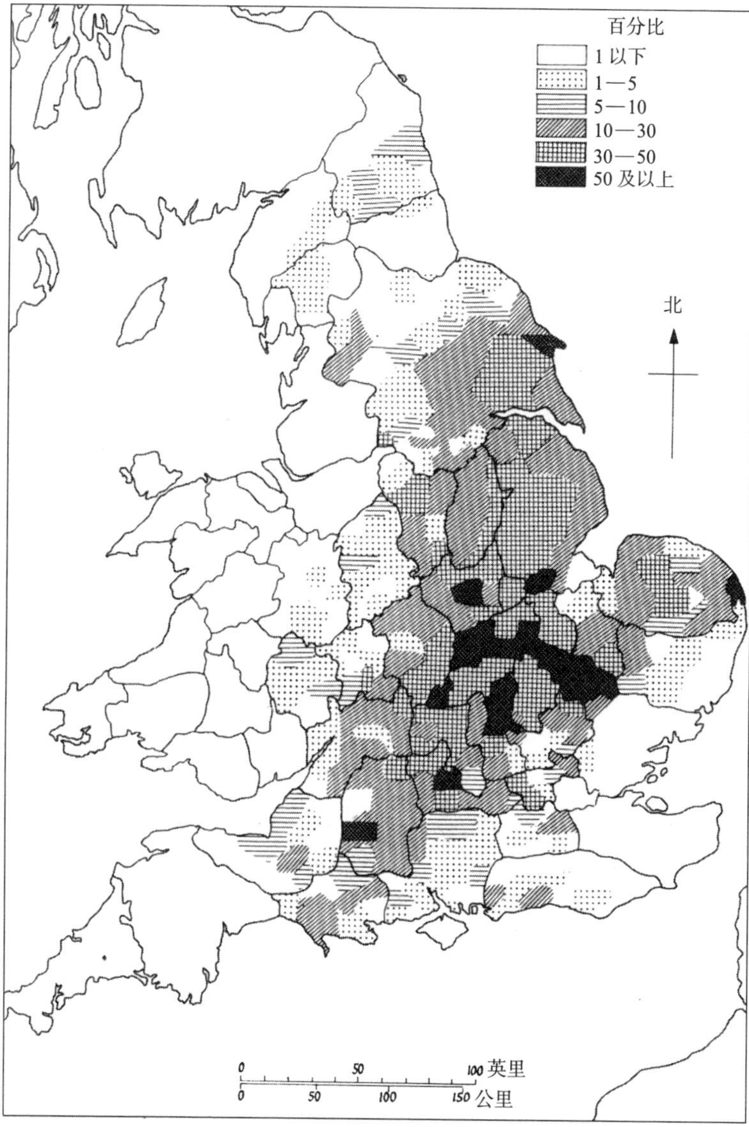

示意图 14. 18、19 世纪议会圈地的范围

在这里，每4英亩中就有1英亩是经由圈地专员办理的，其中威尔特郡白垩高地部分的比率高一些，达到了1/2。伯克郡在这一点上和威尔特郡很相似：由议会私议案圈占的土地平均大概1/4，而在白垩丘陵地带高至1/2强。这片乡村的西部和东部之间的景观史也有着明显的对比。

在英格兰中部这大片地带之外，议会圈地对景观的影响从各个方向迅速减弱。在英格兰的北部6郡，除约克郡东区之外，议会圈地对景观几乎没有造成任何影响。在英格兰北部的大片土地上，100英亩中也没有1英亩是由乔治王时代的规划者塑造的。威尔士边境诸郡一路往南，从柴郡向下到塞文河，再穿越塞文河到萨默塞特、德文和康沃尔等西南三郡，情况同样如此。威尔士边境诸郡以及英格兰西南部的景观史与中部平原的景观史截然不同。在英格兰南部，多塞特郡、汉普郡和萨里郡在一定程度上都受到了圈地专员的影响——而且，一些地区所受到的影响比其他地区更大些；英格兰的东南角则基本上没有受到影响。在英格兰的这一部分，特别是在萨塞克斯郡、肯特郡和埃塞克斯郡，大片的地区在古代一直为茂密的森林所覆盖，从未被纳入敞田制度之中。12世纪以来，当这里的森林被清除的时候，人们就直接从荒野圈围起小块田地。约翰·黑尔斯在其著作《论公共福利》(*Discourse of the Common Weal*，1549)[①]中既提到了埃塞克斯郡也提到了肯特

① 约翰·黑尔斯(John Hales，约1516—1572年)，都铎时代英国的一位政治家和作家。他的这部著作是叙述伊丽莎白一世统治后期英国社会状况的一本重要著作，也是早期重商主义的代表作。该书有中译本，名为《论英国本土的公共福利》，〔英〕伊丽莎白·拉蒙德 编，马清槐 译，商务印书馆1989年版。——译者

郡，这是因为，实际上在 16 世纪中期，这两个地方的大部分土地 148
就已被圈围起来。

只要涉及景观，东盎格里亚也有一部独特的历史。在诺福克和萨福克两郡，东、西两部分明显不同。这种不同，不仅在这些地方旅行的人们能从地面上看出来，而且在国家测量局的地图上也得到了清晰的标示。即使从未造访过英格兰的这一部分，人们看地图也能意识到，这些郡的东西两部分在形成景观时，其路径是根本不同的。这一点在诺福克郡特别明显。在该郡的东部和中部，我们发现了一个密集的道路网，窄窄的小路弯弯曲曲，从一个小村蜿蜒至另一个小村，从一个农场蜿蜒至另一个农场；教堂孑然屹立，独门独户的住宅散布于图上各处，其中许多被称为府第（Hall）或老府第（Old Hall）——意味深长的名称。这是一张密密麻麻的地图，其中无论直线还是空地都非常罕见。该郡的西部则完全不同，即使是驾车旅行的人，偶尔一瞥也会看出来：小路小径要少得多，村庄更多，道路更直，村庄之间有很大的空地，总的来说，这里的整个景观更加“开阔”，地图上也是如此。如果忽略所有的比较小的细节，概括地讲就是，一边的景色是在许多个世纪逐渐形成的，另一边则几乎完全是大规模规划的结果。

威廉·马歇尔[①]，他那个时代最好的农业作家，在其著作《诺福克的乡村经济》（*Rural Economy of Norfolk*）中，描述了 1787 年

① 威廉·马歇尔（William Humphrey Marshall，1745—1818），18 世纪以农业为题材进行创作的一位英国作家。——译者

153

图 43. 1771 年在凯尔比（Kilby，莱斯特郡）经由议会圈地创设的田地。从空中看，较古老的敞田模式清晰可见，不仅可见到单独的条田，也可发现很多弗隆的轮廓。图上方没有田埂的土地代表着溪流边的中世纪草场。上方的运河开掘于 1793 年，它从田埂间穿插而过，表明田埂比运河更古老。

那个时候诺福克郡东部的景观：

> 虽然查理国王乐于宣称诺福克郡只适于为王国的其余部分开辟道路而存在，但是这里的道路却坏到了不可饶恕的地步：又窄又破，从没得到过维修；然而，它们数量繁多，马道更是如此；结果，一个马背上的旅行者要前往同一个地方时，一般要面临两三条道路的选择，每一条路都差不多长……总的来说，这里的圈地不大，篱笆很高，树木密布。这造成了一种独特的效果：人们在这片土地上旅行时，眼睛看到的似乎确实是森林的边缘，这片森林，好像着了魔似的，不断地转变成圈地和树篱……

正如马歇尔正确地评论的，这即是典型的古老的圈地景观，其田地在中世纪直接从森林与荒地圈围而来，我们在德文郡、萨塞克斯郡以及英格兰其他的边缘各郡所见的就是这种景观。

议会圈地的日期

在我们了解圈地专员如何重新规划英格兰中部的景观，以及 149
我们今天如何辨识他们的工作之前，需要从总体上就议会圈地运动的日期简单地说点什么。实际上，这一巨大的变化全都发生在1750—1850年，如果只算敞田的话，那就是发生在乔治三世统治时期的60年。1714年之前，整个英格兰只有8部圈地私议案，乔治一世时（1714—1727年）有了18部，乔治二世时（1727—

1760年）有了229部，其中大多数都出自其统治后期。[①]1760年之前，人们处理的土地总数不会超过40万英亩，从整个英格兰来考虑的话，这一数量是微不足道的——只占到1%。接下来的40年，通过了不少于1479部圈地议案，处理了将近250万英亩的土地。1761到1844年间，总共通过了2500多部法案，处理了400多万英亩的敞田。在1845年的总圈地法案（General Inclosure Act）颁布之后，又有164份裁定书，清理了剩余敞田中的20多万英亩的土地。

除了可耕的敞田外，还有大量的种类多样的“荒地”。1800年以降，这些荒地大都得到了处理，这是因为战争年代高涨的物价使得越来越多的边缘地带得到了开垦。1760—1801年，有500多部议案圈围了75万英亩的“荒地”。19世纪期间，另外的1300部议案和裁定书力图将另外的125万英亩的荒原、沼泽和公地圈围成耕地。由于没能在良莠不齐的土地间加以区分，这一波通过圈占开垦“荒地”的行动至少部分失败了。虽然在18世纪90年代林肯郡有大片的荒野被成功地圈围，转变成了可耕地，但是在斯
150 利福德（Sleaford）和林肯之间，亚瑟·杨[②]看到，“上百英亩土地完全处于极度荒凉的状态，不管说法是否恰当，我从未在这个王国内见过这样的土地。我在这里见到的所有牲畜不过是一些野兔，

① W. E. Tate, *Handlist of Sussex Inclosure Acts and Awards* (Chichester, 1950), p. 8. 最早期的法案是1602年针对多塞特郡的拉迪普尔（Radipole）教区和1606年针对赫里福德郡的马尔顿（Marden）的。

② 又译亚瑟·杨格（Arthur Young，1741—1820），英国历史上著名的农业作家、经济学家和统计学家，农业工人权益的倡导者。——译者

它们仅靠稀少的叶片或草叶勉强为生。将这片土地改建为可耕地而非牧羊场或养兔场，毫无疑问这一定是因为第一批占领者（在占领之后）的愚蠢或疯狂的念头所致。”①

新景观的形成

在英格兰中部和东部，即连成一片的16个郡，议会圈地运动的影响最为明显。这些郡的档案局都收藏了由圈地专员颁发的相当数量的裁定书，通常连带了一张标明教区新布局的地图，上面标出的田野和道路与我们今天所见的相当一致。②虽然在过去150—200年间人们可能在田地边界上零零星星地做过一些小的改动，但总体上看，圈地地图十分精准地确定了今天的土地格局。在同一个档案局，可能还收藏了——但数量要少得多——更加有趣的地图，它们会标明议会圈地前夕村庄及其敞田的布局，列出每一条条田的信息以及敞田的其他所有特征。这完全是一幅中世纪的图景。由于这些标记被叠加在地图上，因此人们有时能发现专员们所划的线条，看出他们打算在哪里创设新田，竖起篱笆，修建公用和私用的新路。在这样的地图上，可以看到规划过程中实际出现的新景观，也可以了解景观的重新绘制是如何的彻

① W. H. R. Curtler, *The Enclosure and Redistribution of our Land* (Clarendon Press, 1920), pp. 188—189.

② 起初，在颁发裁定书时总是会附上一幅地图，不过在多数情况下，地图都遗失了。例如，莱斯特郡的档案局有102部裁定书的官方副本，却只有20幅地图，这是相当典型的情况。

151

图 44. 莱斯特郡伯勒山（**Burrough Hill**）附近议会圈地产生的田地模式。笔直的山楂树篱间穿插着梣树，圈地之后农田上建起了一座农庄。

底，它对以前所曾发生的一切几乎不管不顾。这样的地图很稀少。莱斯特郡档案局只收藏了两张，即斯塔森教区（Stathern，1792 年）地图以及南克劳克斯顿与巴斯比教区地图（South Croxton & Barsby，1798 年）。林肯郡档案局没有一张这样的地图，不过它在其他方面的收藏记录倒是丰富多彩。

田园的变化

显然，新景观中最显眼的部分是树篱围起来的小块土地——它的“小”是与这之前巨大的敞田相比较而言的；这种敞田通常绵延几百英亩，由一条树篱一直不断地圈围着。圈地专员们尽力围出正方形或近似正方形的地块（图 43）。在有些地方，我们看到了又长又窄的田地，它们几乎总是与村庄毗邻，位于裁定书上所说的“古老农庄”后面或旁边。在大多数情况下，这种田地都是方圆半英亩到一英亩的小块土地或孤立的围场，在住宅附近用作菜园，或用来放牧、驯马等，大概从中世纪以来就被树篱围起来了。

新圈出的土地面积依农场大小而定。在中部地区和东盎格里亚数量居多的小农场上——正如我们已看到的，这是自由农民持有的土地——新土地的面积通常在 5—10 英亩。在大农场上，这个数字可高达 50 或 60 英亩。[①] 不过在放牧区，那些大片的土地很 152
快就缩小为许多大约 10 英亩一份的小块土地。罗伯特 · 贝克维尔（1725—1795 年）[②] 曾在其位于莱斯特郡北部的农场上做牛羊饲养实验，他确信，“将 50 英亩的牧场土地划分为 5 个圈围地，在放牧牲口上能取得与 60 英亩一份的大牧场相同的效果”，其他的畜牧大户也同意他的看法。每一块 10 英亩的土地会被轮流啃光——“啃到你可以赶着一只耗子穿过它”，牲口转场放牧，因此，它们总是可以吃到新鲜的嫩草。

被压缩成小块土地以便放牧的，并不只是新的圈地，至少几代人或几个世纪之前就圈围起来的一些老的圈地也是如此。这样，在英格兰中部的放牧诸郡，可以找到比我们想象的规整得多的田

① Cutler, *Enclosure and Redistribution*, p. 64, 引自 *the Board of Agriculture Report* (1808), p. 81。

② 罗伯特 · 贝克维尔（Robert Bakewell），英国农学家，18 世纪英国农业革命中的主要人物之一。——译者

地模式，无论大小还是形状都整齐划一。在每一个圈围可耕的敞田使之转为牧场的地方，我们都能找到这种规则的田地模式，由笔直的树篱和大小几乎相等的方形田地构成。我们不必过分强调这种一致性，因为即使在中部地区田地模式也有许多变体，不过与英格兰其他地方景观的多样性相比较，英格兰中部地区的面貌具有明显的一致性。

因此，由以前的可耕地转为小片圈围的牧场在景观上产生了两个显著的影响。它有助于催生这种单一的土地模式，也造就了"绵延不断的大片草地"，取代了由古老的可耕条田构成的多彩地块，正如1790年威廉·马歇尔在莱斯特郡观察到的。这些变化在莱斯特郡、北安普顿郡、沃里克郡、贝德福德郡和白金汉郡等相邻各郡非常明显，在尾随它们的各郡则稍微差一些。在覆盖英格兰中部大部分地区的重黏土上，农转牧的变化最为明显，这造就了一些优质的牧场。而在黏土让位、土壤层更稀薄的岩石带，很多地区保留了混合农作。因为这一原因，在圈地之后，北安普顿郡部分地区就不像莱斯特郡那样出现清一色的草地了。

在英格兰的其他地方，圈地——特别是对荒野和公共牧场的圈围——产生了与之不同的结果。这一点对于诺福克郡西部和林肯郡的大片荒地来说尤为确切。据亚瑟·杨说："在一个人的记忆
154 中，诺福克郡有一半的地方除了羊饲料外什么也不产"，但到该世纪末，这里却满是优质的大麦、黑麦和小麦。即使在诺福克郡东部带有地方色彩的砂土荒地和公地上也是如此，克罗默[①]靠内

① 克罗默（Cromer），坐落在英格兰诺福克郡北部海岸的一个海滨城市。——译者

陆一侧的一小块陆地，即费尔布里格村（Felbrigg），就是一个范例。这里在1781年的时候，整个教区的1467英亩土地中有800英亩是荒地和公地。一位乡绅拥有整个教区，只有一个小农场除外，对此他以慷慨的条件从拥有它的自耕农手中购得。在得到这个农场后，他开始致力于圈围整个教区，重新规划其景观。他将这片荒地中最贫瘠的部分留作公地，供穷人拾柴火。其余的部分则与可耕的敞田一起分成8—12英亩一块的小方块地（有时或多或少，根据农场主的方便而定），作为农场分派给他手下的佃户。接下来，他为解决教区的交通铺设了公路，还为个别的居住者修建了私家小道和牧路，从而完成了除他自己猎园之外的整个教区的转变。马歇尔在《诺福克的乡村经济》一书中提供了上述事实，他认为，有300英亩的荒地被分成了每10英亩一块的30块地。根据他的测算，每一块地大约需要700码树篱，这样，即使是在这片面积比较小的土地上，也有总长差不多12英里的灌木树篱。这就是圈地带来的看得见的变化。要改造一片多沙的开阔荒地，以维持一个简陋的牧场，就需要及时提供12英里的开花的山楂树，圈围起小块的土地，经常给它们施放泥灰，以出产谷类作物。

在诺福克郡北部著名的“霍克汉姆的柯克”（Coke of Holkham）的领地上，人们将会看到荒地变谷地的最巨大的转变。在其漫长的一生中（1752—1842年），柯克和他的追随者凭借他们的一己之力，改变了这片乡村的全貌。根据他自己在1778年的记述，开始耕作时他眼前是一片空旷的不毛之地，大多数地区每英亩只值5先令。他首先挖出地下的泥灰，然后洒在多沙的表土上，于是将这片土地变成了富饶的谷地；15 年间其霍克汉姆地产的价值由每年 5000 英镑上升为 20000 英镑。[①]“半个世纪以前”，亚瑟·杨在 1804 年写道：

> 诺福克还被说成是野兔出没、黑麦覆盖的乡村。该郡北部几乎从没种过小麦，在霍克汉姆和利恩（Lynn）之间的大片土地上一粒小麦穗也见不到，人们也不相信它能在这里长出来。现在，小麦和燕麦是这里最丰产的作物，它们覆盖了整个地区。

155

图 45. 霍沃斯（Haworth）附近的一座约克郡农庄，于 19 世纪初圈围那片荒原上的“荒地”时修建。

---

① Kent, *General View of the Agriculture of Norfolk* (1794)，它说，霍克汉姆地产的租金是“每年 20000 英镑以上……并且还在像滚雪球一样不断上升”。

尽管如此，直到18世纪末，诺福克郡仍有大约8万英亩荒废着的公地，并且差不多6万英亩的养兔场和牧羊场中的大部分直到19世纪中期才被圈围起来，变成了可耕地或林地。

在英格兰，几乎没有哪个郡没有大片的荒地，其中大多数到此时还未加开垦，在多塞特郡、汉普郡和萨里郡皆是如此。不过，在19世纪的大部分时间里，因议会法案的影响，200多万英亩的“荒地”被成功地圈围起来，划分成田地，并得到耕作。所有这一 156
切都不过是统计数字和干巴巴的概述。对生于斯、长于斯的人们来说，当地这些荒地的转变意味着什么？在细节上这些变化意味着什么？对此，1793年出生于北安普顿郡北部荒野乡村边缘的约翰·克莱尔的诗歌向我们作了很好的阐释。

克莱尔还是一个7岁的孩子的时候，就被派到海珀斯顿荒野（Helpston Heath）去看守羊群和鹅群；孩提时代，还有晚年，他都曾在荒野上、在教区残留的林地中游荡，度日。那是一个荒野和树林构成的小世界，最多不过100英亩，但与世隔绝，正如克莱尔在《乡村吟游诗人》（*The Village Minstrel*）中描述的：

沼泽地里到处是野灯心草草甸
泥泞的道路又湿又软，
凹凸不平的休耕地长满了大蓟和野草，
平坦低洼的河谷里全是金凤花和雏菊，
多么甜美的景物啊，
你们全都是我田园诗的主题；
公地自在地散布在自然的荒野之间，

棕色的荒地像你一样穿上了金雀花做的衣裳，
我欣喜若狂的双眼迷恋每一个细节，
你们就像我的掌上明珠一般宝贵。

甜蜜的故乡啊！我真无法离开你！
我离不开你，因为那些美妙的景色，
我离不开你，因为那些鬼斧神工的天然花园；
我离不开你们，亲爱的河谷和草地，
尽管大自然没有赋予你们一座白云停歇的高山，
也没有瀑布在山间自由歌唱，
即使大自然连灌木、树丛或喷泉都不愿给你，
我亲爱的故乡，我依然像爱伊甸园一样爱你。

在克莱尔的简短日志中，也能找到描述荒野景观细节的段落。1824 年 9 月 29 日，星期三，他

在田野中散步，看到一个老旧的木梯被人从我最喜欢的一个地方挪走了。从我记事起它就立在这儿，支柱上长满了常春藤，看上去是那么自然；它那么天经地义地立在那个地方，就像是为了不受人打扰而和该地签下了长期租约似的。看到这个阶梯没了我很伤心，因为它对我来说就跟个朋友似的，我已经对它产生了很深的感情，可是在这个世界上什么
157 都不能长久。就在去年，兰利荒地（Langley Bush）被毁了。那里曾矗立过一棵老山楂树，树龄有一百多年，大名鼎鼎，

在吉普赛牧羊人和牧牛人之间都流传着它的历史故事。过不了多久，大家都会把它忘了。[①]

克雷布[②]在《村庄》一诗中也描述了那片荒地，用语有些粗野。毫无疑问，他们都描绘了那里的村民们的艰苦生活，以及一如克雷布所见的其周遭环境的贫穷；但克雷布不像克莱尔，他不是农民，他以局外人的身份理解这里的景象，因而将它描绘得丑陋不堪且令人不适。克莱尔对于那片荒地的看法更真实一些，因为那是作为局内人的农民的见解。他在这里土生土长，是它的一部分。尽管他从没有故意去美化它，或假装它不过是“大自然的荒野”，但克莱尔在其中还是看到了克雷布全然忽视或敌视的东西，并感受到了它们在变化和“改良”到来时出现的损失：

受伤的土地啊，你曾经生气勃勃，
那时大自然的手安排了
一长溜摇曳着的灰色垂柳
和一丛丛山楂树阴；
但是现在，唉！你那山楂树阴处
全然荒无人烟！

破坏者的斧钺吞噬了曾经的树阴

① 这一段的原文无断句，无标点，译文的断句和标点皆为译者所加。——译者

② 乔治·克雷布（George Crabbe，1754—1832），英国诗人、医师和牧师，因早先运用现实主义的叙述形式，描述中产阶级和工人阶级的生活而闻名。——译者

每一棵树都被砍倒。
承受这灾难的不仅是树木，
整片的林子都为之折腰，
蜿蜒的溪流被迫改道，
所有的草场都被改作耕地。

虽然有哈代（Hardy）为多塞特郡爱敦荒原（Egdon Heath）所做的散文般的描述，并且蜚声文坛，但克莱尔仍是唯一一位描述英格兰孤寂荒野的诗人。不过更值得注意的是，全然没有任何诗歌来描述敞田，也没有任何文学作品哀悼其消失。关于它们的印刷材料倒是很多，但都是大谈经济的论证式的东西，多半使用谴责的口吻，完全不了解这个旧世界对农民来说意味着什么，也不明白随着它的消失农民失去了什么。本该有诗人在这个世界消亡之前将它描述给我们，用语言来描绘它，这样就会使我们十分清楚，这个旧世界实际上是一个什么样的世界，其中的居民又是如何看待它的。或许，这毕竟不引人注目，因此没有诗人会这么做，
158 因为这个旧世界首先是农民的世界，而农民们不善言辞。克莱尔异乎常人，是个例外。他是一个能说会道的农民，也许能够将那个充满自然之美、与人类息息相关的世界——那个12—13个世纪绵延不断的世界，细细地描绘给我们，但对于这个英格兰来说，他可算是生得太晚。当他开始写作的时候，也即大概是滑铁卢战役发生的时候，[①] 敞田几乎消失殆尽。他所在的教区从1809年法令

① 即1815年前后。——译者

颁布之后就立刻发生了变化，[1] 而那个时候，克莱尔还是个光着屁股的小娃娃。确实，在这片乡村的一些地区仍有相当可观的敞田：在南部与海尔普斯顿毗邻的卡斯特（Castor），直到 1898 年田地一直保持开敞的状态，不过海尔普斯顿的田地到 1820 年就全都被圈围起来。一个人必须要生在这里，一生都在这里工作，才能了解这景观中的深刻内涵，才能感受其中的诗意，并表达出来。英国农民中只诞生了一个约翰·克莱尔，而他却生得太晚，来不及完全经历那个古老的世界。他只在未被圈围的荒野中看到了古老世界的一点遗迹。结果就是我们对那个世界一无所知；所能了解的只有它的外表如何，它的经济系统如何运作，以及冷漠无情的观察者对它所做的许多描述。生活在那样的世界会有什么感受，对此我们全然无知，而且永远也不会了解。

树篱和林木

新的田地被树篱围了起来，树篱名称不一，或称绿篱（quickset）、英国山楂（whitethorn），或唤山楂（hawthorn），篱笆的一边或两边有一条浅沟。在高地多石的乡村，人们用清水墙代替了树篱（图 46）。最初，树篱只不过是由栅栏在一边或两边加以保护的两排树苗，不过 20 年之后，那些荆棘木已经长高，足

① J. W. and Anne Tibble, *John Clare* (Cobdem & Sanderson, 1932), p. 63. *The Prose of John Clare* (Routledge & Kegan Paul, 1951), 该书也由这同一对作者写成，就斯坦福和彼得伯勒之间的这片乡间荒野给出了一幅草图，描绘了它在 1779 年，即该地大部分地区还未被圈围之前的样子。

图 46. 在德比郡，石灰岩墙代替了英格兰中部地区的山楂树篱，但是议会圈地形成的田地模式仍然是相同的。这是一片由直线构成的景观，唯有后面小山的那点曲线才使得它不那么单调。

以砍伐，铺放。1790 年，威廉·马歇尔在《中部诸郡的乡村经济》（*Rural Economy of the Midland Counties*）一书中，将这一做法称作“最近的进步”。在整个东米德兰，人们沿着树篱广种梣树，榆树
159 则比较少见，林木通常以很宽的间隔隔开。东米德兰树篱中林木相对稀少，在北安普顿郡和莱斯特郡尤其如此，这很可能是由于对猎狐的考虑而造成的。在莱斯特郡，18 世纪 70 年代期间有组织的猎狐活动及时得到发展，以享受在一马平川数英里的乡村地带骑马驰骋的快感。虽然圈地使得这项运动变得更加困难，或者不

如说是催生了新的令人兴奋的技能，但至少没有密密麻麻的林木，造篱笆也就不太可能了。确实，由于长达上百英里的新篱笆需要大量的橡树、榆树和梣树树苗来做栏杆和栅栏，因此，圈地的首要结果就是在林木分布稀疏的地区减少了树木的数量。克莱尔又一次确信，圈地之后林地的数量将大大缩减：

卢宾眼中可爱的田野啊，景色啊， 160
茂盛的草地啊，牧场上的花啊，永别了！
被清除了的树木啊，我为你们深深叹息——
圈地来了，你们的光辉全然熄灭：
就连矗立在远处山谷顶端那棵老橡树
因为它的高龄曾被当作景观中的圣物
它子孙的命运将表明，它也时日无多；
无知和财富所到之处
树木纷纷倒下
——“紧挨草地的老橡树”啊，永别了！

猎狐在英格兰中部的景观上还产生了另一个结果，那就是人造的狐狸藏匿处的出现。对荒地和公地的圈围缩小了长满野生棘豆的地块范围，狐狸也就失去了藏身之处。在良田上耕作的农夫将它们连窝端出。为了能找到更多狐狸，并使之更均匀地分布在乡间，狩猎的地主们开始在精心挑选的地点种植荆豆和灌木林，营造人工的狐狸藏匿处。这些藏匿处的大小不超过两英亩，很少有大于20英亩的。其中的一些实际上是偏远的几块公地，也即经允许而脱手的老牧牛场，猎狐者取得后加上护栏，细心保护，以赚回为买断持有农在公地上的权利而支付的钱款。这样的地方有莱斯特郡东部位于“阔恩乡”（Quorn country）的阿什比牧场（Ashby Pastures）或柯辛顿棘丛（Cossington Gorse）。[①] 这些“棘丛”塞满了教区中每一个偏僻的角落，在国家测量局的地图上可以迅速地找到它们。另一些“藏匿处”种上了树，四周用栅栏围了起来；建栅栏的是些热爱猎狐的大地主，像艾尔斯福德（Aylesford）或激进的政治家弗兰西斯·伯德特爵士（Sir Francis Burdett），后者在 19 世纪 20 年代曾在莱斯特郡猎狐。大多数人工藏匿处都建于 18 世纪末或 19 世纪初，往往通过名字就能看出建造的日期。莱斯特郡东部著名的伯特尼湾（Botany Bay）藏匿处的建立可回溯到 18 世纪 90 年代，当时在伯特尼湾建囚犯居留地还是个新闻事件。[②] 在东米德兰诸郡的 1 英寸地图上，这种小块的绿地星罗棋布，因为规模小，形状规则，于是通常可以将它们与真正古老的林地区分开来。在实地景观中，藏匿处非常显眼，因为它们往往是几千英亩土地上唯一可见的树丛。

猎狐之乡也许有些独特。在英格兰大部分受到圈围的地区，
161 小块的土地都用山楂树围了起来，树篱间还多多少少穿插着梣树和榆树——这是英格兰中部的大部分树木——当这些树长大之后，显现的是几乎连绵不断的林地，从高地眺望尤其如此。在中部大

---

① Ellis, *Leicestershire and the Quorn Hunt*, pp. 60ff.

② 后者所指的伯特尼湾系今日澳大利亚新南威尔士州的小海湾，英国的詹姆斯·库克船长于 1770 年首次在此登上澳洲大陆；1788 年，第一位英国移民在此建立囚犯隔离区。——译者

平原上任何一处大景观中，这也许是最有特色的一点。梣树和榆树长在树篱之中，闪闪烁烁的灰绿垂柳立在小溪岸边。在英格兰中部乡村深处，在任何一处景观中所见到的都是这三种树木。

不过，绝大部分树篱都是用英国山楂树建成的（图 47）。其中一些大概是在五六代之前人们第一次圈围这些土地时种下的，它们的树干弯弯扭扭，闪闪发亮。在用作树篱的树中，山楂树是最古老的一种，因为它得名于古英语的 *haga* 一词，意为“一片树篱”或“一块圈围地”，并且从盎格鲁-撒克逊时代起就被用来制造难

图 47. 拉特兰郡从埃平汉姆（Empingham）到埃克斯顿（Exton）的路上所见的议会圈地景观。在这里，鲕状石灰岩墙代替了绿篱，不过也间隔着种上了山楂树，它们在五月的后期开满了鲜花。这张图片还展示了青草路肩，这是圈地专员所铺设的小路的特征。

以逾越的篱笆——树篱荆棘。在英格兰中部地区，人们最常见的就是这种树，在初夏那一段时间，它是中部地区所有树木中最美
162 丽的树木，白色的山楂花朵几英里连绵不断，在目光所及之处隐隐闪烁。W. H. 赫德逊[①]曾说过，5 月 18 日是英格兰夏季最美的一天：在英格兰中部地区的原野上，绿树篱中雪白的花团锦簇，色彩浓郁，意境悠远；夏风轻拂，空气芳香，韵味绵长。更有远近树篱深处，布谷声声，百鸟和鸣。

经过一代人的时间，英格兰中部乡村数千英里的新树篱全都长高了，这里鸟儿的数量也大大增加了，这主要是因为人们将大型的鹰和鸢作为害鸟赶尽杀绝的缘故，关于这一点在中部地区村庄教区委员的记录或田地管家的账簿中有很多的记载。现在，无数的小鸟在树篱和灌木丛中纵情歌唱。但是，这不一定全是好事。荒地上的鸟儿大面积消失，总数也稀少了。当景观上出现这些变化的时候，鸟类数量的总体平衡也就被打破。景观中树篱更多了，灌木丛生的荒野更少了；一些地区的耕地比以前少了，其他地区的耕地则比以前多了；而大约同一时期运河的开辟，也吸引新的鸟类来到它们以前从未现身的地方。

关于议会圈地的树篱只剩下一件事要说说，那就是种植它们的确切时间。大多数圈地裁定书——如果不是全部的话——都明确地规定，收到裁定书分派土地的人要在 12 个月内为这些小块园地加上篱笆。这提示我们，如果我们确知裁定书的日期（这容

---

① 威廉·亨利·赫德逊（William Henry Hudson，1841—1922），英国作家、博物学家和鸟类学家，代表作有《紫土》（*The Purple Land that England Lost*，1885）、《绿厦》（*Green Mansions*，1904）等。——译者

易了解），就能推断出所有外围篱笆或树篱种植的日期，不过它并没有告诉我们那些大块田地内部的篱笆出现的时间。不管在哪里，一个大地主分到一块大小两三百或四百英亩的土地，他可能会在指定的12个月内在整片地产的外围设置围栏，但可能要等到几年之后才会将他的这块份地划分成更小块的土地。这也许只是个小问题，但在英格兰景观的演变中却并非没有历史重要性。在亨利·阿尔肯[①]的日期为1824年的狩猎版画《死亡》（*The Death*）中，似乎展示了埃布凯托比（Ab Kettleby）周围的这样一幅景观，此地位于梅尔顿莫布雷（Melton Mowbray）西北的“山地”乡村。这个教区早在1761年就被圈围起来——早了两代，但艾尔肯的看法还是给人留下了一幅空间宽敞、景致开阔的总体印象。虽然人们确实能看到许多树篱，但是圈围起来的地区往往还是很 163
大，整个景观与科茨沃尔德丘陵地带并没有太大的不同，给人的观感是空旷、辽阔。但是，在主要由小农持有土地的教区——在英格兰中部和东部大多数教区都是如此——结果可能就完全不同了。在这样的教区，今天所见的田野和树篱模式都是在圈地裁定书颁布后的一年内确定下来的，这意味着那里会有很多规模不大的那种小块田地。并不是所有按议会法案进行圈地的教区都迅速生长出树篱密布的景观。的确，在大多数地区，圈地的直接后果是造就了一片让人感觉光秃秃的粗糙景观，直到树篱长成之前都是如此：

① 亨利·托马斯·阿尔肯（Henry Thomas Alken，1785—1851），英国画家和版画家。——译者

光秃秃的草地啊，如此凄凉，如此陌生！
暴风雨无情地敲打着你赤裸的胸膛，
没有树木替你遮风挡雨，没有家园供你休憩！

这是克莱尔在其故乡海尔普斯顿被圈围之后的岁月就它所说的一番话；对于大多数经历了剧变的教区来说，那里的景象一定如此。

道　路

随着圈地运动的发生，一大批新的小路被铺设起来。它们从村到村，几乎径直穿行于乡村各地，可能偶尔也会直角转弯，然后继续向前，因此，在1英寸地图上可以立即认出它们来。更重要的还是，这些笔直的道路有时候并不通往最近的村庄，而是穿过空旷的乡村继续行进几英里，通过旁边的支路抵达村庄。直道中没有一条在短距离内漫无目标地游离，时常转弯，沿既定的范围刚走一半就拐到了下一个小村或村庄，这是乡村小路的特点；而这种路，要么在敞田上从来没有出现过，要么在几个世纪之前就被遗弃了。在6英寸地图和25英寸地图上，经过议会圈地运动出
164 现的道路也因为有绿草茵茵的宽阔路肩而非常显眼。那种路就像一条灰色的缎带，在长满高杆草、峨参与野蔷薇的路肩上铺展开来，这首先在林肯郡丘陵地带可以见到。不过，作为圈地专员的工作成果，这种景象在“圈地诸郡”中的任何一郡都能看到，而且可以立即辨识出来。

在位于沃里克郡和莱斯特郡交界的特怀克罗斯旁的诺顿（Norton-by-Twycross）教区，1748年的裁定书规定，去伦敦的道路——在这里也就是特伦河上的柏顿与阿瑟斯通（Atherstone）之间的主干道，应不少于33码宽。从特怀克罗斯到当地市镇阿什比德拉祖什（Ashby De la Zouch）的那条次要的干道至少应有22码宽，教区的其他道路则要有“适当的宽度”。这两条干道极其宽阔，其中一条至少差不多有100英尺[①]宽，另一条则有66英尺宽，充分体现了在18世纪后期公路发达之前，尤其是麦特卡夫[②]和麦克亚当[③]开始以科学方法修路之前主干道的情况。那些承载相当可观的过境交通量的道路都必须足够地宽，在没被圈围的地区，道路应当宽到足以绕过隆冬时节在土路上形成的无法通行的狭长路面。在冬天结束时，从伦敦到埃克塞特的“干道”据说有四分之一英里宽，它穿越了——更确切地说，是颠簸地越过了——索尔兹伯里平原上由白垩土构成的泥泞沼泽。在后来的圈地裁定书中似乎有一个相当普遍的规定，这即是，跨村的道路在两条道沟之间的宽度至少应有40英尺，当然，为本区域承载平均运输量以上的本地道路通常铺设到45—50英尺宽。在萨默塞特郡，公共道路通常有40英尺宽——1795年，人们会在12英尺宽的路面上铺上

① 约合30.48米。——译者

② 约翰·麦特卡夫（John Metcalf，1717—1810年），英国工业革命时期出现的首位专业道路建设者，又以纳尔斯伯勒的盲杰克或盲杰克·麦特卡夫（Blind Jack of Knaresborough or Blind Jack Metcalf）著称。——译者

③ 约翰·麦克亚当（John Loudon McAdam，1758—1836年），苏格兰工程师和道路建设者。——译者

石头，中间石头的厚度达到1英尺，两侧则达到9英寸。[①] 即使中间铺砌的那段路闲置不用，这在每一边也都会留下14英尺宽的路肩。而这种情况不太常见，长满草的路肩也不一样宽，一边很宽，另一边很窄。今天，在大多数地方道路上，这一宽度几乎没什么变化。在整个中部地区和林肯郡，人们很容易找到总宽40英尺的道路，路面大约14、15英尺宽，长满草的路肩每一边各有12或13英尺宽。

165 对于凹凸不平的土路，标准很可能至少是40英尺宽，以满足冬日里绕行路面难以通行的部分。不过，在人们开始运用科学筑路法修路之后，道路就不必再造得那么宽了。正如我们今天所见的那样，只有相当窄的一部分路面铺上了石头，其余的部分则留给野草了。道路由郡议会负责管辖和维护，而在通勤量比较小的道路上，峨参、野蔷薇与黑莓果在路边茁壮成长。有些小路则拥有比建造伊始大得多的交通量，在这种情况下，收窄路肩，加宽路面，是一件很容易的事。

有一些早已铺设的干道，一直用作中世纪城镇之间的交通干线，并在许多个世纪的使用中拓展了它们自身的宽度，它们基本上没有受到任何教区裁定书的触动。的确，1765年的沙恩福德裁定书（the Sharnford award）中就规定，弗斯路（the Fosse Way）——一度曾连接中世纪的考文垂和莱斯特的主干道，将“保持迄今为止的同样的宽度”。即便如此，在这些道路的两边还是种

① John Billingsley, *A General View of the Agriculture of the County of Somerset*, (Board of Agriculture, 1797), p. 91.

上了绿篱，用篱笆围了起来；而它们从前在那些地方是自由自在地蜿蜒伸展的。

据说，有些时候由圈地专员们设计的公路是沿着中世纪村庄间的人行道和马道的线路修建的，那些小路小径最初在盎格鲁-撒克逊时期踩踏出来。不过，事情也并非总是如此。前面提到过的巴斯比和南克劳克斯顿的条田地图上显示，这两个教区的公路沿着几乎全新的路径修建。它们在各处接续和利用了从前敞田上古老的公用田埂，这一定是敞田之乡从一村到另一村的常用通道，不过大多数时候人们只是在过去的弗隆和条田上划出直线，除了方向笔直以外什么也不考虑。既然弗隆、条田和田埂在接踵而来的裁定中统统被清除，而一种新的田地模式随之产生，那么，圈地专员们这样设计道路就再自然不过了。1792 年的斯塔森地图就展示了同样的多多少少笔直的新路规划，而从英格兰中部和东部其他地区的国家测量局地图所显示的情况来看，同样的设计是相当普遍的。

不过，通常显然是，圈地专员接管了两个村庄之间现有的小道，把它弄直了一点，并没有达到全新道路规划所规定的最大长度。不管在哪里，只要发现一条路具备圈地专员所铺设的一切痕 166
迹，在间隔稍长的地方突然直角拐弯，有时候连续拐两个弯，人们就可以相当肯定地说，虽然这样的道路由圈地专员设计，但它却是沿着更古老的村间小径而建的。这种小径曾以同样的方式沿着弗隆的田头偏转而行。无论圈地裁定书颁布于何时，路上的那些直角转弯都反映了中世纪教区开垦土地的一些成果：当时，大概 12、13 世纪从荒地垦得的新弗隆土地堵住了通往下一个村庄的直道，迫使它突然绕出几码，然后继续前行。即使是一条罗马大道，可能也会受到这样的干扰，而被迫改道；久而久之，原本的路径无迹可寻，这也是今天考古学问题中的一个课题。人们在海尔普斯顿漫步时，会见到所有这些小的景观点，而在英格兰这些地区的很多教区中，它们也随处可见。

农庄住宅

随着对敞田的圈占以及对紧凑地块的大部分土地的重新分配，[①]散落在教区各地的条田被取而代之，人们就可以想到，古老的敞田村庄会因为村民在他们分配到的土地上修建新的农庄而解体。的确，圈地专员常常划出新的边界，以靠近古老农庄所在村庄的某一处，这样，农民就不必离开老宅子。譬如，在牛津郡北部的中巴顿村，他们就是这么做的。但是未必总能做到这一点。由于地形不许可，大量的农场只得建在离村子很远的地方。这种情况下，在土地中间给自己建一座新农庄，对农民来说是最为有利的。

时机成熟时，这种事情的确会发生，不过老村子远远没有因
167 为这种新建筑而解体，除非它已经又小又破了。通常，尽管住在教区中心而在边缘地方耕作可能很不方便，但村民们还是要过许多年才会修建新宅子。圈地曾是一项花费极高的工作，不仅要支

① 正如通常所说，新分配的土地往往并非连成一整块。在有些教区，新农场的土地虽然比以前要宽阔，但仍散落着在各处。

付沉重的法律费用——大约每英亩平均要花掉1英镑（但有的时候还要更高），而且造上百码的篱笆也是一笔不小的开支，甚至比法律费用还要沉重一些。因此，许多小农场主继续在沿村庄街道修建的老宅子里居住，不过不再修缮，而是坐视其日渐朽坏。当老宅子最终无法居住时，他们或他们的子孙就会在其田地的中央修建新宅，并搬出原村。这就是为什么在英格兰的这些地方，人们在田地的中央能看到那么多的维多利亚时代的红砖房。

另一方面，大牧民——大部分都相当富裕——几乎立即为自己修建了新农庄。在莱斯特郡中部毗邻的塞尔比（Sileby）和锡格雷夫（Seagrave）两个教区，人们在带有魁北克（Quebec）、贝尔岛（Belle Isle）、汉诺威（Hanover）、邦克山（Bunkers Hill）以及不远处的纽约（New York）等农场名称的地图上，都能看到令人愉悦的乔治王时代的红砖房，有白色门径穿越自家的草地闪闪发光。很容易就能猜到，这样的教区是什么时候圈围的。在位于艾德尔河和特伦特河之间的诺丁汉郡平原上的韦斯顿村（Wiseton），圈地之后，一个叫作乔纳森·埃克汉姆（Jonathan Ackham）的地主在其地产的中央建了7座新农庄。

不过，在村庄之间田地上修建的农庄的总数并不多。人们可能会猜测，平均每个教区不超过6个，通常比这还少。不管圈地给村庄带来了什么样的精神上、文化上的影响，因圈地导致村庄完全破碎的迹象则是罕见的。

核心村庄多多少少能完整地保存下来，是有充足的理由的。首先，与中世纪的情况相比，在18世纪，土地所有权和农场占有集中在数量少得多的一批人手里。不必费力地证明这一点，因为英格兰的每一个教区都有证据显示，几个世纪以来出现了土地所有权和占有集中的趋势。赖德·哈格德[①]在《乡村英格兰》一书中讲述了这样一个突出的例子：1591年对伍斯特郡东部费钦哈姆（Fechenham）庄园调查的时候，有63个不同的土地所有者占有
168 大约2900英亩土地；到1900年，只有6个所有者占有这片土地，此外他们还占有另外的3000英亩的土地。[②]无论各个教区的实际数字如何，一般来说，乔治王时代农民的数目只是中世纪或都铎王朝治下村民数目的一小部分。换言之，在议会圈地时，愿意在新田地上建造房屋的农民只剩下一部分。其次，在圈地运动进行之时，整个乡村的人口增长得非常快，英格兰中部的工业村庄尤其如此，这就出现了对住房的需求。自耕农的还没朽坏的宽敞的旧农庄住宅被分隔成2—3间小屋，供新生的“工业贫民”阶级居住。这样，在圈地运动之后，那些敞田村庄非但没有解体，通常反而更大了。不过，村庄在扩大的同时，也变得更加肮脏，因为它们普遍比以前更穷了。

尽管如此，在英格兰的这一地区，一项新的元素被引入景观之中，那就是独立农庄。在位于约克郡和多塞特郡海岸之间的那片乡村的密集村庄中，我们见到的几乎所有的农庄住宅都建于1750—1850年的100年间。其中一些历史更悠久，它们要么是都铎王朝或斯图亚特王朝时期圈地的产物，要么是前面已讨论过的修道院庄园的范例。不过田野中的这些农庄，5个之中有4个都是

① 亨利·赖德·哈格德爵士（Sir Henry Rider Haggard，1856—1925），英国作家，除《乡村英格兰》等非小说类作品外，还著有大量的探险小说。——译者

② Rider Haggard, *Rural England* (Longmans, 1902), vol. 1, pp. 405—406.

169

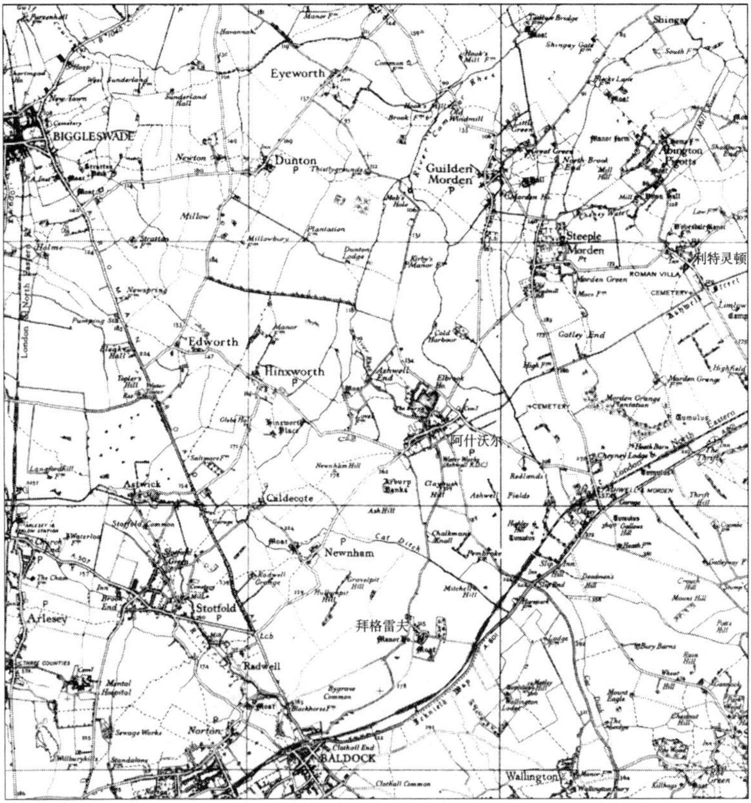

示意图 15. 赫特福德郡北部和剑桥郡南部的议会圈地模式

这里“开阔的”核心村和零星的小路小径应当同示意图 8 进行对比；那张示意图显示的是，中世纪早期人们在赫特福德郡西南的伦敦黏土层上垦荒时所采用的“密集”模式。而在这里，在赫特福德郡北部和剑桥郡南部，人们处在白垩土上，早在盎格鲁–撒克逊时代之前其森林覆盖植物就被清除了。这批英格兰先民定居在阿什沃尔（Ashwell）和利特灵顿（Litlington）这样的密集村中，周围有广阔的敞田。这些敞田中有许多幸存到了 19 世纪，拜格雷夫（Bygrave）和阿什沃尔的敞田则保存到了 20 世纪。在村庄之外农庄还是寥寥可数，现存的一些大都建于所在教区的议会圈地之后。笔直的道路通常不加篱笆，小块农场按几何图形分布，这种景观是上述后一个时期的特点。

议会圈地的结果。

在林肯荒地（Lincoln Heath）的广大地区，即该城南部和北部大约绵延 70 英里的地区，亚瑟·杨发现“一个之前被灌木和野草等覆盖，产出极少抑或根本没有产出的山地，在圈地之后变成了有耕种价值的农场……以及充斥着新的农庄住宅、办公场所以及由兴盛的工业所拥有的每一种外观表现的广袤的乡村……”在地图上，这片荒地体现的是一幅绝对典型的规划景观的图景：笔直的小道、村庄之间的空地、零星散布并靠远离公路的专用道路抵达的孤立农庄、除了匀整、小巧的狐狸藏匿处外毫无林地的大片景观，以及占据大部分地区的方形或长方形的绿地。

在由圈围敞田或公地而来的所有乡村中，这片乡村最为典
170 型，它还有另外一个显著的特点，那就是完全没有乡间小路。正是这一点，而不是其他任何事物，使得这种乡村地图与诸如萨塞克斯郡中部、埃塞克斯郡或德文郡等古老的圈地乡村地图比较时，看上去十分空旷。乡间小路——既幽深又曲折的真正的乡间小道——是乡村的特点，是用中世纪的小工具逐步修筑起来的。在新近圈围的乡村地带，我们见到的反而是开阔、规则的小路网，村与村之间较大的空隙则由几条田间小路和马道来填补。在莱斯特郡，有人如果想要忘掉所得税、氢弹和关于科学的没完没了的进展，就可以在田间小路上漫步，对此，有特别的地图和指南予以帮助；在德文郡，则会走进农场之间幽深的小径。这即是景观史中的基本差异。

以上这些就是由圈地专员塑造出的景观。不过我们绝不能忘记，每隔几英里，哪怕是在这整齐有序的景观的中央，可能都会

出现更古老的景观。在从一个教区穿过另一个教区的过程中，就算穿过的只是一条没有名字的小溪或道路，我们也有可能步入了以前的田地，它们不是由乔治王时代的圈地专员创设的，而是由15世纪都铎王朝时代的乡绅甚至他的僧侣前辈开垦而来的。

因此，如果我们漫步于莱斯特郡和拉特兰郡边界偏僻的田园乡村，沿着艾伊小溪（the Eye Brook）穿过崎岖的田野一路向南抵达韦兰（Welland），我们就能在9—10英里的路程中穿过5个不同世纪塑造出的景观，而它所在的英格兰的这个部分，一般还被认为因议会圈地多少变得单调乏味了。我们要经过位于阿历克斯顿（Allexton）的从埃平汉姆到莱斯特的主干道，据记载这个教区在1555年被完全圈围。从这里往南大概两英里左右，有一个斯托克斯顿村（Stockerston），现在几乎萎缩成一个小村子了，那里迷人的垂直式风格的教堂孤零零地立在山上——这是村庄历史曾发生有趣变化的确切印迹。据我们了解，这里对敞田的圈围始于16世纪70年代，大致到17世纪的某个时期圈围完毕。我们所见的田地模式有三四百年的历史。再走半个小时，我们就来到一个已完全消失的村庄的遗址面前——圣橡树荒芜村庄，现在要靠那座名为圣橡树小屋（Holyoaks Lodge）的孤立农庄才会被想起。在这里，1496年冬，罗伯特·布鲁德内尔爵士（Sir Robert Brudenell）为了给他的牧牛场让路，就将30个人从他们小小的敞田农场上驱逐出去。据记载，“他们从那里离开，要么无事可做，要么离开人 171
世”。圣橡树村只是一个小村，这场悲剧所波及的也不过五六个农场；不过无论如何，几分钟内我们就会穿越由15世纪的一位乡绅用高压手段整修出来的田地，经过圣橡树小村曾屹立在那里的土丘。在我们右手边的山上，是内维尔霍尔特村（Nevill Holt），现在只剩下一座教堂、一个公园和一座大宅。这里的村庄也已消失——大概是在伊丽莎白时代废弃的。到 1572 年，所有的土地肯定都已被圈围起来。

随后我们穿过这些小山，来到韦兰河谷宽广的平原；在这里，在大伊斯顿（Great Easton）教区和布林赫斯特（Bringhurst）教区，我们进入了一片完全（据我们所知）由 1804—1806 年的议会圈地塑造而成的景观。再沿河谷上行数英里，我们就到了迈德波恩村（Medbourne），这是莱斯特郡敞田的最后一座堡垒，1842 年得到圈围。从阿历克斯顿到迈德波恩，越过山丘的直线距离只有 5 英里，但在景观史中我们却跨越了大约 350 年的一段时期，甚至更长，因为托马斯·帕尔默在霍尔特转让了一个可追溯到 1448 年的闲置养兔场，而这可能是内维尔霍尔特村公园的起源。如果真是这样，那么莱斯特郡这一片景观就是 400 年间各种力量共同作用的产物。因此，在每一个概括之后，都隐藏着无限多样的美妙的细节，而重要的正是这些细节。当我们悠闲地徒步穿越英格兰任何一地的景观时，正是这样的细节让我们赏心悦目，心旷神怡。

第七章　工业革命时期英格兰的景观

早期的工业景观

17 世纪初，英格兰依然是一个安宁的农业国度。虽然她正 172
在经历人们所谓的第一次工业革命，但这在景观中几乎还没有展示出什么。诚然，在一些地区，采石场和煤矿为数众多，盐业和玻璃业欣欣向荣，织布业正在发展，但只要谈到在乡村面貌方面的影响，这不过是地表上的一点痕迹而已。不管是利兰还是卡姆登[①]，他们对英格兰的工业都语焉不详，而且也没有什么可以特别称之为工业景观。也许，泰恩河附近的大量煤矿开始显露了这方面的端倪，16 世纪 80 年代卡姆登看到，萨塞克斯郡

> 遍地都是铁矿石，四处都有打铁炉，每年消耗掉的木材不计其数。为借助水流驱动水磨，许多小溪被引入一条沟渠中，大片大片的草地被改造成了池塘和水坑；水磨带动锤

---

① 威廉·卡姆登（William Camden，1551—1623 年），英国古文物研究者，历史学家，地形学者。——译者

> 子砸在铁块上，结果使得周边地带日日夜夜叮当不止，噪音不息。

以威尔登森林为中心，从16世纪中期起，铁器打造业逐渐改变着这个地区的景观，具有历史头脑的旅行者可以看出大量的遗迹。

到17世纪末，工业景观更为明显。1677年，亚兰顿[①]认为，以达德利（Dudley）为圆心半径10英里的地区，和英格兰中部4
173 个农耕郡相比，人口更多，“每年收回的钱也更多”。这当然有点夸张，不过它还是准确无误地表明，黑乡[②]（虽然那个时候这一称号还没被发明出来）已在形成之中。

早期的工业景观和那些使用蒸汽力产生的景观截然不同。它们显示，居住点密集地扩散，小屋和小农庄散布各处，“田地相应地被划分成小农场和小牧场”。那是一片“忙碌”的景观，充满细节，活动频繁，好像勃鲁盖尔[③]的一幅画，而不是工厂和贫民窟的大聚集。在早年岁月，黑乡仍然是乡村，

> 一片处于工业化进程中的乡村地带。铁器打造村日益串连成一张网，集镇和煤矿相邻，制钉工人和其他乡村工人的

① 安德鲁·亚兰顿（Andrew Yarranton，1619—1684年），17世纪英国的一位重要的工程师，负责将好几条河流变成了可通航的水道。——译者

② 黑乡（Black Country），指以伯明翰为中心的英格兰中西部工业高度集中的地区。这一名称最初可追溯到19世纪40年代，一般认为是因覆盖这一地区的重工业排放的烟灰而得名。——译者

③ 彼得·勃鲁盖尔（Bruegel Pieter，约1525—1569年），16世纪尼德兰地区最伟大的画家。一生以农村生活作为艺术创作题材，被称为“农民的勃鲁盖尔”。因为他有两个儿子，也都是画家，故后世称他为“老勃鲁盖尔”。——译者

> 小屋逐步地、非常缓慢地覆盖了山野和荒地。[1]

典型的形象便是那些既是匠人又是农民的人，比如说既是铁匠又有一小片土地，半农半工，靠自己的双手吃饭，因此便有了这幅图景中种种微小的细节。在黑乡的边缘，例如在位于达德利西北山上的下格诺（Lower Gornal）小村，人们还能找到这种景观的痕迹。

笛福向我们描绘了安妮女王时期或稍后的一幅绝妙的工业景观画面，这是在动力机械发明引起革命性的变化之前，哈利法克斯周边布业发展的景观：

> 我们发现，越靠近哈利法克斯，房子就越密集，每一个低洼处的村子也就越大；不仅如此，甚至连各面都十分陡峭的山崖两边也布满了房屋，十分稠密；这是因为土地被分成极小的圈围地，每块大概两英亩到六七英亩，很少超过这个面积，而每三四块地就有一栋所属的房子。
>
> ……至于为何要将土地分得这么小，将人们的住所弄得这样分散，这还不是为了布业经营的方便，人们一般都在这里面忙碌着。 174

这幅独特的景观在起源上有两个源头，一是露出地表的煤矿，二是遍布各处甚至山顶的流水。笛福在他经过的每座房子边都发

① W. H. B. Court, *The Rise of the Midland Industries, 1600—1838* (Oxford University Press, 1938), p. 22.

现了一股涓涓细流。

> 如果那房子高于路面，那么水就从房子流出，穿过路面流到另一所房子中；如果房子地势较低，那么水就从远处其他地势高的房子流下来；每一所规模可观的房子里都有一座制造厂或工场（work-house），因为缺了水它们什么活计都干不了，所以那股涓涓细流被水沟和水管分成许多支流，结果就是，没有哪座房屋没有一条小河——如果我可以这么叫它的话——流淌进去，穿过它们的工场。

由于种种原因，比起位置较低的矿，在山顶附近的煤矿更为人青睐。那里的煤更容易开采，排水的困难更小，驮马轻装上山，担重物下山效率也更高。每一个布商都有一两匹马来从矿里驮出煤，将羊毛取回家，从市场运出货，把线送到纺织工那里，布送到漂洗机处，最后再送到布市上售卖。他常常也会养两三头牛以供家用，这就需要房子周围有两三块或四块圈围地。

> 考虑到每个住所都既有火又有水的事实，不难猜想他们为什么要在最高的山顶分散地居住。……在那些工场主的场房之间，同样散布着大量的小屋小宅，其中居住着受雇佣的工人及其妻女。这些家眷们一刻不停地忙着清理羊毛纤维、纺线等等，因此没有一个人的手闲着，从最小的到最老的，人人都能为自己赚取面包，只要是四岁以上的小孩，便能够帮忙劳动。……我们爬上第三座山以后，看到了一个村子，村中

的房屋像之前的一样布满了山的每一边，每户和每户间只隔着能交谈的距离。并且……我们在每个房子中几乎都可以看到一台拉幅机，几乎每台拉幅机上都有一块布料，或一块克尔赛手织粗呢，或一块斜纹薄呢，因为它们是那种乡村劳动的三样物件。阳光从山中闪耀而过，我可以说，是照耀着我 175
们（那白色反射着它的光芒），我想，这是我所曾见过的最令人愉快的景色。因为那些山，如我所说，高高低低如此密集，而河谷一会儿从这边露出来，一会儿从那边露出来，因此有时候我们在这一面能看到两三英里；有时候在那一面能看得

图 48. 约克郡西部戈尔卡（Golcar）的一栋 18 世纪后期纺织工的小屋：这是在家纺纱织布的家庭手工业遗迹。上面那层的长窗户的设计，是为了让光线最大限度地照到工作中的织布机上。

> 更远；有时候就像圣吉尔斯教堂（St Giles's）附近叫作七晷场[①]的那些道路。我们可以通过周围几乎每一个方向的通道来观看，而不管用哪种方式看，向上看到顶端，向下看到底部，所见的景致都差不多：不可胜数的房屋和拉幅机，以及每台拉幅机上的白色布料。

格洛斯特郡斯特劳德河（Stroud Water）的陡峭河谷中一定出现过非常相似的景象，不过笛福并不打算详细描述它，只是简单
176 地说，“那条河沿岸差不多20英里都有布商”，西利亚·芬尼斯[②]沿着从格洛斯特到巴斯的高地上的那条高高的道路穿行，却完全没注意到这一景象。

水力的开发与早期的工厂

大多数工业领域的早期发明——除了像铁器打造业那样需要大量的固定资本的行业——都对小人物有利，或者至少能让他自行其是。在纺织业中，凯伊的飞梭（1733年）和哈格里夫斯的珍妮纺纱机（1767年）使家内佣工不用去制造厂或工厂，足不出户也能提高产量。直到水力在机械中得到应用，其后机器的尺寸大幅增大，人们才开始将大工厂视作景观的一部分。在那之前，最

---

① 七晷场（Seven Dials），伦敦一处以犯罪和贫穷而闻名的地方，位于大英博物馆和特拉法加广场之间。——译者

② 西利亚·芬尼斯（Celia Fiennes，1662—1741年），英国历史上著名的旅行家，1684—1703年间曾骑马周游英格兰。——译者

大的生产单位是笛福在约克郡所称的“工场”（workhouse）。尽管如此，大变革就要到来了。

英格兰第一个真正意义上的工厂是1718—1722年在德比郡为约翰·隆比和托马斯·隆比（John and Thomas Lombe）修建的缫丝厂。该建筑大概有五六层高，雇佣了300人，由德温特河的水力驱动。据芒图[①]说，从各方面考虑，这都是一个现代意义上的工厂，既有自动化的工具和连续不断的无限产出，也有按功能分门别类的专业化操作。50年内，有几个缫丝厂建了起来，它们雇佣了400—800人，不过丝织业是次要的，没能催生工厂制度。其实，当动力普及到棉纺织业、毛纺织业和炼铁业的时候，乡村面貌开始出现大规模的变化，而这直到18世纪70年代才发生。

1765年，在伯明翰周围还未被强夺的乡村地带，马修·博尔顿（Mathew Boulton）开办了他那伟大的索霍工厂（Soho Factory），不久后开始制造蒸汽机。1769年，在波特里斯[②]的伊特鲁里亚（Etruria），韦奇伍德[③]新创办的大工厂开工了。1768年，在诺丁汉，理查德·阿克莱特（Richard Arkwright），新兴工业资产阶级的最伟大的代表，建起了他的第一个纺纱厂，以马力驱动；1771年，在德比郡的克隆福德（Cromford），他开设了第二个工厂，而

① 保罗·芒图（Paul Mantoux，1877—1965年），著有《十八世纪产业革命》。——译者

② 波特里斯（Potteries），自16世纪以来就一直是瓷器及陶器制造中心，位于英格兰中西部地区的特伦特河河谷。——译者

③ 约西亚·韦奇伍德（Josiah Wedgwood，1730—1795年），英国陶器设计师和制造商。他以科学方法成功地改进陶器的制造，该方法大获成功，甚至对法国塞夫尔和德国迈森等大工厂的经营也产生了影响。——译者

这个工厂的规模要大得多，并用水力驱动。18 世纪 60 年代，达比家族（Darbys）也将他们在什罗普郡煤炭溪谷（Coalbrookdale）[1]的炼铁厂扩建成了全英格兰最大的工厂。有了这 4 个大工厂，现
177 代工业景观才算是开始出现了。

新的制造厂、工厂和工场往往倾向于在多少有些偏僻的地方选址，这部分是出于对动力供应的考虑，需要建在下落的溪流附近，后来则是为了逃脱过于严密的审查和规定的约束。奔宁山脉[2]的煤炭溪谷，那时是一个诗情画意的美丽河谷，因为这里有湍急的溪流汇入可通航的塞汶河[3]宽阔的河道中，所以被达比家族选作铁器打造的基址。这样，在位于奔宁山脉每一边的荒原河谷的上游地带，人们会看到一些早期的制造厂，它们通常都没有窗户，今天都被废弃。铁器打造业需要水，一方面是因为需要动力，另一方面则是为了运输沉重的原料。这幅景色消失后没多久，诗人们就纷纷哀悼它。安娜·西沃德[4]，“里奇菲尔德的天鹅”，大约在 1785 年写就的诗中为“煤炭河谷”感到痛心：

---

① 工业革命的诞生地之一。1709 年，亚伯拉罕·达比就是在这里第一次用焦炭炼出铁的。——译者

② 奔宁山脉（Pennines），一条从苏格兰边界的切维厄特丘陵向南延伸 257 公里（160 英里）至英格兰中部的山脉，有时被称为“英格兰的脊梁”，最高峰为海拔 893. 7 米（2930 英尺）的克劳斯菲尔山。——译者

③ 塞汶河（Severn），威尔士东部和英格兰西部河流，从源头到入海处长 290 千米，是英国最长的河流。源出威尔士中东部，经什鲁斯伯里附近的英格兰边境后继续南流，至布里斯托尔海峡注入大西洋。——译者

④ 安娜·西沃德（Anna Seward，1747—1809 年），英国作家，一生几乎都在里奇菲尔德度过，很小的时候就开始写诗，被称作“里奇菲尔德的天鹅”。——译者

那过度优雅，超乎完美的景色啊
你这遭到损毁的煤炭河谷！在一小时之内，
那不祥的美丽，那悦耳的歌声，
财神买断了你们的余韵！
在长满茵茵绿草的小径上，在原始森林郁郁葱葱的幽谷中，
那圆滚滚的小丘，那咕嘟作响的喷泉，那岩石，那溪流，
大伙儿都安眠吧！
煤烟色的部落已侵入到，
这温柔、浪漫、神圣的景色之中……

大约10年前，亚瑟·杨已注意到了那片景观的自然之美和人类施加于它的行为之间的不协调之处，不过他也看到了——而画家们也即将看到——肆意成长的工业景观所催生的有几分壮丽的景色。"（煤炭河谷的）底部满是各种各样的恐怖艺术。锻铁炉、制造厂等等因庞大的机器隆隆作响，熔炉因煤炭的燃烧窜出熊熊火焰，还有石灰窑排出的滚滚烟雾，这一切都令人叹为观止。"

新产业因规模带来了一些直观的变化，其中有些是始料未及的。大量的固定资本被投入厂房和机器之中，加之水力不像人力
需要休息的事实，使这些新的建筑得以夜以继日地开工。因此， 178
人们开始排班，而那些高耸的堡垒似的建筑在夜晚从上到下都灯火通明，为那些有闲暇置身事外，并公正地思考其内在意义的旁观者提供了激动人心的新看点。于是，我们得知，德比的约瑟夫·怀特（Joseph Wright）早在1780年就画出了阿克莱特棉纺

织厂的夜景——一排排小黄灯在德温特河谷难以追忆的乡村黑暗之中闪烁；现如今，人们在日落之后从奔宁山脉的荒原上能看到大片大片的灯光，而那些小黄灯是其孤零零的先导。正是在1792年，威廉·默多克（William Murdoch）证实了使用煤气点灯的可行性，并且夜间工作从这个新世纪之初迅速扩展开来。而怀特在1789年完成的这幅画清晰地表明，克隆福德工厂在晚间被照得通明。

华兹华斯在他的第八本诗集《远游》（*The Excursion*）中，看到了这浪漫景色的另一面：

当夜幕缓缓降临亲抚山谷，
当鸟归巢兽入穴万物歇息，
那守时的繁星迅速出现，
在夜空中闪烁——
没有干扰，未曾被干扰。
它们这群安静的伙伴
仿佛为安慰心灵而听从了宁静的告诫，
这心灵属于眼观六路的人类，万物的灵长。
接着，在许多一度宁静的地区，
人们本以为它弥漫着质朴恬静
还有发人幽思的寂静，
而一道不自然的光
照耀着劳工们从未闭合的双眼，
从巨大建筑的多扇窗户中透出。

时钟在指定的时刻响起，
比宵禁钟声宣告的诺曼征服者严峻的谕旨更为严厉：
没有停歇的辛苦工作仍要继续！
这时当日的佣工鱼贯而出。
当他们从灯火通明的建筑物中出来时
在拥挤的门口和院子里新的一群迎头而上，
——在这里，那条隆隆作响的溪流，
那转动着许许多多令人头晕目眩的轮子的溪流，
就像一个受困的精灵，
在下面岩石中的河床上怒目而视。
男人，女人，年轻人，母亲和小孩，男孩和女孩
走进这里，各自干起惯常的苦差事。
这个王国的至高宠儿
是利润，在供奉着它的神庙内
献上了没完没了的牺牲品。

1792 年，阿克莱特的儿子在他父亲去世后修建了“一栋非 179
常优雅的宅第”，能够尽览他的工厂；这酷似约西亚·韦奇伍德
（Josiah Wedgewood）在伯斯勒姆（Burslem）附近距离他的新陶瓷
厂 200 码的地方建的伊特鲁里亚府（Etruria Hall）。早期的工厂主
对他们的成就颇为自豪，喜欢将它们尽收眼底（现如今，他们则
尽一切努力远离这些地方）。马修·博尔顿的住处离他在索霍的工
厂很近；他的儿子却在牛津郡买了地产，还有名为大提乌（Great
Tew）的乡间宅第，靠四轮大马车往来，这马车仍保留在那里的马 180

图 49. 伯斯勒姆附近的伊特鲁里亚府，由约西亚 · 韦奇伍德建造，面朝着他的新陶瓷厂（1769 年）。那时，这里还是一片开阔的乡村。现在，这里已被肮脏的煤矿占据，这栋房子也为煤矿委员会所有。

厩中。没过多久，新工厂的丑陋、肮脏和破败就发展到了无以复加的地步，雇主们纷纷迁走。伊特鲁里亚府还矗立在一片恶魔般丑陋的景观之中，背后不是一排排的绿树，而是比它自己还要高的煤矿山；它的前方也没有一片装饰性的水面，只有一处肮脏的“水流”（flash），因下面的煤矿开采造成的地面下陷而出现，随煤尘累积而变黑。

在纺织业区，新的工业景观位于河谷底部，相比起来，在笛福时代，这里还为人忽视，当时最密集的定居点坐落在山腰上。这时候，在下面谷底，出现了新兴的多层高的工厂，其中许多漂亮的建筑与那个时代简朴的乡村房屋并没有太大的不同。在这些工厂周围，诞生了几条小街，街上有一些给工人居住的小屋，它们很快就盖了起来，看上去像是直接建在地面上，而没有一点地基；不过还未出现拥堵现象。水力时代催生了小村子，即最小的村落，它们聚集在新工厂的周围。譬如，在下莱恩的阿什顿村（Ashton-under-Lyne）周围，——那是一处据计算在半径 10 英里范围内有近百座棉纺厂的地方，全都位于泰姆河（the river Tame）及其支流——我们看到了建于 18 世纪 90 年代的小村，叫波士顿、查尔斯顿和伯特尼湾，这些名字意味深长。

位于贝尔珀（Belper）正南德温特河谷的米尔福德（Milford），是一个 18 世纪晚期的工业村庄，它完完整整，几乎保留了原样。在 1781 年之前，这里只有 8 所房子，不过正是在那一年，斯特拉特家族（the Strutts）——一度曾与那时还很贫穷的阿克莱特结成生意伙伴——建起了至今还屹立在那里的大纺织厂。他们还为工人建了一大批小屋，为满足人们的精神需要建了一座一位论派[①]小教堂，为孩子们建了一所学校，为他们自己建了一所大宅。它属于美国人所谓的“公司城”[②]；而且，可以被视为当时开明的雇主们这类行为的典范。

米尔福德以北一英里左右是那座贝尔珀小镇。直到 1776 年，这里还是个穷地方，住的主要是制钉工人。然后杰迪代亚·斯特拉特（Jedidiah Strutt）来到了这里；他曾在德温特河建了一座纺织厂，不久之后又建了三座。在贝尔珀这里，斯特拉特家族也修

① 一位论派（Unitarian），基督教中的一派，排斥三位一体说，主张唯一的神格，不承认基督是神，1813 年得到英国议会的承认。——译者

② 公司城（Company Town），指的是所有的商店和房屋都由一家公司，也即主要雇主所有的一个地方。——译者

图 50. 位于贝尔珀的杰迪代亚 · 斯特拉特的纺织厂（1776 年），由水力驱动。它那浑圆的结构蕴含着一些革命性的想法。这是一栋试图防火的建筑，里面小隔间的设计是用来阻止在各处爆发的任何一场火灾蔓延的。此外，工头可说是坐在轮状结构的中轴上，这样就可以监视每个隔间中的工人。

了一座小教堂、日校[①]和主日学校[②]，还有另一座大宅。在该镇的北端，矗立着他们的一座 18 世纪的大工厂——现今名为英格兰棉纺公司（the English Sewing Cotton Company），该建筑体现了几个全
181 新的引人注目的特色。到 1811 年，贝尔珀是德比郡的第二大城镇。

德温特河谷因为有湍急的河流，从一开始就吸引很多大厂前来选址；河谷底部沿线，典型地反映了水力时代工业的历史。不过，并非所有的人都像德比郡的怀特一样欣赏工厂发展的结果。

① 相对于夜校而言的白天上课的学校。——译者
② 通常与教堂有紧密联系的学校，在星期日对儿童进行宗教教育。——译者

尤维达尔·普赖斯[①]在《论如画的景观》(*Essays on Picturesque*, 1810年)一书中评论说：

> 当我想到这样一条像流经马特洛克[②]的那条河一样有引人注目的自然美景的河流，再想到那七层高的建筑立在那里和立在其他漂亮的溪流上产生的效果，就忍不住觉得，在意图 182
> 丑化令人陶醉的景色方面，再没有什么能胜过棉纺厂了；如果要为丑陋颁奖的话，由经济催生的这种天才的发明绝对会拔得头筹。

工厂在荒原下面偏远的河谷中涌现，小村子和村庄则很快聚集在它们周围。而初具规模的那些城镇也在吞食周边的土地。树木和篱笆不断被拔起，又短又直的红砖街区或粗砂岩街区每年都在成倍地增加，这一切甚至发生在蒸汽时代之前：谢菲尔德、伯明翰、利物浦、曼彻斯特，全都在飞速发展。据朗福德(Langford)说，"6个月的时间内曾访问过(伯明翰)的旅行者觉得他自己对她很熟悉，然而在春天放马吃草的地方，秋天可能就会碰到满大街的房屋"。在18世纪最后40年，该城镇人口翻了一番(1760年3.5万人；1801年7.3万人)，但它的景观还远远不至于像它最终出现的那样黑暗恐怖。甚至在19世纪早期，在中产阶

---

① 尤维达尔·普赖斯(Uvedale Price，1747—1829年)，英国赫特福德郡的一位地主，18世纪90年代"如画景观论争"的核心人物，代表作《论如画的景观：庄严景观与美丽景观的比较研究》。——译者

② 马特洛克(Matlock)，英格兰中部城镇，德比郡首府。——译者

级居住的街区还能看到乡村“景色”，那些更古老的工人阶级的住宅至少还有花园。肮脏和过度拥挤是伴随着 19 世纪的蒸汽时代而来的。

从另一方面讲，谢菲尔德在安妮女王统治的时代“人口多，规模大”，而那里的房屋已被熔炉中的烟熏得“又黑又脏”，当时笛福曾在这里穿越而过。两代人之后，这里的人口翻了三番，城镇则长期为工业烟幕所笼罩。当安娜·西沃德看到它的时候：

> 阴沉的伍尔弗汉普顿①点起闷燃的大火；
> 谢菲尔德烟雾蒙蒙，所处一片昏暗；
> 四周高山环绕，
> 她那盘旋的黑色花环凝结成雨
> 不时洒落玷污……

在兰开夏和波特里斯，最坏的状况尚未到来。当阿伊金②写到乔利（Chorley）的时候（1795 年），它是“一个整洁的小市镇”，那里的河流从优美的峡谷流过，转动着“几个制造厂、发动机和机器”。这里拥有兰开夏郡建立的第一座水力驱动的工厂（1777
183 年）。普雷斯顿（Preston）是“一座修得极漂亮的城镇，有宽阔整

① 伍尔弗汉普顿（Wolverhampton），英格兰中西部的自治市镇，位于伯明翰西北，是一座高度工业化的城市。——译者

② 约翰·阿伊金（John Aikin，1747—1822），一位英国医生，作家，著有《对曼彻斯特周围三四十英里乡村的描述》（*A Description of the Country from Thirty to Forty Miles Round Manchester*，1795），马克思在《德意志意识形态》中提到了这部著作。——译者

图 51. 兰开夏郡的圣海伦斯。化学工业和玻璃工业比其他任何工业制造的废料都要多，于是造就了这片恼人的景观。

齐的街道和许多尚好的房子。德比公爵在那里建了一幢巨大的现代宅第。它因为各种集会和其他的娱乐场所而显得生气勃勃，与其居住者高雅的生活方式相适应”。阿伊金指出，当时，纺织业刚刚到这个城镇落户。在该郡南部，那个将要成为最可怕之城镇的圣海伦斯（St Helens），才刚刚开始弄脏它的环境。1773 年，在该村附近的拉文海德（Ravenhead），英国平板玻璃制造厂得以建立，其他的玻璃厂接踵而至。1780 年前后，“一座规模极大的炼铜厂”建了起来，用来精炼从安格尔西岛[①]帕里斯山（Paris mountain）运来的铜矿石。空气受到污染，所有绿色植物枯萎至死，每一条溪流皆因化学烟雾和废料的影响而恶臭难闻（图 51）。在这里，特别是在波特里斯和黑乡，已显现了地狱景观的预兆。

① 安格尔西岛（Anglesey），威尔士西北爱尔兰海上的一座岛屿。——译者

蒸汽动力的应用与贫民窟的产生

184 水力本身并不产生任何烟雾或灰尘。只有像谢菲尔德的锻铁业这样直接用煤的行业所在的地方，城镇才会被熏黑，空气才会被污染；只有像采煤、玻璃制造和化工这样排出大量“废料”的行业所在的地方，景观中才会出现荒芜的“垃圾山”，也即废料在特定的地方不断堆积，直到堆出小型的山景；在老城镇威根[①]周围，大范围的煤渣弃置场即是如此，人们讽刺地将它称作“威根阿尔卑斯”（Wigan Alps），后来它还出现在风景明信片上这一名称的下方，以示说明。不过，直到蒸汽动力普遍应用起来，这些景观才达到极其恐怖的地步。

虽然纽科门[②]在18世纪早期就造出了第一台实用的蒸汽机，但它只能做前后或上下的简单运动，因此遁迹于地下，被用于矿井排水。虽然博尔顿和瓦特从1775年起开始制造蒸汽机，但是在许多年里，工业都还没有发生明显可见的变化。1775—1800年间，当他们的专利权届满之时，有321台蒸汽机造了出来。其中将近三分之一用于纺织厂，剩下的那些则分布在制铁业、煤矿、炼铜业、运河（用来抽水）与酿造厂。不过，即使纽科门的蒸汽机仍在继续制造，瓦特的蒸汽机遭到了剽窃，蒸汽力的应用在1800年

① 威根（Wigan），英格兰西北一区，位于利物浦东北。中世纪时曾是重要集镇，现在是煤矿区的工业城市。——译者

② 即托马斯·纽科门（Thomas Newcomen，1667—1729），英国工程师，蒸汽机的发明人之一。——译者

既不普遍，也不彻底。对景观造成剧烈影响的蒸汽时代，实际上在19世纪早期才开始。

在这里，我们关注的并非蒸汽动力的应用对工业和英格兰经济的一般影响，而是它给景观带来的看得见的变化；这些在今天是非常明显的。蒸汽动力的应用使大工业成为可能，新的工厂和操纵它的劳动力得以大量聚集。这意味着工厂主不再需要在水流湍急的地方，特别是在人迹罕至的河谷的较高地段寻找动力，而在方便运煤的运河旁就可以找到，或直接在煤田本身就可以找到。这样就出现了华兹华斯所说的“社会企业”（Social Industry）。工厂主们不再需要走进荒地，去建造村庄或小村子来安置劳动力。185
他们往往将制造厂、工厂或工场建在现有城镇的边缘，工人则被安置在工厂四周空地上迅速建起来的排屋（terrace-house）街区。

工业在城镇的地势较低的地区蔓延发展，高地则留给富人居 186
住，不过这还不是明显的“分区制”[①]。在前铁路时代，大工业都需要在运河边选址，这既是为了方便煤炭和其他原料的输入，也是为了方便沉重的产品的输出。于是，它们选择了运河所在的平坦低洼之地。而且，当工厂主登场的时候，只有地势较低的地区才有空地，因为此前的几代人只要他们能够做到，都明智地避开在这些地方建房。这些地方也就在那里等待机会。此外，在平地上建厂比在山上建厂更容易，也更便宜。结果，工人阶级住房所在的大部分新街区都建在了排水不畅的土地上（不过除了那些受害

① 分区制（Zoning）是出于某种目的，尤其是为落实公共空间的开发利用政策，而对城市地理空间进行再划分的过程。分区制通常用于土地的分类。——译者

图 52. 斯塔福德郡伯斯勒姆的陶瓷业景观。应该借助一部高倍的阅读用放大镜，来仔细观察这幅令人沮丧的工业景观图。那里有一座教堂，1717 年重建；当时陶瓷业十分红火，有 43 座小型制造厂，由家庭经营，工业革命发生后这些小厂被取代了。教堂院子旁边是寄宿学校，孩子们在附近玩耍。四周，他们的家和瓷窑混在一起；窑有其特有的瓶状外形，它们高过了住房的屋顶。一座被熏黑的英国国教教堂矗立在这景观的中央，它是为满足维多利亚时代不断增长的人口的需要而建的。破败的庭园占据了这幅画面的绝大部分。这里的景观毫无形式可言，通常被烟雾捂得严严实实。

者，任何人对这个问题都没有多加考虑），不久之后卫生状况就令人发指。贫民窟就这样产生了。贫民窟一词（*slum*）在 19 世纪 20 年代首次得到使用，它来源于古老的方言 *slump*，意为“湿泥潭”。在低地德语、丹麦语和瑞典语中，*slam* 一词意为“泥潭”，这大致描述了这些排水不畅地区之街区和院子的惨状。当然，几乎不必说，蒸汽时代的工厂主并不像乡村工厂所有者那样，将自己的住宅建在工厂附近。他宁愿住在“住宅高地”（residential heights），每天下山，去工厂。

不过，贫民窟一词绝不只是意味着泥泞肮脏的街区或院子，它还标示着房屋的某种特性。19 世纪早期，作为建筑物的工人阶级住宅的质量在急剧下降。而水力时代的工厂主是在开阔的乡村地带为工人们建房的，譬如在克隆福德、梅勒（Mellor）和斯泰尔（Styal），在那些地方，其中许多房子可能还能看得到。那些房子，用阿什顿教授的话说，“既宜人又舒适”，甚至设计和比例结构都有一定的质量。[1] 工人阶级的这些尚好的住房建于 18 世纪七八十年代；那些地方地价便宜，彼时建筑材料充足，而建筑行业中的工资相对较低，货币价值也较低。

随着 1793 年二十年战争[2] 的爆发，建筑行业中原材料的价格和工资全都开始迅速上涨。利率也上涨了，高利率的局面维持了一代之久。由于至少 2/3 的房租来源于利息费用，因此仅利率上涨 187
一项就足以使工人阶级的住房在面积和质量上都大大下降，只有这样才能保证“经济租金”（economic rent）[3]。此外，老城镇内部的土地正因稀缺而涨价，被敞田包围的城镇首当其冲，因此它们不可能向外生长（见第九章），而建筑用地价格的稳步上涨也进一步促使借款成本上涨。还有可能是由于新的一类投机商大批进入建筑行业，他们试图从前所未有的对廉价房的需求中榨取高额利润，

① T. S. Ashton, *The Industrial Revolution, 1760—1830* (Oxford University Press, 1948), p. 160.

② 指法国大革命期间的英国对法战争。——译者

③ 又称“经济剩余”。——译者

因此使情况甚至毫无必要地变得更加糟糕。没有人研究过这类特殊的寄生虫，不清楚他如何工作，或者他发的是什么财。人们常常疑惑不解，现如今他的富裕的子孙后代是何等的健忘，或者说是无知，以至于对其财富的来源一无所知。他们的祖先可是相当有利的研究对象。

劣质材料，偷工减料，以及粗糙的做工，这一切降低了建筑成本。19 世纪二三十年代，伯明翰一些院子里的房屋行情看涨，每一间造价 60 镑。伯明翰有特别多的封闭的、又黑又脏的院子，19 世纪 30 年代该城中有两千多个这种院子。为了在每一块昂贵的土地上最大限度地造房，这些院子里的许多房子都是背靠背而建的。[①] 当地的医疗工作人员非但不反对这种建筑，还因为它的廉价而大加推崇。最初，其中一些房屋还有一点糊弄人的亮点，不过其低劣的质量很快就暴露出来，人们住进去后房子很快就朽坏了。体面的人一旦有可能就搬了出去，生而邋遢的人搬了进来。每一个地方，只要有精明的建筑商，过不了几年贫民窟泥潭就会蔓延开来。

老城镇中的空地迅速消失。伯明翰的最后一片荒野在 1799 年被圈围，其上立即建起了 8 个新街区。兰开夏郡各城镇周围也发生了同样的事情，古老的公地被私人投机者圈围、夺占，用来建房，奥尔德姆镇（Oldham）即是如此。只有普雷斯顿设法从这些贪婪的家伙手中将公地挽救下来，最终将其中的一部分转变成了

① 维多利亚时代英国内城贫民窟的一种典型房屋形式，因两所房屋共用一座后墙而得名。——译者

公园。

因砖块和砂浆的进逼而消失的不仅是公地，还有18世纪资产阶级的大园子。巴斯克维尔①，那个著名的伯明翰印刷商的宅第在1788年被出售，周围7英亩的土地在广告中被宣传为“一处建房的绝佳场所”。在这些古老的城镇，中产阶级的大宅子也被分隔成 188
供出租的房间，以安置大批的人口；这些大宅的花园和果园上则立起了工厂和仓库。逐渐地，工业城镇的其他特征一一添加进来：如英国国教会的教堂、非国教徒的小礼拜堂、学校和公共建筑。
19世纪40年代有了公园，不久之后又出现了公共图书馆；更晚一 189
点或许还出现了雄伟的市政厅，作为建筑物，任何时候都不能轻视它。

在工业化的英格兰北部和中部地区，全新的城镇由小村子发展而来。1830年，米德尔斯伯勒②还是立在尚未受到污染的蒂斯河③岸边的一座农庄，到1880年它发展成一个有五万多人口的城镇。巴罗因弗内斯④也同样由一栋房屋发展而来，到19世纪40年

① 约翰·巴斯克维尔（John Baskerville，1706—1775年），英国印刷商。1757年自建印刷厂，印行了第一部印刷品——维吉尔诗集，后来陆续出版了拉丁古典文集、弥尔顿诗集（1758年）和对开本的《圣经》（1763年）。1758—1768年为剑桥大学的印刷商，所创的巴斯克维尔字体广为流传。——译者

② 米德尔斯伯勒（Middlesbrough），英格兰东北部的一座城市，位于蒂斯河南岸。1830年因修建一条由此地通往一个新兴煤炭出口港的铁路而设镇，后来在煤炭贸易和炼铁的基础上，由村镇发展成重工业城市。——译者

③ 蒂斯河（Tees），英格兰东北部一河流，流程约113公里（70英里），向东流入北海。——译者

④ 巴罗因弗内斯（Barrow-in-furness），英格兰西北部的一座自治城市，位于曼彻斯特西北部爱尔兰海入口处的一个半岛上，是造船中心。——译者

图 53. 兰开夏郡普雷斯顿的棉纺厂和维多利亚时期工人阶级的住房。18 世纪的普雷斯顿是"一个时尚的汇聚地"。阿伊金在 1795 年说，这是"一座修得极漂亮的城镇……因为各种集会和其他的娱乐场所而生气勃勃，与其居住者高雅的生活方式相适应"。德比公爵在这里有一所城镇宅第。1777 年棉纺业引进时，这里有 6000 名居民。100 年后，这里有 9 万人，这座城镇也因罢工而名声不佳。图中的住房肯定解释了很多：既没有好到令人幸福，也没有坏到令人绝望。

代成长为一个大约 300 人的渔村，1878 年则成了有 4 万人的城镇。南希尔兹①、圣海伦斯和伯肯黑德（Birkenhead）都是在 19 世纪前半叶如雨后春笋般迅速发展起来的城镇。"与此同时"，华兹华斯在《远游》（1814 年）中写道：

① 南希尔兹（South Shields），英格兰东北部的一座自治城市，位于纽卡斯尔市以东的泰恩河河口。该市建于 13 世纪，是主要港口和造船业中心。——译者

与此同时，在社会企业的命令下，
出现了多么快、多么大的增长啊！
一些又小又破的村子，
一转眼就变成了大城镇，
连绵不断，紧密相连，
遮住了数里格[①]的地面
——正是在那里，从前无人定居之所，
出现了大量凌乱的房屋，
仿佛森林中的树一般，
分布在广阔的空地上。
无休止的火焰燃起的浓烟
长期飘浮在城镇的上空，
多得好像清晨阳光中闪烁的雾气。
旅行者无论走到哪里，
都看到荒野已被清除，
抑或完全消失……

大城镇并非工业景观的唯一代表，因为在它们之间还延伸着数英里的被毁坏、被污染的乡村，那里有采矿业和其他工业排放的大量的废弃物，大片的被称为“亮光”（flashes）的脏兮兮的积水——因下面采矿造成的地面塌陷而起，废弃不用的坑道矿井，以及荒废已久、死水一潭的运河。从利兹到谢菲尔德的火车之旅

① 里格（league），英国旧时的长度单位，约为 3 英里。——译者

完整地展现了这样的一处19世纪景观。那即是在兰开夏郡的因斯镇（Ince），那里今天有23个覆盖了199英亩的坑道矿井，一个覆盖了6英亩的巨大的工业矿渣堆，因采矿塌陷而沉到水下或成为沼泽的近250英亩土地，另外的受洪水威胁的150英亩土地，以及36个废弃不用的坑道矿井。这是一幅因采煤而造成的景观。
190 至于黑乡，人们几乎难以着手描述它。在《老古玩店》（*The Old Curiosity Shop*）中（1841年），狄更斯对它的描述令人毛骨悚然，当时，它达到了丑陋、肮脏以及人类堕落的最低点。早期工厂主并非“对乡村的魅力无动于衷，阿克莱特的企业并没怎么破坏克隆福德的美景和米勒笔下的溪谷。戈伊特河[1]和博林河[2]的延伸应部分归功于奥尔德诺[3]和格雷格斯（Gregs）”。[4]但后来的工厂主，蒸汽时代的继承者，则绝对异常地麻木不仁。任何顾虑都冲淡不了他们对钱财的渴望；他们只顾赚钱，而将肮脏污秽留给了后人。

191 工业景观并不仅限于英格兰的北部和西米德兰。譬如，在康沃尔郡，人们就能发现两种截然不同的工业景观，一种已无生命力，另一种还生气勃勃。整个康沃尔郡中部，特别是圣奥斯托尔镇（St Austell）西北的地区，是瓷土工业的弃土堆所在之处，人们所见的简直就是月球景观，它在远离该郡任何一座山头的地平线上隐约闪现（图54）。已消亡的锡矿业塑造的景观同样惊悚：没

① 戈伊特河（Goyt），英格兰河流，源出奔宁山脉西坡。——译者

② 博林河（Bolin），位于英格兰西北部的默西河（the River Mersey）的一条主要支流。——译者

③ 塞缪尔·奥尔德诺（Samuel Oldknow，1756—1828），英国历史上的一位棉纺织工厂主。——译者

④ Ashton, *The Industrial Revolution*, p. 157.

图 54. 圣奥斯托尔镇附近的瓷土景观：工业造成了大量贫瘠的荒地，地上寸草不生，不过它有一个优点：雪白雪白，在太阳下会闪闪发光。远看的话，几乎就是月球上的景观。

有窗户的机车房，矗立在地平线上的庞大的烟囱体，旧采矿村的破败的小屋以及怪石嶙峋的废石堆——这纯粹是 19 世纪的景观，也许因其环境的缘故而在英格兰所有工业景观中最为引人注目。它并不丑陋，反而具有一种相当忧郁的美。一越过德文郡边境，192
就是塔维斯托克西部布兰奇当（Blanchdown）的古老的采矿景观。在那里，19 世纪中期“德文郡大联合”① 曾是全世界最富裕的铜矿

① 德文郡大联合（Devon Great Controls），德文郡塔维斯托克附近的一座铜矿，1844 年开工，1846 年改组为“德文郡大联合铜矿公司”（Devonshire Great Consolidated Copper Mining Company），其铜矿开采持续到 19 世纪 70 年代。——译者

图 55. 1848 年的斯托克波特。工业和铁路一同造出了该城景观中出色的引人注目的新成分。

企业；现如今那蔓延数英里的废石堆创造出一种它自己独有的寂静荒芜之美，狐狸和蛇蝎在破败的房屋和屋间空地上作祟。

正如亚瑟·杨看到的，当工业的丑陋外观变得宏伟壮丽时，它也有那么一点美感。的确，这种新景观造出了一些出色的引人注目的成分。架设于浓烟滚滚的斯托克波特镇（Stockport）上的铁路高架桥（图 55）；或者从北部荒原高地上眺望的布拉德福德（Bredford）的夜景；或者在东部环线南行列车上看到的冬日夜晚诺丁汉的烟雾弥漫的剪影；或者阴暗的早晨十分忙碌的谢菲尔德城；甚至（有时人们会如此认为）维多利亚城镇中工人阶级的红砖房所在的用煤气灯照明的长街景色——街上没有一棵树，也看不到一丛灌木，只有那些灯在被秋日晚风吹得苍白的人行道上闪烁，诸如此类的景观，莫不让人觉得有那么点美。

第八章　英格兰的大路小径、运河与铁路

大路小径的延伸

关于英国道路的文献资料汗牛充栋，似乎难以发表任何新的 193
见解。要在几页的篇幅里描述清楚英格兰所存在的各种道路，几乎是不可能的，而且这种泛泛而论势必充斥着常见的概括，读起来也会非常枯燥。我们转而选择比较小的一片乡村地带，那里包含了从史前古道到现代辅路的各种各样的道路，由此可以详细地了解它们的区别。因为我们所做的这种研究正是以细节为中心的，这一点无论强调多少次都不过分。出于这一目的，我选择了全国地形测量局地图（第六版）第 145 幅所描绘的乡村（这一地区现在由第 164 和 151 幅展示），这一地区从牛津郡边缘往北，越过班伯里镇几英里，从西边的奇平诺顿（Chipping Norton）远至东边的北安普顿郡的布拉克利（Brackley）。人们会发现，几乎其他任何一幅全国地形测量局地图都值得大书特书；的确，就一幅 2½ 英寸的地图，即方圆仅 6 英里的地区，人们也能写出整整的一章。

仅仅对第 145 幅地图加以初浅的考察，便能揭示出代表几个不同时代、有着不同用途的许多有名的大路小径。这样的道路有威尔士路（Welsh Road）、盐道（Salt Way）、港口道（Port Way）、阿克曼大道（Akeman Street）、忘恩滩小径（Traitor's Ford Lane）和班伯里道（Banbury Lane）。除了这些有名的道路外，还有相当一部分大路、小径和小巷引起了我们的兴趣，这或者是因为它们穿过几乎无人定居的乡村地带笔直延伸几英里，或者因为它们与教区边界或古老的土木工程（如鸟沟［Aves Ditch］）紧密相连，或者另有一些可疑的情况。

现如今作为一条主要公路之一部分的班伯里道，是这张地图上年代最久远的道路，当然，它今天的样貌很难反映出其古老的
194 历史。这条小路是所谓的侏罗纪道[①]的一部分，像一条走廊一样沿上层里阿斯统岩石与下层鲕粒岩的交界处伸展，最终将流经布里斯托的埃文河与亨伯河连接起来。[②]这条重要古道横穿第 145 幅地图的那一段相当清晰。它在靠近罗尔莱特石群[③]的嶙峋山脊上显露出来，在此，其部分路段构成了沃里克郡和牛津郡之间的边

① 侏罗纪道（Jurassic Way）是一条联结牛津郡的班伯里镇和林肯郡的斯坦姆福德镇的步道，全长 88 英里，因绝大部分路段都在北安普顿郡北部的侏罗纪石灰岩山脊上，故名。——译者

② 参见 W. F. Grimes 的论文，收入 *Aspects of Archaeology in Britain and Beyond* (H. W. Edwards, 1951), pp. 144—71，以及 O. G. S. Crawford, *Archaeology in the Field* (Phoenix House, 1953), pp. 81—85。

③ 罗尔莱特石群（Rollright Stones），英国的一处鲕粒石灰岩巨石群古迹，位于英格兰的朗康普顿村（Long Compton）、大罗尔莱特村（Great Rollright）和小罗尔莱特村（Little Rollright）附近，卧跨现在的牛津郡和沃里克郡的郡界。——译者

界。它继续沿着流经沃里克郡的埃文河与查威尔河[①]之间的分水岭，穿过奥特利希尔农场（Oatley Hill Farm），直达威金顿荒野（Wigginton Heath）。在那里，它调头向下，向南从班伯里跨越查威尔河。在班伯里东部——大约二十多英里的一段路，这为它引来了“班伯里道”之名——它沿着查威尔河和大乌斯河之间的分水岭蜿蜒而行。在相当长的一段距离内，班伯里道如今由一条主干道（A422 和 B4525）所接续，不过在卡尔沃思（Culworth）附近，它又变成狭窄的小道，穿越荒凉的乡村地带，经艾德斯通小屋（Adstone Lodge）、福克斯利（Foxley），到达冷海厄姆（Cold Higham）。在此，我们处于英格兰中部的最深处。过了冷海厄姆后，这条路穿过华特灵大道，越过铁器时代重要的山上要塞亨斯伯里（Hunsbury），到达北安普顿郡的宁河（the Nene）渡口。不必对这条路追踪得更远。O. G. S. 克劳福德先生认为，侏罗纪道是铁器时代的一条路，这个论断的依据是它与山上要塞的紧密联系，以及关于这一时期的考古发现。当然他并不否认，这条路有可能更古老。然而，不管是追溯到铁器时代还是铜器时代，侏罗纪道都失去了作为一条穿过开阔乡村地带的宽阔古道的最初特征。想要一睹其曾经的模样，我们不得不转向白垩丘陵地带，那条沿伯克郡丘陵顶端行进的山脊路（图 56）或赫特福德郡罗伊斯顿附近的伊克尼尔德路（Icknield Way）令人瞩目。

从今天的形态看，班伯里道是通过大大压缩起初多少还算开

① 查威尔河（Cherwell）是从北向南穿越英格兰中部的一条河流，发源于北安普顿郡的鹤立墩（Hellidon），是泰晤士河的一条主要支流。——译者

图 56. 沿伯克郡白垩丘陵的山脊路，位于哈克彭山（Hackpen Hill）。在这片开阔的乡村地带，这些年代久远的古道保留了最初的一些特点。

阔的狭长通道而不是一条小径形成的（因此人们无法十分确切地
了解其史前路径），每一边都有茂密的森林围绕，森林在某些地方
宽达数英里。对这条原始商路的压缩可能分阶段发生在盎格鲁-撒
克逊时期和中世纪早期，当时人们开垦了越来越多的土地，用来
耕作。在铁器时代以来一直被用作绵羊牧场的白垩丘陵地带，多
少类似于同样一条古道原貌的道路被保存了下来，而在满是可耕
195 地的中部地区，这种路一定在相当早的时期就消失不见了。我们
知道，在 11 世纪，位于牛津郡的侏罗纪道是通往北安普顿郡的主
干道，它很有可能连起了格洛斯特重镇。在整个中世纪，侏罗纪

道都是一条集市商道，连起了一长串的一个又一个商业集镇。它今天的路径几乎肯定可以追溯到盎格鲁–撒克逊时代晚期。10世纪早期，北安普顿①作为一个设防点开始使用，917年这一名称首次得到记载，不久就成为了郡城。对班伯里道作为一条路而不是一片宽阔走廊的发展，我们或许可以追溯到这一时期。

偏离古老路径的情况在早期就已出现。这幅图（以及其他证据）清楚地表明，大罗尔莱特村附近那条最初的古道是朝正北方向行进的，它穿过斯陶尔河，沿忘恩滩小径（这一定是个中世纪的名字）径直向前，紧挨着埃吉山（Edge Hill）峭壁崎岖的边缘 196
而行。在那里，它形成一个穿越芬尼康普顿（Fenny Compton）和比菲尔德（Byfield）的大弧线，连接起位于泠海厄姆的另一条路（克劳福德的看法）。克劳福德认为，那条通往北安普顿的盎格鲁–撒克逊道路，是后来将这条古道缩短而成的；即使如此，部分班伯里道"捷径"本身在日期上也属于史前时代。

另一段的改道，从卡尔沃思附近到华特灵大道那一段，则发生在晚近时期。那条老路作为从北安普顿到班伯里的必经之路，直到相当晚的时候还在为人使用。在1英寸地图的初版（1834年）上，用粗线条标示了连接坎农斯阿什比村（Canons Ashby）和莫里顿平克尼村（Moreton Pinkney）的路，1887年的地图上同样如此。在时人的记忆中，这条路的这一段一定已经没人使用了。

在第145幅地图上，至少还有另外一条史前的山脊路。这条

① 北安普顿（Northampton）英格兰中部伦敦西北偏北的自治镇，其诺曼城堡自12—14世纪为议会会议地点。——译者

路持续使用到今天，承载着牛津、考文垂和伯明翰之间极大的交通量。这就是现在的A423公路，它最初是一条史前的山脊路，沿查威尔河和埃文洛德河[①]的分水岭行进。它从位于牛津或靠近牛津的泰晤士河渡口（也许最终源于伯克郡的山脊路）朝北伸展，在班伯里附近与侏罗纪道相连。在这条路的沿途各处，有很多古坟和巨石墓葬遗迹。不久之后，古罗马人接管了这条路，他们在牛津北部到斯特迪城堡（Sturdy's Castle）那一段铺设了路面；在那里这条路与阿克曼大道的东西向路段相交。中世纪的地契将这条路称为"山脊路"（the ridgeway）。显然，整个中世纪人们都在使用这条路，在奥吉尔比[②]关于道路的书籍（1675年）中，它象征着从牛津到班伯里的主干道；18世纪它成了收费公路，大约三千年后它还沿着原来的路径行驶。因为所有这段时间一直为人使用，并且不断适应越来越繁重的交通需要，所以这条路几乎丧失了原先的特征，只有两点除外。它还能从高空大范围地俯瞰东西两侧河谷；在某些地方它那宽阔的绿草路肩显示在人们用碎石筑路之前这条路原本是比较宽的。

关于这一区域的罗马道路，本人需要说上一点。阿克曼大道可以作为分析的范例。这条路向查威尔河东部延伸的一大段仍在作为主干道使用（A41和A4095），这条路上唯一重要的断裂点是由于撒克逊人的比斯特镇（Bicester）的发展造成的，它位于阿克

---

① 埃文洛德河（the Evenlode）和查威尔河一样，也是泰晤士河的一条支流。——译者

② 约翰·奥吉尔比（John Ogilby，1600—1676年），苏格兰翻译家、舞台监督和地图绘制者，因出版了英国第一部道路图册而著称。——译者

曼大道以北 1 英里处，取代了现已湮没的古罗马-不列颠人的奥尔切斯特镇（Alchester）。然而，只是因为比查威尔河短，这条路的 197
路径在 1 英寸地图上就消失不见了，在河西数英里处，伴随它的只有连续不断的树篱线、一条田野小道以及分布在各处的一些小径。尽管如此，我们不加思考就可以追溯它的全部路径。

这条路还有其他一些特点，其中有一点很有趣，那就是看看它如何还在构成查威尔河东部柯特灵顿猎园（Kirtlington Park）的北部边界，以及位于查威尔河另一边的塔克利猎园（Tackley Park）的南部边界。英格兰各处边界完好地延续，这一点很吸引人。早在 1004 年，当埃塞尔雷德王[①]将怀特希尔（Whitehill）这块小地产赐给牛津的圣弗莱兹怀德（St Frideswide）修道院的时候，阿克曼大道就是今天那个塔克利猎园和怀特希尔农场（Whitehill Farm）之间的边界。尽管那条罗马大道已从视野中消失，但它还是一条分界线。不远的几英里之外，伍顿（Wootton）和斯蒂普尔巴顿（Steeple Barton）之间两块地产现今的交界之处，与日期为 958 年的一份地契上记载的它们的交界一模一样，可能在那之前这交界处就已存在了相当长的一段时间。

开垦新土地，将其划为私人地产的努力，首次创建了数千英里的**边界**。这些新的边界通常跟随溪流或业已存在的古道轨迹，不过它们也常常创建自己的边界小径，或者称作 *mere*（来源于古英语单词［*ge*］*maere*，意为“分界线”）。这就是地图上大量的“绿

① 埃塞尔雷德二世（Ethelred II，978—1016 年在位），英格兰国王，威塞克斯王朝第 14 位君主。——译者

色小径”的起源，它们伸展数英里，将每一边的教区分隔开来，但最终消失不见。因此，可以将它们与延伸得更远的绿道区分开来，后者大都是史前的交通要道的一部分。有时候，这些古老的地产边界以深 V 型沟渠的形式出现，比一般的排水渠令人印象更加深刻，因此在人们认清其独特的起源之前，它们常常会令人迷惑不解。

这些绿道有时有 10—15 码宽，还完全被草覆盖着，只有拖拉机和牲口才能使用。这种道路的一个例证即是多恩福德路（Dornford Lane），它与班伯里到牛津的道路平行数英里，抵达伍德斯托克（Woodstock）北部。像许多相同的绿道一样，这条小路建造的年代和最初的目的令人费解。在其北端，它并没有明显的起点，但是在位于斯蒂普巴顿教区的巴顿小屋附近，其路径却清晰可辨。从那里，它径直向南行驶 4.5 英里，到达伍德斯托克。几

图 57. 格洛斯特郡诺斯利奇（Northleach）附近的弗斯路（The Fosse Way）：现在是一条大路，沿途数英里没有穿行一座村庄。这是依然在用的罗马大道的一个特征。因为出于安全考虑，盎格鲁–撒克逊人几乎无一例外地将村庄建在了远离这些大道的地方。

个世纪中，这条小路肯定是用作牲口路的，但它到底为了何种目的而出现，又建于何时？这条路的行驶离古老的班伯里-牛津大道是如此之近（在有些地方这两条路相距不到 1/4 英里），这样，它 198
一定不是作为另一条交通要道存在的。于是人们可能猜想，它起源于一条边界——两块古老的地产之间的绿色分界线，不过我们现今在它的沿线找不到任何边界的痕迹：教区和庄园的边界（两者都非常古老）要么沿班伯里-牛津大道分布，其他的要么在那主干道和那条小路之间蜿蜒。在通往伍德斯托克的路上，没有一处表明，它由一条著名的古老边界线相伴随。

多恩福德路原先既不是撒克逊时期或中世纪的交通要道，也不是边界线，更不是通往市场的畜道[①]，因为牲畜贩子一般都会走已有的古道和小路，除了一些特别的情况所需，否则不会自行建路。剩下的可能性只有一个——它最初是一条从皇室自领农场通往伍德斯托克皇家猎苑的道路。盎格鲁-撒克逊诸王曾以将伍德斯托克猎苑（今天的布莱尼姆宫）当作猎场著称。此地于公元 1000 年首次为人所知，1005 年的一份地契则提到这里有一片“*haga*”或“圈围地”。多恩福德路的另一头有“柏顿”庄园（manor of “Bertone”），再怎么足智多谋，也不可能将这条路往北推进一步了。

巴顿（Barton）这个词从字面上说是“大麦农场”或“谷物农场”，不过后来具有了“自领农场”（demesne farm）这一特别的含义。虽然到 1086 年巴顿地产已被细分成许多庄园，其中只

① 畜道（drove-road），特指牲畜贩子将牲畜赶到市集时所走的路。——译者

有一块还在国王本人手中，但是毫无疑问，在诺曼征服之前，盎格鲁-撒克逊诸王在这里领有的一片地产大约有 7000 英亩，他们将它控制在手，以便供养自己。同样无可怀疑的是，当他们住在伍德斯托克时，其供给品被征集起来，并沿着今天被称作多恩福德路的那条宽阔的绿道用马车运送到那里。因为这一特殊目的，这条路就出现了，这不会晚于 10 世纪，否则，无论如何我们都没法解释它的奇特形状和有限路径。这条路又宽又直的事实也告诉我们，当这条路诞生的时候，巴顿和伍顿（Wootton）的敞田并没有延伸得那么远。显然，这条路最初穿过的是尚未开垦的土地。

我仔细研究了当地这一小块地形，以说明各处的道路是如何为一些特定的目的而出现的，这种事发生的频率可能远高于我们的想象。这种稀奇古怪的小路小径大都产生于盎格鲁-撒克逊时
199 期。譬如，在同一片乡村地带，我们在盎格鲁-撒克逊时期的地契中读到了“林木道”（the wood way）：这是特定村落和远处丛林之间出现的小道，村落对这些丛林享有产权或者可以在这里采摘。许多这种小道幸存下来，有些被并进了机动车道。

很有可能相当数量的罗马-不列颠小路也是为了特定目的以同样的方式出现的，这还有待于在地图上或到现场去找。马格里先生的著作《威尔德地区的罗马道路》揭示，对一个地区做耐心细致的考察可以解开多少未知之谜。毫无疑问，在我们刚刚涉及的全国地形测量局第 145 幅地图上，有很多小路终将证明，它们
200 源于罗马-不列颠时期。我们一直太久地专心于古罗马统治时期遗留下来的军事大道，对伴随那场征服和短期军事占领而来的两

三个世纪期间产生的地方“经济”道路，未能给予足够的思考与研究。

英格兰的许多地方都可以看到被标为“盐道”的道路。在第145幅地图上，紧靠班伯里的南面就有一小段得称此名的路。盐是为数非常有限的生活必需品之一，它不是什么地方都能生产的，只能从位于海岸边、潮汐河上的生产中心，以及内陆特定的产盐中心运输而来。在位于斯凯格内斯[①]北部的英戈尔德梅尔斯（Ingoldmells），人们发现了一堆堆碎片，那是青铜时代晚期炼盐的遗迹。1086年，林肯郡有278个盐池，萨塞克斯有285个。这一时期，在其他许多沿海诸郡，制盐业规模也相当大。

在早期，人们就发现了德罗伊特威奇（Droitwich）和柴郡的内陆盐水泉，并用于制盐。最早提到德罗伊特威奇盐的是在公元716年，当时埃塞尔雷德王将那里的一处盐坑赐予伊夫舍姆修道院（Evesham Abbey）。到1086年，德罗伊特威奇所产的盐已在英格兰中部各地广泛使用。在那里，威廉国王自己就有85个晒盐池。据《末日审判书》所言，至少有68个庄园有权接收来自德罗伊特威奇的盐，包括大约70英里开外的白金汉郡的里斯伯勒王子城（Princes Risborough）[②]。F. T. S. 霍顿先生已了解了西米德兰的许多盐道，他认为，班伯里附近的那一小段盐道，是从德罗伊特威奇到里斯伯勒王子城之间所走的那条道路的一部分，途经埃文河上的斯特拉福和阿伊诺（Aynho）。因此，它是盎格鲁-撒克逊时期的

① 斯凯格内斯（Skegness），英格兰林肯郡的一处海滨度假胜地。——译者

② F. T. S. Houghton, ‘Salt Ways’, *Translations of the Birmingham Archaeological Society*, vol. 54 (1932).

道路，而且是用于特定目的之小道的范例。不过，食盐贸易究竟给自己造了多长的小路小径，这一点值得怀疑。在大多数情况下，它利用了现存的、历史悠久的古道，当然，在直路所需要的地方，有可能会踩出几段新的小路。而埃文河上的斯特拉福渡口，在年代上肯定相当久远。

无论在地图上还是在地面上，盐道都没有体现出不同于其他大路小径的特征。遍布英格兰各地，特别是12、13世纪产生的
201 中世纪集市道路（market-road）也没有任何特点。许多这种道路也是沿着原有的小路发展起来。那些小路在盎格鲁-撒克逊时期是从村落通到村落的，当然它们在这里那里也有可能接上新的一段，以连接成道路网。许多中世纪的集镇最初是不起眼的小村落，后来又都默默无闻了。不过，从依然覆盖这些集镇的蜘蛛网般的道路中，可以看出它们从前的重要性。牛津郡北部的德丁顿（Deddington）就是此类村落的一个典范，英格兰各郡都有几个同样的例证。

从盎格鲁-撒克逊时期到18世纪公路和“圈地”道路的出现，这期间很少建设新的道路。与食盐买卖一样，16世纪开始兴盛的牲畜交易也是沿着已有的绿道和古道开展的。那时，由于特伦特河以南的英格兰大部分地区都处于开发状态，牲畜贩子们没什么机会横越乡村地带，创建新的运输路线。当然，在特伦特河以北的荒原上他们有可能这么做。英格兰中部地区牲畜贩子们行走的道路非常重要，因为从威尔士到伦敦以及中部地区市场的大批牲畜交易，正是沿着这些道路从容进行的。在中部地区地图上各处出现的威尔士道（The Welsh Road），就与这种穿越乡村的交易有

关。这条路刚好可以在凯尼尔沃思[①]城外接续起来，从那里沿东南方向伸展，通过奥夫切奇（Offchurch）穿越乡村地带，到达绍瑟姆（Southam），之后穿过一片几乎荒无人烟的景观，抵达北安普顿郡高地。在马斯顿多尔斯（Marston Doles）附近，这条路线转而向南，经过前哈德威克（Prior Hardwick）、上伯丁顿和下伯丁顿（Upper and Lower Bodington），到达阿斯顿拉沃斯[②]，在其附近与班伯里-达文特里（Daventry）大道相交。它继续向卡尔沃思行进，在此与班伯里道相遇，并可能沿着这条路走到北安普顿的大集市。在那里，人们大批售卖中部地区肥沃草场喂养的牲畜。从另一个方向，人们隐约可以找到从威尔士边界进入英格兰中部地区的线路。那位于威尔士和英格兰边界上的铁锚客栈（Anchor Inn），高高矗立在克伦森林（Clun Forest）的遥远的西边，是那些从威尔士过来的牲畜贩子聚集的大据点。在那里，人们认得了通往拉德洛（Ludlow）的路，于是就向正东方向穿过比尤德利（Bewdley）和布罗姆斯格罗夫（Bromsgrove），穿越伯明翰南部的乡村地带，到达凯尼尔沃思附近的那个地方，即我们前面在地图上看到的与这条路接续的地方。

英格兰的一些牲畜道路还有待辨识和拼接到一块。在苏格兰 202
和威尔士，它们已经为人所书写。而在这片国度，这桩有趣的田野调查和历史研究工作正等待那些既不怕动脚也不怕用脑的人们去做。沿莱斯特郡-林肯郡边界数英里，有一条以苏斯特恩道

① 凯尼尔沃思（Kenilworth），一译肯尼沃斯，英格兰沃里克郡的一个城镇和教区，因有同名城堡而闻名。——译者

② 阿斯顿拉沃斯（Aston-Le-Walls），意为阿斯顿的城墙。——译者

（Sewstern Lane）或赶牲道（The Drift）著称的绿色小径。这条路的历史从青铜时代一直延续不断。在 17 世纪，它被那条从其东面穿过人烟更加稠密的乡村地带的大北路（Great North Road）接替。这之后，苏斯特恩道被认可为苏格兰和英格兰北部牲畜抵达英格兰中部牧场和伦敦的路线，于是就有了后来的赶牲道这一名称（图 58）。这条路的一部分已被合并到一条机动车路的辅路之中，不过其大部分路段依然偏僻幽静，很少受到人声的干扰。

古老的牲畜道路对景观做出了自己的贡献，这在于路边客栈以及客栈边上那块“场地”。这些客栈是为了特别满足在人迹罕至的乡村地带穿行的牲畜贩子的需要设立的，而那块“场地”则
203 用来关牲畜，让它们在此过夜。19 世纪中期以后，人们开始用火

图 58. 苏斯特恩道，又称赶牲道。林肯郡和莱斯特郡的土地沿着这条古老的小道相汇了数英里。这条路起初是一条青铜时期的古道，在斯坦姆福德将可通航的威尔兰德河与纽瓦克附近的特伦特河连接起来，直到今天人们一直在使用它。18 世纪，牲畜贩子们优先选择这条小道而不是大北路，如果走大北路他们就要付费。因此，它有了另外一个名称，即赶牲道。

图 59. 坎伯兰郡沃斯代尔（Wasdale）的驮马道和桥。对这种风格与建筑方法都很原始的桥，没法判定建造日期，它们几乎是永恒不变的。达特莫尔的克拉珀桥（the Clapper bridge）即是这样的一座桥。

车运牲畜（今天则是用卡车），牲畜贩子们走的小道就被永久地遗弃。现如今，它们成了远离高地荒原的英格兰地区的一些最静谧的散步场所。这是因为牲畜道路往往避开了城镇和交通密集之处，也避开了在 18 世纪成为收费公路的那些大路，它们是供牛羊经过时啃食的临时草场。

尽管公路在道路历史上很重要，但却没有贡献多少以前并不 204
存在的景观。在大多数地方，它们只是接管了已有的道路，当然在这片国度的山乡地带，它们对于一些全新路段的开辟还是有贡献的，因为那些地方老路的坡度只适合行人和驮马行走。这些新道路常常可以通过一个事实来加以辨认，那就是它们延伸数英里而不经过一座村落，或者确实有许多住房完全远离公路特有的收费处（公路对景观的最显著的增补），而一两家客栈因交通兴旺的前景而被吸引在了路边。在兰开夏郡一类的工业郡，新的城镇之间需要全新的收费公路，老路的模样经历了比较剧烈的改变。

一些重要的道路也变得完全认不出来了。古罗马人的华特灵大道在1820—1828年由特尔福德[①]进行了大规模的改善，整修，变成了伦敦-霍利黑德路。为降低华特灵大道原有的坡度开挖了新的路堑，在地势险要的地区加修了堤道，路面也被拓宽了。因为刚好出现在铁路时代的前夕，这位工程师的劳动在当时大都浪费了，从没有得到合理的利用——直到20世纪情况才有所改变。公路运动有一个附带的结果，即是建造了许多漂亮的桥梁，以承载重型四轮马车交通。泰晤士河上从莱奇莱德[②]到斯泰恩斯[③]这一段就有一组著名的桥梁，全国上下还有其他无数的桥梁。在埃克塞特附近，从埃克塞特到克雷迪顿（Crediton）的那条老路拓宽了2倍（从9英尺半到20英尺），这就使人们需要在克里迪河（the Creedy）上造一座新桥。这座桥（考利桥）在1813—1814年由该郡建筑师詹姆斯·格林（James Green）主持建造，它设计得那么

① 托马斯·特尔福德（Thomas Telford，1757—1834年），苏格兰土木工程师，土木工程师协会（1818年成立）第一任会长。他主持修建了上百英里的路、上千座桥以及若干条运河。——译者

② 莱奇莱德（Lechlade），英国格洛斯特郡的一个河边小镇，位于泰晤士河的最高航行点。——译者

③ 斯泰恩斯（Staines），英国萨里郡斯佩尔索恩（Spelthorne）自治市镇的一个郊区小镇，位于伦敦查令十字街西南偏西17英里的泰晤士河畔。——译者

好，已作为古迹被列为历史文物保护单位，并得到了保护。

在查理二世统治时期，路边出现了里程碑。虽然古罗马人便已知道里程碑，但是从那时起直到 1663 年多佛尔路（the Dover Road）获得英里标记之前，没有人使用过。尽管 1708 年人们在大北路沿途也竖起了界石，不过自古罗马时代以来，英国第一块真正的里程碑是 1727 年在特兰平顿（Trumpington）建立的，刚好在剑桥外，今天在那里还能看到它。最早的里程碑都是由私人树立的。1744 年在伦敦到切斯特[①] 的那条路上，出现了政府授权建立的里程碑，不过到 1773 年，在路边立里程碑才变成义务。这一年的 205
一份法案规定，所有的公路管理机构都要在它们负责管理的道路上准备好路标和里程碑。

某一类型的路标比里程碑古老得多。譬如，13 世纪粗糙的花岗岩十字标就标出了穿越达特莫尔的小道；1598 年，一个德意志旅行者在肯特郡发现了一块宗教改革之前的作为路标的路边十字标。17 世纪后期，一些新的路标不时在各处出现。而 1698 年的一份法案要求治安法官在十字路口处竖起直立的标牌，不过这一法案似乎没得到有效的执行。直到 1773 年法案的颁布，路标才成为强制性的设置。最早的一个私人路标矗立在科茨沃尔德丘陵地带的布罗德威山冈（Broadway Hill）上，于 1669 年由内森·伊佐德（Nathan Izod）竖起。在德比郡的霍普顿（Hopton），有一个 1705 年立的标牌，而在德文郡东部的比克顿（Bicton），则有一个日期为 1743 年的硕大砖块立柱，四面都刻上了方向和圣经文本。约克

① 切斯特（Chester），英国城市，柴郡首府。——译者

郡也有许多早期的路标。为方便乘坐四轮大马车的旅行者以及马背上的旅行者，这些较老的路标都有几英尺高。不过近几年，为方便汽车驾驶员，干道上那些路标的高度都大大降低了。

最近几年，英格兰的道路中也发生了其他许多变化。现如今，那些大支路——像东兰开夏支路——猛然插进来，径直穿过乡村地带，不考虑形状，而用路堑和堤道来尽可能使坡度保持平坦。它们一点也不具美感。在整个景观中，除机场外，难道有什么比干线支路更丑陋的吗？许多老路都已被抻直，它们的特点、历史意蕴和其他元素都消失殆尽。我们在开篇提到的国家测量局地图第 145 幅提供了一个适于收尾的范例。从牛津到比斯特的那条干道（A43）笔直地延伸好几英里，完全可以被当作一条非常好的罗马大道。不过，日期为 1833 年的一英寸地图初版显示，这条路的形态截然不同，是一条窄窄的盎格鲁-撒克逊时期的路，它蜿蜒行驶，每隔几码就左拐右拐。只是在近几年，它才被取直。

运河的修建

英格兰的运河主要是 18 世纪最后 40 年和 19 世纪最初 25 年
206 的产物，它们给景观带来了许多颇有特色的变化。运河不仅将绵延不断的水带到了常常缺水的区域，例如英格兰中部的许多地区，随之造成了鸟类与植物生命的变化，而且带来了——大部分是首次出现——渡槽、路堑与河堤、隧道、水闸、升降机和斜面以及许多惹人注目的桥梁；运河的修建甚至还大大影响了许多城镇的发展面貌。有一座城镇的确完全是运河的产物，这即是伍斯特郡的斯托尔波特（Stourport），仅仅因为那一缘故，它就值得我们一观。

古罗马人确曾在这片国度建起了两三条规模很大、称得上是运河的人工水道：例如从彼得伯勒市蜿蜒北上至林肯市的卡尔沟（Car Dyke），连接起威特姆河与特伦特河的福斯沟（Foss Dyke），也许还有从温彻斯特到伊辰河（the Itchen）的伊辰沟（the Itchen Dyke）。不过，这几条"运河"几乎无法与排水渠区分开来，不具备与运河相关联的任何特征。拥有水闸和纤道的第一条真正的运河，是在1564—1567年间由埃克塞特市政当局修建的，目的是为了方便驳船绕过埃克塞河上的拦河坝，而行抵该市。在这条运河上，双门拦河闸在英格兰首次得到使用。它有一高一低装有水闸的两道门，由此隔出闸室，进入里面的船可以通过水位的改变而抬升或降低位置。埃克塞特运河有3座这种水闸。虽然这一设施的规模很小，只有16英尺宽，3英尺深，约3英里长，但是对于其时代来说，它可算是个了不起的工程，更何况它还是一个市政工程。此后，它不断得到扩建，在深度、长度和宽度上扩大了3倍。在18世纪，对于埃克塞特的市民来说，它成为了令人青睐的散步场所，直到近年依然如此。今天，这里也许仍然是个怡人的散步之地，因为那一池碧波依然在埃克斯河谷那片榆树成阴的草地间静静地蜿蜒流淌，而这一河谷穿过了许多好客的乡村客栈。

差不多200年间，埃克塞特运河一直是唯一一条那种类型的运河，这种局面直到1760年才被打破。那时，詹姆斯·布林德利[①]

① 詹姆斯·布林德利（James Brindley，1716—1772年），18世纪英国最著名的工程师之一。——译者

为布里奇沃特公爵[①]造出了他的第一条运河。与此同时，有一千多英里的河道也被整治得能够通航了，不过这在景观上并没造成显著的影响。尽管如此，布林德利所建的从位于沃斯利[②]的煤矿通向曼彻斯特的运河，还是体现出了一些直到此时尚鲜为人知的特质。布林德利的原则是尽可能将运河保持在同一水平线上。为做到这一点，他通过高架水渠，让运河跨越道路和溪流。其中，最壮观的是坐落在巴顿[③]的那一段；它有200码长，差不多高出艾维尔
207 河[④]40英尺。修建时，遇到河谷就筑起堤岸；遇到避不开的山就穿洞而过，只要有可能，总是依地形而建。有时，为了保持水平航向，沃斯利运河穿行的路径极其迂回，这种弯弯曲曲的河道体现了早期运河的一个特点。到达沃斯利时，这条运河通过隧道穿过砂岩悬崖，直抵位于山中3/4英里处的煤矿巷道；在这里，运河分成几条航道，最终长达好几英里。这项工程改变了沃斯利村的面貌。这是第一座受运河影响如此之大的村落，之后这样的村落多了起来。当约塞亚·韦奇伍德于1773年造访时，它“貌似一个规模相当大的海港城镇。公爵大人[⑤]在这里修了几百所房子，每年它们的数量都大量增加”。

---

① 布里奇沃特公爵（The Duke of Bridgewater，1736—1803年），英国的一位贵族，以英国内河航行创始人和布里奇沃特运河专员著称，享有“内河航行之父”的美誉。——译者

② 沃斯利（Worsley），曼彻斯特以西的一座城镇。——译者

③ 巴顿（Barton），又以“艾维尔河上的巴顿”著称，系大曼彻斯特的伊克勒斯市（Eccles）的郊区。——译者

④ 艾维尔河（the Irwell），英格兰西北部的一条河流，长63公里，流经兰开夏郡和大曼彻斯特所在的艾维尔河谷。——译者

⑤ 指布里奇沃特公爵。——译者

通过吸取早期运河的经验，晚期的运河在工程方面更为大胆。1766—1777 年间修建的大干流运河（Grand Trunk Canal）不仅利用了渡槽、路堑与河堤，而且还借助 5 条隧道穿越默西河（Mersey）[①] 和特伦特河盆地间多山的乡村地带。其中，位于基兹格罗夫镇（Kidsgrove）附近的黑尔卡索隧道（Harecastle Tunnel），长达 2880 码，最深处达水平面之下 200 多英尺。人们仍然可以看到布林德利的这一高超的工程技巧，当然，它现在已被弃置不用，被第二条隧道超越了；这条隧道与第一条平行，1827 年由特尔福德修建。从默西河到沙德洛村（Shardlow）（运河在这里注入特伦特河），在大干流运河 93 英里长的河道上，总共有 5 个隧道、76 个水闸。沙德洛村由一个静谧的农业村变成了一个和沃斯利相仿的内陆港口，不过其交通网远比沃斯利更广阔。为了调节煤炭和木材的货物流，人们建起了货物码头；为了储藏铁、奶酪、玉米和盐，1777 年之后高高的红砖货栈立了起来。到 19 世纪早期，3 个“运输业巨头”在这里设立了它们的总部，其中有萨顿公司（Sutton & Co.），它与赫尔[②]、根斯博罗、利物浦和曼彻斯特做大笔生意，与柴郡的盐业和制陶业打交道，与伯明翰、达德利以及黑乡也有往来。虽然多年间沙德洛是一个“境况越来越好的地方”，但是 1857 年的《德比郡指南》却评论说，当米德兰和其他的铁路开通之后，这里的生意大大衰落。不过，人们还是可以去沙德洛，

① 默西河（Mersey），英格兰西北部的一条河流，长度约 113 公里，大致向西流动，在利物浦注入爱尔兰海。——译者

② 赫尔（Hull），英格兰中部偏东北的自治城市，位于寺尔河-哈姆伯三角洲的北岸。1299 年获自治权，18 世纪末开始成为重要海港。——译者

那个已默默无闻的地方，去看看高高的货栈、码头、富有的詹姆斯·萨顿曾住过的乔治王时代晚期的沙德洛府，以及实则由运河时代催生的一个地方的其他种种现象。

208 然而，比沙德洛村更加令人印象深刻的是斯托尔波特，斯托尔河与塞汶河在此会流（图 60）。1772 年之前，这里只有一座小酒馆立在荒芜的沙地之上。那一年，斯塔福德郡和伍斯特郡的运河竣工，而比尤德利镇拒绝与之相关的任何事务，因此人们就在运河与塞汶河相汇之处建起一座城镇。不久，那里就有了大量的码头、船坞、高高的货栈、造船厂以及“属于梅塞斯鲍德温公司（Messrs Baldwin）的大量铸铁厂”。正如曾是东米德兰的大货物集散地，采矿业、工业和农业的产品一应俱全的沙德洛，斯托尔波特也变成了西米德兰的贸易中心，通过运河、河流与这个王国的大部分地区相连。

有些著名的运河工程出自雷尼[1]和特尔福德等人之手。雷尼修建了那座出色的高架渠，支撑着跨越鲁恩河[2]的兰开斯特运河。不
209 过更为惊人的还是特尔福德于 1795—1805 年修建的庞特基西斯特高架渠（Pontcysyllte Aqueduct），将埃尔斯米尔运河（Ellesmere Canal）架在迪河[3]之上。这座高架渠有 1000 多英尺长，距河面

① 约翰·雷尼（John Rennie，1761—1821 年），苏格兰土木工程师。他的著名作品包括伦敦和东印度码头（1800 年前后）、因奇凯普岩灯塔（1807—1811 年）、滑铁卢桥、萨瑟克桥和伦敦桥（1811—1831 年）。——译者

② 鲁恩河（the Lune），流经英格兰坎布里亚郡和兰开斯特郡的一条河流，全长约 71 公里。——译者

③ 迪河（Dee），威尔士北部和英格兰西部的一条河流，流程 113 公里，部分沿威尔士-英格兰边境直至爱尔兰海。——译者

图 60. 位于伍斯特郡斯托尔波特的运河沿岸街道。斯托尔波特是英格兰唯一一座完全因运河而创建的城镇，今天这里仍有许多纯粹的运河建筑。

121 英尺高，也许是英格兰运河工程史上最辉煌的石质纪念碑。在同一条运河上也许可以看到切克（Chirk）高架渠和隧道。特尔福德的运河所循的航路比布林德利的更直，因此所需要的工程量就更大，其中一个极好的例子，是为跨越提尔利（Tyrley）附近什罗普郡联合运河（Shropshire Union Canal）上的陡峭堤岸而架设的桥梁。

隧道在设计上也更加大胆。位于泰晤士河与塞汶运河最高点的萨帕顿隧道（Sapperton Tunnel，1789 年建）穿越科茨沃尔德丘陵地带绵延 2 英里多。对运河来说，奔宁山脉带来了最难以克服的一些障碍，不过即使如此，它们也都被成功地克服了。位于哈

210

图 61. 在斯塔福德郡的提尔利附近，一座跨越特尔福德所建的伯明翰–利物浦联合运河（今天称作什罗普郡联合运河）上的深堑的桥。特尔福德喜欢水道越直越好，这与布林德利对迂回水道的偏好形成了对比。这种深堑和夸张的大桥是特尔福德作品的标志。

德斯菲尔德运河最高点（637 英尺）的斯坦内奇隧道（Standedge Tunnel）有 5415 码长。在连接塔维斯托克和德文郡可通航的塔玛河的小运河之上，莫维尔丘陵隧道（Morwell Down Tunnel，1804—1817 年建）长 1. 5 英里，其西部出口离河面草地将近 240 英尺高。这一垂直距离是通过下倾的斜坡解决的，满载货物的驳船通过轨道车上上下下。多年间，位于莫维尔汉姆的码头都是一副忙碌的工业景象，驳船尚未卸货，水手大嚷大叫，工人们抡起锤子，列车车厢沿斜坡上下。大量矿石从这里运到遥远的熔炼厂。走进扫得干干净净的院子，观察来自不同矿山的不同矿石倒进去的木质井筒，是令人好奇的。入筒之后，会有人将这些矿石收集起来，装上运货的大船送到远方。这些船返回的时候，会装上煤、石灰石以及其他商品。[1]

图62. 位于斯塔福德郡大海伍德（Great Haywood）的运河交叉口。在那里，布林德利所建的两条运河交汇——它们是沟通特伦特河-默西河的运河以及斯塔福德郡-伍斯特郡的运河。比起什么夸张的高架渠或桥梁，像这样的一幅景致提供了更真实、更能产生回忆的运河景观画面。

① 芬伯格引自 W. G. Hoskins and H. P. R. Finberg, *Devonshire Studies* (Jonathan Cape, 1952), p. 170。

211 到19世纪末，这个码头荒废了；现如今这里荒草蔓生，在绿油油的野草之上，还立着一些房屋和其他建筑的遗迹。运河也废弃多年，不过现在又充上了水，为邻近地区发电；在夏日的夜晚，从塔维斯托克一路散步到隧道口，也还是一件令人愉快的事情。

到19世纪20年代，已建起大约3000英里的运河，各工业区的肮脏水路更是连成了一张网。不过，在整个充满田园风光的英格兰中部和南部，那里的运河仍然清澈地流淌，在阳光下

图63. 什罗普郡德雷顿市场附近的沟堑，位于什罗普郡联盟运河边。“运河景观的所有元素都在这里”，埃里克·德·马瑞（**Eric de Mare**）说，“水闸的平台、平衡木、漆过的窄船、纤道、下垂的树木和漆黑的隧道入口，一应俱全。”

闪闪发光，而景观中也出现了一些新的成分，像纤道、守闸人的小屋、运河上的马专用的厩、运河与某条大路相遇处的**航行客栈或运河客栈**，以及又长又窄、装饰华丽的船只。早期的运河依地势而建，为绕过一座山要拐数英里；晚期的运河则借助沟堑和堤岸尽可能取直。有时候，一条较早的运河被后来的工程师们拉直了。譬如，牛津运河在1829—1834年间就被缩短了13.5英里。对这条运河的旧航道和新航道，在连接考文垂运河的 212
霍克斯伯利水闸（Hakesbury Lock）以及拉格比附近的希尔默顿（Hillmorton）之间可以看得特别清楚。1868年，同一条运河上的芬尼康普顿隧道（the Fenny Compton Tunnel）被拆除，为一个沟堑所取代。

运河大大降低了长途运输大量重型物资的成本，这在景观中也造成了间接的变化。托马斯·潘纳特（Thomas Pennant）在1782年观察到，特伦特河与默西河之间的大汇流运河[①]运来了新的建筑材料："小屋不再用糟糕的茅草半遮半掩，现在开始用结实的瓦片或石板瓦铺砌，这两种建筑材料是从远处的威尔士或坎伯兰郡的群山运来的。此前还一片荒芜的田野，这时候已得到排水， 213
并被施肥，肥料由不收通行费的运河运来，因此，田野现在是绿油油地一片生机勃勃的景象。"不过，最终打破英格兰不同地区的建筑传统，用标准化的砖瓦代替使用已久的地方建筑材料，这一任务主要还有待铁路来完成。

① 大汇流运河（Grand Junction Canal），从北安普郡的布朗斯顿通到泰晤士河布伦特福德港的运河。——译者

铁路的铺设

修建运河的那两代给英格兰景观带来了很大的变化，这以后经过几个世纪的缓慢发展，变化达到了顶峰，不过，这些变化带有很强的地方色彩。它们大都局限在非常接近水道的地区，在一
214 些乡村地带却几乎无人知晓。相比之下，铁路的影响就大得多。它们不仅里程更长，渗入到了运河所不及、有时甚至连大路小径都无法抵达的偏远地区，而且从工程角度看，铁路正是在运河终止的地方开始的。尽管运河工程师建的那些隧道、路堑和高架渠一直引人注目，但没过多久，铁路的相关部分在规模和气势上就超越了它们。当然，运河造就了两个阶层的人，没有他们，就不可能铺设铁路——一个阶层是土木工程师，另一阶层则是挖土工（navvy，运河时代的“苦工”）。因此，几乎从一开始，铁路就大规模地影响了景观。自古罗马人统治之前的早期铁器时代以
215 来，人们从没有见过像铁路那样的土木工程。我们将铁路看得太理所当然了。的确，当我们穿越大西铁路（Great Western Railway）上的霍恩克利夫高架桥（Wharncliffe viaduct）或位于梅顿海德（Maidenhead）的那座精巧的泰晤士河跨河大桥，冲进博克斯隧道那个以标准的文艺复兴时期风格建设的入口（图 64）的时候，或者当我们越过老伦敦和西北线路（the old London and North Western）上壮观的特灵（Tring）路堑的时候，我们从那铁路线本身几乎意识不到它们是多么的宏伟壮丽。只有步行才能领略到所

图 64. 巴斯附近大西铁路上的博克斯隧道（**Box Tunnel**）。克里斯蒂安·巴尔曼先生（**Christian Barman**）说，铁路建设者在隧道入口的处理上给予了特别的体面和意义。这张图展示的是博克斯隧道的西部入口，其高度将近现代交通所需的两倍。即使是大西线这一部分的较短的隧道，规模也都相当可观。

有的这些特质，而沿铁路行走却比沿运河行走困难得多，因为运河附带有分隔开来的纤路。所幸还有 J. C. 伯恩（J. C. Bourne）、约翰·布里顿（John Britton）、A. F. 泰特（A. F. Tait）以及其他人的早期石版画，向我们很好地展示了铁路在城、乡两地造成的自然变化的幅度。

在《董贝父子》（*Dombey and Son*）中，狄更斯，一位无与伦比的同时代景观汇报人，也让我们感受到铁路到底造成了多大的震动。下面的段落描述了1836年的卡姆登镇（Camden Town），当 216
时，伦敦–伯明翰铁路正修到被狄更斯称作斯塔格斯花园（Staggs's Garden）的地点：

图 65. 铁路对景观造成的最初的影响。以原木做枕木垫起木质轨道，马拉的煤车行驶在由这种轨道构成的小路上。铁路景观中的另外一些元素在这里已经出现——背景中的浅路堑以及那粗糙的原木高架桥。这张图摘自 1848 年出版的 A. E. 泰特的《伦敦和西北部铁路上的景色》(*Views on the London and North Western Railway* [Northern Division]) 一书的扉页。

就在那一时期，一次大地震的初震把整个这一带直到它的中心区都震得四分五裂。到处可以看到地震的痕迹。房屋给震倒了；街道遭到了破坏，中断了；地上裂出了一个个深深的坑和沟；泥土大堆大堆地堆积起来；建筑物基础垮了，摇摇欲坠，用粗大的梁木支撑着。堆得陡得出奇的小山脚下，乱七八糟的翻倒的小车挤在一起；那里各种混杂在一起的铁制的宝贵物品泡在意外形成的池塘中生锈。到处都有不能通向任何地方的桥梁；无法通行的道路；通天塔似的烟囱少了半截；临时性的木屋和院子简直不像样；破败不堪的房屋的骨架，尚未完工的墙

图 66. 大约 1829 年利物浦-曼彻斯特铁路（the Liverpool and Manchester Railway）上的埃吉山隧道的修建，这是该线路上最显要的几个工程之一。通往这一隧道的奥利弗山（the Olive Mount）路堑是“第一个用在铁路上的大规模石制路堑，是直到这个时候最令人惊叹的工程之一”。该隧道大约有 2 英里长，某些部分差不多有 80 英尺深。

壁和拱门的残迹，一堆堆的脚手架，大片大片的乱砖头，吊车的巨大身影和架在空地上的三脚架。有千万种形状不同的、没完工的东西，杂乱无章地、不恰当地堆在一起，有的顶朝下，有的陷进了泥地，有的朝着天空，有的在水里霉烂，而且像任何梦一样使人无法理解。通常伴随地震而来的滚烫的喷泉，火焰的喷发使这个场面显得更加混乱。倾圮的墙垣中间，滚水在嘶嘶作响，起伏翻腾；那里还传出火焰的光芒和响声；一堆堆灰烬把道路都堵塞了，完全改变了这一带的法律和习俗。

总之，还没有完工、还没有通行的铁路正在修建中；从所有这可怕的混乱的中心，沿着它那宏大的通向文明和进步的旅程，光滑地延伸开去。

然而，这一带至今还羞于承认拥有这条铁路。有一两个大胆的投机者规划过街道。有一个已经修筑了一点，但是在泥泞和灰烬中停了下来，作进一步的考虑。一家崭新的酒店，散发出强烈的灰泥和砂浆的气味，店门对面什么也没有，这家酒店的招牌是铁路纹章。但是，开这么个酒店可能是件轻率的事——那时是希望卖酒给工人。就这样，啤酒店成了“挖泥工人待雇处”。由于同样迅速、同样普遍的自私动机，卖火腿、牛肉的老式铺子成了“铁路食堂”，每天供应一只烤
217 猪腿。寄宿舍老板也同样受欢迎；而且由于同样的原因，不可信赖。人们普遍认为进展很慢。就在铁路旁边，有着肮脏的田地，牛棚，粪堆，垃圾堆，沟渠，菜园，凉亭，拍地毯的场地。牡蛎上市季节，牡蛎壳堆得像小山，龙虾上市季节，龙虾壳堆得像小山。一年四季，破碎的瓷器、枯萎的卷心菜叶都堆在高处。柱子、铁轨、禁止闯入的旧招牌，简陋房屋的背面，一块块可怜巴巴的菜地，都瞪着铁路，叫它都不好意思了。情况丝毫没有因为有了铁路而好转，也没有人这样想。躺在铁路附近的这片悲惨的荒地如果会笑的话，准会鄙夷地对它大笑，就像许多悲惨的邻居那样。[1]

① 这部分引文出自《董贝父子》第六章，霍斯金斯在引述时并未标明这部小说的版本信息和引文页码。在我国，这部小说目前至少有5个译本，比较而言，祝庆英译本的文字更通畅、更准确，因此获得普遍好评。这里的译文直接引自祝庆英的译本，见〔英〕狄更斯，《董贝父子》，祝庆英译，上海译文出版社版1994年版，上册，第81—83页。——译者

伯恩为卡姆登镇附近帕克村（Park Village）的土方挖掘制作的石版画，展示了1839年9月正在进行中的工程，他所见的景象一定与狄更斯描述的一模一样（图67）。

那条铁路推进到伯明翰，挖土工大军离去，震动平息，而在短短几年之内，

> 斯塔格斯花园这个地方已经不存在了，它已经从地面上消失了。古老、破烂的凉亭从前曾经所在的地方，如今宫殿耸立，显露峥嵘；围长粗大的花岗石柱子伸展开一片路景，通向外面的铁路世界。往昔堆积垃圾的污秽的荒地已经被吞没和消失了；过去霉臭难闻的场所现在出现了一排排堆满了贵重货物与高价商品的货栈。先前冷僻清静的街道，如今行 218

图67. 1836年在伦敦–伯明翰铁路上卡姆登镇帕克村的路堑挖掘场景。伯恩的这幅杰出的石版画生动地使人们了解到铁路对城市景观的影响。这就是《董贝父子》中所描写的“地震”的景象。

人熙来攘往，各种车辆川流不息；原先在泥泞与车辙中令人灰心丧气、中断通行的地方，现在新的街道形成了自成体系的城镇，生产着各种有益于身心、使生活舒适方便的物品与设施，在这些物品与设施没有出现之前，一般的人们从没有进行过这种尝试或产生过这种念头的。原先不通向任何地方的桥梁，如今通向别墅、花园、教堂和有益于健康的公共散步场。房屋骨架和新的通道的初期预制品正装在火车这个怪物内，飞速地运往郊外。

至于附近的居民，他们在铁路最初蜿蜒伸展的日子中还打不定主意是否承认它；后来像任何一位基督徒在这种情况下都可能表现的那样，变得聪明起来，幡然悔悟，现在都在夸耀这位强大、兴隆的亲戚。布店里织物上印有铁路图案，卖报人的橱窗中陈列着铁路杂志。这里有铁路旅馆，铁路办公楼，铁路公寓，铁路寄宿处；有铁路平面图，铁路地图，铁路风景画，铁路包装纸，铁路酒瓶，铁路三明治包装匣和铁路时刻表；有铁路出租马车和铁路出租马车停车处；有铁路公共汽车，铁路街道和铁路大楼；有铁路食客；铁路寄生虫和数不胜数的铁路马屁精。甚至还有钟表那样准的铁路时间，仿佛太阳它自己已经认输让步了似的。在被铁路征服的人们中间，有清扫烟囱的工长，这在过去在斯塔格斯花园中是难以令人置信的；如今他住在一座墁上灰泥的三层楼房中，在一块油漆招牌上用金色的花体字书写广告，自称是用机器清扫铁路烟囱的承包人了。

滚滚翻腾的洪流像它的生命的血液一样，日日夜夜永不停息地流向这个变化巨大的心脏，又从这个心脏返流回去。成群结队的人们，如山似海的货物，每昼夜二十四小时几十次运出运进，在这个活动不息的地方起着发酵般的作用。甚至连房屋也好像喜欢给打包起来，外出旅行似的。奇妙绝伦的议员们二十年前对工程师们异想天开的铁路理论还曾冷嘲热讽，盘问时百般阻挠，现在却戴着手表乘车到北方去，事先还发出电报通知他们即将到达。所向无敌的机车日日夜夜在远方隆隆地前进，或者平稳地开向旅程终点，像驯服的龙一般滑向指定的、精确度按英寸计算的角落，站立在那里，219
吐着白沫，颤抖着，使墙壁都震动起来，仿佛它们充满了至今还没有被发现的巨大力量的知识以及至今还没有被达到的伟大目标似的。

可是，斯塔格斯花园已经连根带枝被彻底铲除了。[①]

约翰逊博士曾强烈反对运河可能对土地阶层的清静生活造成的影响。铁路因为这一点以及其他许多原因，甚至激起了更加强烈的反对，而且反对者还不仅仅局限在那些悠然地享受着大地产带来的舒适的人们中间。在北安普顿郡的海尔普斯顿，克莱尔在1825年6月4日的日记中记载道：

在罗伊斯森林（Royce Wood）的尽头看到了三个家伙，我发现他们正在为曼彻斯特到伦敦的铁路制定计划。这条铁

① 这部分引文出自《董贝父子》第十五章，见狄更斯，《董贝父子》，上海译文出版社版1994年版，上册，第273—274页。——译者

> 路将穿过罗伊斯森林一角的圆橡树泉，朝伍德克罗夫特城堡（Woodcroft Castle）前行。我几乎没想到会有进一步的侵扰来妨碍和破坏我独居的生活。在圈地之后，它们将劫掠罗伊斯森林尽头以红门兰（orchise）闻名的那片沼泽地。

这一特别的项目并没有出现，至少许多年都没有动工，克莱尔则继续不受干扰地欣赏罗伊斯森林中的红门兰。不过，为保护所钟爱的独居生活不受影响，在这片国度的各个地方，人们反反复复地展开搏斗，与今天所展开的搏斗一样。想在现代世界中独居，要付出的代价就是必须永远保持警惕。1844 年，铺设从肯德尔（Kendal）到温德米尔湖（Lake Windermere）岸铁路的提案触怒了华兹华斯：

> 难道英格兰大地上
> 就没有一个角落可以免受鲁莽的侵扰？

他给《晨邮报》（*Morning Post*）写了两封长信，列举了反对这一提案的一个个谨慎的观点，并总结道：

> 在这些岛屿上我们过于忙忙碌碌；这一方面是因为闲得无聊，更多的则是出于追求财富的活动，丝毫不考虑这种追求是否会损害他者的利益或福祉。

220 群山啊，在远古的时候，你曾那么骄傲

你那勇敢的儿子们，为阻止入侵的战火
在悬崖边缘筑起一条条壕沟，
每一道疤痕都是你光荣的印记；
今天，可耻啊！力量，对金钱的渴求
就像一颗灾星主宰了整个不列颠，
你的宁静你的美丽都将被变卖，
人们将为那凯旋之车开辟道路，
横穿你用手臂围住的为人深爱的隐居地！

你听到那呼啸声了吗？那是长长的火车
横扫一切，以千军之势向前，
那景象你看到了吗？
是的，你受惊了吧；这就是平衡准则：
将可以预计的利润和损失相比！
高山，河谷，洪水啊
我呼唤你们
一起来强烈地鄙视它吧。

但是，那些保守主义者，无论他们有多么正确——从他们写作以来，人们几乎已全然失去清静和安宁——都在铁路沿线失去了一切。新的铁路像尖刀一般插进了持续已久的乡村文明的脆弱组织。它们在花园和矮林中留下了伤疤；在草地上垒起了高高的土墙——“你这铁路土丘啊，比巴比伦的城墙还高大”，罗斯金这样

图 68. 1837 年建设中的沃尔弗顿路堤。伦敦–伯明翰铁路在这里穿过大乌斯河谷草地。难怪罗斯金会说到“你这铁路土丘啊，比巴比伦的城墙还高大”。在英格兰想要发现可以相媲美的宏伟土木工程，我们得回到铁器时代早期，回到多塞特郡的梅登堡（Maiden Castle）那样的山顶堡垒建设者那里。

说它们；它们残酷地砍掉了每一座“挡路的山头”。①

由于工程师在考虑坡度时对他们自己作了严格的限定，因此这增大了早期铁路工程的规模。布鲁内尔②在帕丁顿站（Paddington）外前 85 英里不建造陡于 1/660 的坡，罗伯特·斯蒂芬森（Robert Stephenson）③规划的伦敦–伯明翰铁路没有哪一坡度

① C. Barman, *Early British Railways* (Penguin Books, 1950), p. 25.

② 伊桑巴德·金德姆·布鲁内尔（Isambard Kingdom Brunel，1806—1859 年），19 世纪英国著名的机械和土木工程师，主持修建了大西线铁路、系列蒸汽轮船和众多的重要桥梁。——译者

③ 罗伯特·斯蒂芬森（1803—1859 年），英国早期的铁路和土木工程师，“铁路之父”乔治·斯蒂芬森的独子，被誉为 19 世纪最伟大的工程师。——译者

图 69. 大西铁路上由布鲁内尔主持建造的奇彭纳姆铁路高架桥。从帕丁顿站到布里斯托尔的整条线路都以壮观的工程和建筑闻名，它们建得非常好，结果大都幸存下来，后人难以改进。这座桥的大部分从这条线路本身是看不到的。

陡于1/330（除了第一段从尤斯顿到卡姆登的上坡外），而洛克[①]规定在工程难度大的伦敦–南安普顿线上坡度绝不陡于 1/250。因此，我们才有了伦敦–伯明翰线路上壮观的特灵路堑（2. 5 英里长，间或将近 60 英尺深）和罗德（Roade）路堑（1. 5 英里长，将近 70 英尺深），以及博克斯穆尔（Boxmoor）和沃尔弗顿（Wolverton）路堤（图 68）。在伦敦–南安普顿线上，搬动了 1600 万立方英尺的土，以建造路堑和路堤，主要是贝辛斯托克（Basingstoke）到温

① 约瑟夫 · 洛克（Joseph Locke，1805—1860 年），19 世纪英国著名的土木工程师，作为铁路建设的主要开拓者之一，与罗伯特 · 斯蒂芬森和伊桑巴德 · 金德姆 · 布鲁内尔齐名。——译者

彻斯特（Winchester）之间的路堑和路堤；世界上最宽大的路堤大概就在这条线路的这一段。在大西铁路上，我们有不少的工程伟
221 业，譬如在汉韦尔（Hanwell）横跨布伦特河谷的霍恩克利夫高架桥、桑宁（Sonning）路堑、奇彭纳姆西部的路堤（以及该镇本身的高架桥）（图 69）、博克斯隧道，还有巴斯和布里斯托尔之间那一系列的隧道、路堑和路堤。

有时铁路几乎改变了某个城镇的方方面面，至少远远看上去如此。大西铁路的路堤和高架桥改变了巴斯的景色（图 70），默西河上的斯托克波特高架桥则将一种整齐匀称的优美构图嵌进了这座城市的景观中。的确，铁路创造的美和它漫不经心毁掉的美一样多，不过所创造的是一种全然不同的美。它们因路堑和路堤而

图 70. 借助巨大的路堤和高架桥进入巴斯的大西铁路。与奇彭纳姆和斯托克波特一样，新的铁路建筑和土木工程至少部分改变了这个城市的景色。

在景观上拉出的大切口得到愈合，野花重新茂盛地开放。在春天前往西南部，会看到穿越萨默塞特郡和德文郡的路堑随报春花闪 222
耀。甚至在克莱尔自己的乡村，铁路也被纳入景观之中。在一个晴朗的夏日清晨，坐上停靠沿途的慢车，穿越拉特兰郡缓缓前行，人们可以欣赏随之而来的乐趣：大麦田在风中摇曳，慢慢流淌、莎草丛生的小溪用垂柳给低头沉思的牛群遮阴，草地对面典雅的石灰岩尖顶，用羊灰色凯顿岩修建而依然未变的维多利亚时代早期的车站，被绿色树丛半掩着的村庄的暖棕色屋顶，还有到处闪烁的夏日阳光。虽然这种美景大多并非真的由铁路创造，但它给我们提供了观看它的新视野。

在塞特尔[①]往北到卡莱尔[②]的那条铁路上，或许有更加宏伟的景致和更加惊人的工程技术，这里大概有英国最美的铁路景观。而在穿过沙普村[③]的线路上看得见湖区山脉，还有从跨越兰开夏郡和约克郡的工业城镇的铁路高架桥上所见的壮丽夜景。铁路带来 223
了有如博克斯、布拉姆霍普以及其他的精心建造的隧道入口；有如蒙索戴尔（Monsal Dale）和达顿（Dutton）那样的大高架桥；有如索尔塔什（Saltash）和塞汶那样的桥；以及幸存下来的令人喜爱的早期火车站，人们几乎在英格兰各地都能不经意撞见这些建筑。铁路工程师给乡村景观带来的一切震动和残酷的破坏早已被消除，被忘却，而我们已将铁路的土木工程和遗迹看得太理所当然了，就像我们对待圈地专员们塑造的篱笆和田地，以及中世

① 塞特尔（Settle），英国约克郡北部的一个小集镇。——译者
② 卡莱尔（Carlisle），英格兰西北部城市，坎布里亚郡首府。——译者
③ 沙普村（Sharp），英格兰坎布里亚郡的一个小村和行政教区。——译者

纪先辈建造的教堂一样。

铁路不仅在景观上造成了直观的影响，它们的间接影响同样强大、深远。米德尔塞克斯郡的一位牧师，也即尊敬的 B. J. 阿姆斯特朗（REV. B. J. Armstrong）的日记向我们表明，早在 19 世纪
224 30 年代铁路造成了多么毁灭性的影响。[①] 1830 年，他的父亲决定搬出伦敦，去这片乡村买一幢小房子。

> 为了有利于我们的健康，去买下那乡村里的一些小地方被认为是明智的……他在米德尔塞克斯的索撒尔格林（Southall Green）买了一栋非常漂亮也相当宽敞的别墅居所，位于通往阿克斯布里奇（Uxbridge）的大路外大概一英里处，距泰伯恩[②]大门恰好十英里。我们打算在索撒尔住半年，其余的时间住在伦敦，我记得我们是在 1830 年 6 月 26 日搬到那里去的……我看到一切都喜出望外——花园成了我姐姐和我的天下——有一条能捕鱼的运河——有一头可以骑的小马——此外还有各种不同的动物……长时间被禁锢在城里，所以安妮和我将索撒尔看作第二个天堂。我还记得，在我们到达后的第一个早晨尚未来临之前，我就迫不及待地踮起脚尖，想爬上院子的大门，去看门外的乡村世界。

225 8 年后，穿过米德尔塞克斯从帕丁顿到西部的铁路干线开工

① R. M. Robbins, ‘A Middlesex Diary’, *Translations of the London and Middlesex Archaeological Society*, vol. xi (1954), pp. 105—114.

② 泰伯恩（Tyburn），伦敦过去的公开行刑场。——译者

图 71. 1848 年的克鲁火车站（Crewe Station）。注目凝视，早期的火车站常常能带来快乐——它们有时候气势宏伟，有时候有点夸张，第一个火车站克鲁即是如此。第一代火车站中几乎没有几个能在铁路交通的迅猛发展中保存下来，不过有一些火车站做到了，它们是非常值得一看的。铁路为英格兰景观增添了大量的细节，除此之外，有时候也会大规模地改变它。

了。第一个车站建在西德雷顿（West Drayton，通往阿克斯布里奇）。接下来几年，在伊林（Ealing）、汉韦尔和索撒尔，车站纷纷建立起来。这一建设对索撒尔的影响，在阿姆斯特朗的日记中得到了充分的记载：

> 大约这一时期，在迄今僻静的索撒尔格林地段发生了异常糟糕的变化。铁路将不满情绪和伤风败俗行为在穷人中间散布开来，这地方挤满了无足轻重而报酬过高的苦工（“挖土工”），乡村的本来面貌改变了，有些家庭搬走了，村庄的乡村风味被一种伦敦郊区特征所取代。长满苔藓的小屋在明亮

的红瓦新房面前退隐，景色如画的树篱被古板的铁栏杆替代，而乡村客栈，那曾经带有时髦标志的漂亮小屋，现在变形成了怪模怪样的“铁路小酒店”，上面贴了个浮夸的通告，说是进店可享用本地人前所未闻的“伦敦黑啤酒”（London porter）以及其他奢侈品。

这些直接的影响只能在车站附近观察到，不过当铁路迅速延伸到这片国度的各个地方时，它们对当地建筑和建筑材料的影响也就相应地增大。在米德尔塞克斯，这一影响来得最快，也最猛烈。那些老房子曾经是用当地常用的普通棕色砖块建成的，农场建筑则主要用木头搭建。然而，1800—1850年间，一种看上去像肥皂的坚硬的黄色砖块从萨福克郡开始，在泰晤士河边流行开来，米德尔塞克斯的大多数新教堂就是用这种砖块建成的。“从1850年开始”——随着铁路的胜利——“每一种材料都被人们倾注在不做反对的土地上：坚硬的红砖，有些时候上了釉；北部有来自希钦（Hitchin）附近三郡[①]的黄绿砖；石板瓦、波形瓦和绿瓦；灰泥、人造石和水泥，一应俱全。”[②]在米德尔塞克斯发生的事情最终在全英格兰都发生了，随着米德兰砖块和威尔士石板瓦——后来还有石棉和瓦楞铁之类的更难以言表的建筑材料——如洪水般涌进英格兰乡村的每一个角落，那些土生土长、完美地适应本地的古老的地方建筑材料就一个个地消失了。在牛津郡，斯通斯菲尔德

① 即格洛斯特、赫特福德和伍斯特等三个传统的农业郡。——译者

② R. M. Robbins, *Middlesex* (Collins, 1953), p. 165.

（Stonesfield）矿井和矿山在19世纪下半叶一个接一个地关闭[①]；在莱斯特郡，从亨利三世时代就开始运作的斯维斯兰德（Swithland）226
板岩采石场1887年全部关闭。在英格兰几乎每一个郡，情况都是如此。有些地方，有钱人出得起钱，在建筑师的协助下有意按古老的方式建房，除此之外，所有的地方性风格和当地材料都不再有人使用。曾经作为整个地区的居住式样，改造后无论哪个阶级都适用的建筑，这时候变成了富人收集的一件称心的古玩。

① 马尔伯勒公爵（Duke of Marlborough）成功地将一个石矿一直经营到1909年。W. J. Arkell, *Oxford Stone* (Faber, 1947), p. 140.

第九章　英格兰的城镇景观

227 第一次考察一个城镇，方式有多种。其中的一种，就是手里拿着导游册四处逛逛。这或许有一点过时，因为我看到今天很多人不这么做了。最好是拿着默里出版社的那些老版《旅行者手册》（*Handbooks for Travellers*）中的一本，它们是这片国度写出的最包罗万象、最见闻丰富、最可靠的导游册。虽然最后一本是近五十年前出版的，在二手书店搜寻它们必定越来越困难，但仍然很值得购买。

我们可以通过导游册来研究一个城镇的所有历史的、独有的特点，并逐步加以了解。不过接下来，如果我们不着急走，留下来把这个城镇整个儿看看，当商店打烊，人归家车入库，在凉爽、静谧的夜晚四处转转，我们能够真正见到它的轮廓和骨架，其他问题就开始在脑海中浮现，那是些即使最好的导游册也无法回答的问题。为什么这座城镇恰好成为了这样，这种外观，这种规划，这种规模？为什么它的街道朝着这个方向，而不是朝着在我们看来更合逻辑的某个其他方向？为什么有时有两个市场，为什么古老的教堂恰在它们所在之处？——诸如此类。简而言之，是什么使得这座城镇具有了这种特别的景观？

在这个问题上，即使最好的导游册也会令我们失望。其实，没有任何一本书可以回答我们的问题。史家也令我们失望，至少在本国是这样，因为他们并未如德国和法国的同行一般研究城镇的地形地貌。我们没有诸如路易·阿尔方（Louis Halphen）关于巴黎扩展的杰出的地形学研究，科伊森（Keussen）与克布纳（Koebnen）关于科隆形态发展的研究，或德斯·马雷兹（Des Marez）关于根特城的研究。英格兰有不可胜数的古老城镇都非常值得做这种研究，考虑到这一点，上述缺失就不免令人震惊。当然，有很多关于自治市的公共机构方面、政治史以及行政管理的学术著作。但是，其形态扩展如何，它们最初的核心在哪里，它 228
们朝什么方向扩展，什么时候又为什么朝那些方向扩展，还有它们因为什么而采取那样的街道规划并呈显出今天的模样，诸如此类的探讨，人们想要寻找的话皆会徒劳无获。我们在英格兰看到的最接近于此的文字，是美国学者卡尔·斯蒂芬森（Carl Stephenson）在其著作《自治市镇与城镇》[1] 中的一个章节。这部著作写于 20 多年前，被公认为是一种浅尝辄止的勾勒，以期一些英格兰史学家和考古学家以更专业的方式并在更大的规模上着手研究。不过已做的仍然不多：最近只有中世纪的林肯和现代的布莱顿得到了一些关注。

这样研究城镇有什么意义？至少对我来说，了解某个城镇的结构，知晓它为何呈现那特定的样貌，而不只是知道其表面特征，无论这些特征多么各具吸引力，这纯粹是为了从中获得更深层的乐趣。而且我认为，对多数以环游本国为乐，即愿意东瞧瞧西看

① Carl Stephenson, *Borough and Town*, Medieval Academy of America, 1933.

看的人而言，也是如此。当考古学家和历史学家像他们在国外所作的那样，集中研究了足够数量的本国城镇，我们就能对英格兰历史了解得更多，这是以其他途径所无法了解的。到这个时候，或许就可以获得更深层的乐趣。不过，这是前瞻过远了。与此同时，将它们作为景观来研究，可以说，只是为了增强观光的乐趣，洞悉表象背后的意蕴，揭开城镇的层层叠加奥秘，以及譬如通过街道的突然转弯或发生的其他未知之事，来明了10世纪的一个片段。

经过规划的城镇

街道规划引出了大量的问题。比如说，为什么某些英格兰城镇像某座美国中西部的城市一样，按棋盘格子式样规划，笔直的街道以直角彼此交叉，有时又隔着固定不变的距离？再者，一些城镇——索尔兹伯里与米德尔斯伯勒，巴罗因弗内斯与温切尔西（Winchelsea），为什么在其他方面如此大不相同？从地貌学的角度看，这些规划城镇是理解起来最简单的城镇：不过即使在这
229 里，我们一开始也遇到了很多问题。为什么本国的规划城镇如此之少？为什么英格兰的多数城镇会以多少有些随意的方式成长起来？是什么决定了一座特定的城镇该以规整的街道设计和建筑图来规划？还有，为什么规划城镇以如此随意的方式摊撒在乡间，而且在年代和社会类型上差别如此之大？——索尔兹伯里的规划属于13世纪（示意图10），米德尔斯伯勒的规划属于19世纪。而为什么像伯明翰这样的大城市的某些部分按棋盘格式样规划，其

余部分简直就像一团乱麻？

我们查阅相关记录，随之出现另一个问题。当一些规划城镇，实际是多数规划城镇成功立足的时候，其他城镇却完全夭折，尽管其规划者包括国王本人费尽全力，结果也毫无生机。因为城镇的生存发展最终依赖于坚实的经济基础。人们建立经过规划的城镇，是刻意尝试利用一地的经济潜力，而跟任何其他投资一样，这也有可能出差错。在多塞特郡的普尔湾（Poole Bay）南岸，正对着古老的普尔港，即是完全夭折的皇家城镇诺瓦维拉（Nova Villa）[①] 所在。国王爱德华一世，那位伟大的城镇规划者，于 1286 年给它颁发了特许状，将伦敦城的所有自由和特权都授予给它。选好了地址，任命了两位城镇规划师（其中一位是牧师），在地面上为这个城镇划了界：但一切皆是徒劳，结果落了一场空。在 300 年之后的伊丽莎白时期，那座与世隔绝的牛顿农场，矗立在逐渐消失于海湾泥泞平地的荒原之上，孤独地标示着爱德华一世的“新城”遗址所在。

古罗马人的城镇规划传统在其离开后已被完全遗忘，抛开他们的不说，我们知道的英格兰最早的那份城镇规划是 1066—1086 年间由修道院院长鲍德温（Abbot Baldwin）在贝里圣埃德蒙兹（Bury St Edmunds）实施的。今天，当人们漫步于贝里的街道，仍然很容易辨认出这一规划。边境小城拉德洛可说是 12 世纪在更小和更初级规模上进行规划的好例子，不过最著名的例子出自 13 世纪——索尔兹伯里，新温切尔西（New Winchelsea），由爱德华一

① Nova Villa，系拉丁文，意为新城。——译者

世在威尔士北部布设的驻防五城，还有由爱德华从 1293 年开始布局的赫尔旁的金斯顿（Kingston-upon-Hull）的一部分。赫尔在 12 世纪时就已是一个重要的海港。爱德华并非凭空造出了它，而是在旧址上建了一座新城——国王之城（King's Town），他特别着
230 重设计了该镇的西部。在埃文河畔的斯特拉特福，伍斯特的主教（他拥有整个这片领地）于 1196 年获得了建市场的许可，接着就规划了一座新城镇。他在原来的萨克森村（Saxon Village，到这个时候叫作老城）以东划出 109 英亩的一块地方，在上面制定了规整的街道规划——三条街与这条河并行，其他三条街以直角与其交叉而过。这个初级规划一成不变地延续下来，成为了这座现代城镇的核心。

建造规划城镇的推动力，事实上到 1300 年已消失殆尽。然后人们再没有得到这样的推动力，这种情况一直延续到 18 世纪末。在当时的城镇中多多少少都有大地产的规划发展——当然，不仅是著名的矿泉疗养地，而且在伯明翰和（19 世纪早期）阿什顿安德莱恩[①] 这样一些令人不愉快的地方也是如此。最终在 19 世纪中间几十年，人们再次拥有了按棋盘格式样建造的全新城镇，其中突出的例子是钢铁城米德尔斯伯勒和巴罗因弗内斯。顺便提一下，棋盘格规划竟然延续了这么长时间，这一点令人好奇。它是最简单、最平淡无奇的设计，但理应还有其他样式，诸如现代很多住宅区建设计划的辐射状排列，奇怪的是，类似样式竟然直到我们自己所处的时代才有人尝试。

① 阿什顿安德莱恩（Ashton-under-Lyne），曼彻斯特的一个工业郊区。——译者

当我们研究英格兰的规划城镇时，所得出的第一个结论，
也是明显无误的结论是，要建规划城镇，就要求个人或法人团
体对该地拥有绝对的所有权。这直接限制了可以规划的城镇的
数量，因为大部分英格兰城镇是从村庄发展而来的，而在它们
发展为城镇之前的数百年间，其地基上已经有了部分建筑。比
那更重要的是（因为中世纪的村庄可以像古罗马人为其规划城
镇而扫除不列颠的本土建筑一样轻易地被扫除），甚至早在12、
13世纪，各式各样的所有权和权利就逐渐发展起来，它们妨碍
了统一的规划。诚然，一个坚定的规划者能够应付这些财产权，
然而事实依然是它们并未得到处置。举例来说，在贝里，修道
院拥有整块地皮，能够如其所愿地规划它。在索尔兹伯里，13
世纪20年代萨勒姆的主教能够在埃文河畔他自己的牧场上规划
一座全新的城市。在新温切尔西和威尔士北部，国王处理的是
自己的土地，就如他在普尔湾边夭折的新城地基上所作的一样。
在伯明翰，所规划的区域，今天雪山站（Snow Hill Station）以 231
西整块地区，从前是科默尔（Colmore）家族的纽霍尔（New
Hall）地产。为建设开发，他们的猎园整个儿被腾出来，在18
世纪中间几十年按棋盘格式样进行了规划。在巴罗因弗内斯，
新城镇基址为德文郡公爵所有，他是19世纪中间数十年里负责
其规划的人之一。在米德尔斯伯勒，6位贵格会教徒组成房地
产合伙购买团，于1829年购买了蒂斯河畔500英亩的一块地 232
皮，并在空荡荡的农田上建起他们的规划城镇，他们按直线布
局，造长方形的建筑，而不受任何法律的阻挠或物质障碍的拖
累（图72）。

图 72. 米德尔斯伯勒，一座 19 世纪的规划城镇，始建于 1830 年，位于火车站（底部右侧）以北 500 英亩的一块地皮上。这张照片没有显示出最早的发展，那是维多利亚早期社会史中迷人的一页：宽阔的街道以直角彼此穿越，并通向位于中心的大广场。从上方我们看到，维多利亚中期的扩展抵达火车站以南，不过在有人大逾其矩之前，人们仍遵循棋盘格式样规划。

不过，说规划城镇需要那块地皮的单一所有权，这并未触及事情的根本。虽然大部分英格兰城镇都是从盎格鲁-撒克逊人的村落发展而来的，但是土地所有者们在全英格兰——而且实际上是全欧洲——都建造了新城镇，12 和 13 世纪尤其如此。举例说，在德文一郡，乐观的土地所有者就建了 60 个左右的自治市镇，其中的一半无果而终。人口在增加，贸易和产业在增长，经济在扩展，只要有人撞到了合适的地方，就有绝好的赚钱的新机遇。

于是土地所有者，上至国王，下到较小的地方贵族，就在各处建起自治市镇，在他们见到的客商与小贩已在某处便利地点聚集起来的地方更是这样——靠近本身便是大市场的城堡或修道院，便于受其保护；在某个重要的河流渡口，如此等等。那么，为何这些新城镇中只有一些恰好按预定的规划布局，而大多数则听任其随意发展，街道狭窄，不合规则，弯弯扭扭，古里古怪的小巷到处都是，还有今天看起来别具一格的其他所有特征？造成这种境况的主要原因有两个：一是中世纪的人们并不特别偏爱整齐匀称。那时，规划城镇是异数而非常例。第二，一座新城镇的规划，在相当大的一片地方布置一条条大街、小巷、市场、教堂和宅基地等，毕竟需要大量的资本投入，以及比多数土地所有者所能料想的更大的经济乐观程度。规划城镇的是大资本家；在中世纪，是国王、主教、修道院院长；在近代，是市镇当局、公爵和贵格会教徒组成的房地产合伙购买团。而今天，只有国家能挑得起规划全新城镇的担子。

大部分土地所有者，即使是主教和修道院长们，也不打算规划其新城镇。他们为之颁发特许状，有时提供建筑材料，拿出低租金和其他诱惑，但他们愿意让城镇在指定区域内如其所愿地发展——如果它要发展的话。当该区域令人满意地被占满时，他们准备通过授予更多的建筑用地来扩大自治市镇的界限，如 1256 年在斯卡伯勒（图 73）或 1298 年在泰恩河畔纽卡斯尔（Newcastle-upon-Tyne）所发生的那样。同时规划整个一座城镇，是一项风险很 233

图 73. 斯卡伯勒，其最初建立定居点的年代可以确定。那是在 966 年或 967 年，由挪威人索吉尔斯·斯卡西（Thorgils *Skarthi*，兔唇）在那巨大的筑防海角下建立的，此地后来被称作“斯卡西堡垒（或要塞）”。最早的村落大概位于内港（称为旧港）的码头区一带。随着斯蒂芬统治时期（1135—1154 年）海角上城堡的建立，城镇向西扩展，越过了那座半岛的狭长地带。到 1155 年，这就足以从亨利二世（Henry II）那里获取一张特许状了。百年之内，该城镇就几乎向西扩展到了这个视野的极限，而亨利三世（Henry III）在 1256 年授予了城墙外的土地作为该自治市镇扩展之用。这次扩展在今日的痕迹是被称为纽布拉夫（Newbrough）的那条街。

高的投资。比如，我们知道，在赫尔旁的金斯顿，到 1320 年，也即最初规划后的一代人的时间之内，这座皇家城镇被开发利用的建设用地还不到一半。在新温切尔西，13 世纪 80 年代城镇地基被分成 39 个方格或棋盘格，很多从未被加以建设，而仍被草覆盖着，时至今日还可看到。

这些都还是与皇室有关的城镇。其他的土地所有者中很少有人能耗费一代人的时间来等待金钱收益，即使资金确实能回笼的
234 话也难以承受。相比之下，有了一张特许状、一个市场和集市，还具备其他一些吸引定居者的实际诱惑，再开建城镇，然后坐下来期待最好的结果，就更有保障了。让它随着成群的新客商和小贩将其脚步指引到那里，并最终决定在那里定居和盖房而自发成长。如果人们不想要它，土地所有者——即使是国王——就不能建一座新城镇。尽管有各式各样的诱惑，它依然是空城或半空之城。

我们不知道为何普尔湾边的新城如此彻底地化为空中楼阁。它是地方史中那些微妙的小问题之一。大体而言，我认为，它的夭折是因为大约 40 年前索尔兹伯里伯爵威廉·朗索德（William Longsword）建立的普尔城坐落在海湾对面只有 4 英里的地方，而爱德华的新城，虽享有全部的皇家支持和伦敦城特权，但仍不能与之匹敌。这位伯爵已捷足先登这块绝妙的锚地，好处就依然归他的城镇了。

南下至康沃尔郡，它竟然很难吸引本地人到新城去。像所有的凯尔特民族一样，他们更喜欢生活在乡间。因此，尽管中世纪的土地所有者在该郡建了将近 40 个自治市镇，但它们几乎很少发

展为城镇。多数是徒劳的尝试。事实是，它们在后来的几个世纪变成了衰败市镇。即使那些成功活下来的，在早期也多半是外来人，也即非康沃尔人在那里居住，否则它们也难以存活下来。

其实，开建一座新城存在巨大的风险，或者说，至少在向它投钱方面是这样。为建设一座完全规划的城镇而冒风险，就需要大笔资金和长远眼光，更好的是，还能确定那里有需求且不会失败，如 13 世纪的新萨勒姆或 19 世纪的米德尔斯伯勒和巴罗。因此，由于这些原因还有其他原因，在英格兰，经过规划的城镇一直是个例外，它从这一事实中获得了很多特别的利益。

敞田中出现的城镇

规划城镇是最容易理解的那种城市景观，大概因为这个原因，它对好奇的旅者来说也是最无趣的景观——无论它们看上去多么迷人。它们过于快速地满足了人们的好奇心。现在，我们转向完全不同的一组城镇，去考察其当代外观背后隐含的东西：这些城 235
镇，第一眼望去，是不会显露其隐密的具体历史的，而当有人察看它们并在街道周游的时候，它们的确似乎很少显示出或几乎没有显示出共同之处。当我们探索其结构的衍生后果时，会遇到大量的蠢事、贪婪和自私自利的行为、简单的守旧做法——这恰恰体现了人类对任何变化的抗拒——还有十足邪恶的人性，它们将通过砖、石和砂浆自我表现出来。

让我们看看那些在它们自己的敞田中央成长起来的城镇；进入 19 世纪，它们的人口以惊人的速率在增长，但却完全无力扩展其建筑区域，以满足人口数量上的增长。它们仍受困于自身田地的缺陷之中，田地上所有复杂的产权使获取建筑开发用地变得不可能。其中最能有效地阻止任何新建筑的是收获节放牧权（Lammas pasture rights）——即自治市居民或他们中的一些人于收割之后在敞田上牧牛放羊的权利。城镇的田地可能完全是私人财产，并且只为一些农民所拥有。自治市居民可能在那田里根本没有一块地，但他有权在收获节后在任何人的地里放牧牲畜，自由地放牧，想到哪放就到哪放。这听起来是件小事——这种公地放牧权在一年中持续六个月——但它对城镇发展最具毁灭性的影响，在英格兰中部地区最甚。这后果，直到有人把它们搞个水落石出之前，几乎是难以置信的。

在东米德兰，有三个靠得相当近的城镇很好地说明了这种情形的具体后果——它们是诺丁汉、莱斯特（Leicester）和斯坦福（Stamford）。直到大约二百年前，它们沿着十分相同的路线发展。今天，它们彼此迥异。因为在各自的情况中，扩展问题是以不同方式解决或规避的，结果造就了特征非常不同的那些城镇。诺丁汉直到很晚才解决这一问题，结果制造了一些贫民窟，它们在英格兰任何一座城镇中都是最糟糕的。莱斯特及时解决了问题，造就的城镇穿越周围田地广为散射，而那里的工人阶级拥有的住房和街道几乎比英格兰工业地区的任何其他地方都更大、更好、更宽敞。斯坦福完全没有解决敞田的问题。不过，诺丁汉制造的是
236 贫民窟，而斯坦福则固化下来，今日在那里我们见到了 17、18 世纪美丽的城镇，那不啻是一件出自工业化之前英格兰的展览品（图 74）。

图 74. 从韦兰河（the Welland）边草地望去的斯坦福。斯坦福在 5 世纪时建于草地上方一座山丘的上坡，13、14 世纪时几乎变成了一个大学城。它仍拥有众多的中世纪建筑和 16—19 世纪的住宅。它不啻为一件出自工业化之前英格兰的展览品。

大约两三百年之前，诺丁汉是英格兰最美丽的城镇之一。旅者皆同意此说。托马斯·巴斯克维尔（Thomas Baskerville）于 17 世纪 80 年代见到它，称它是“人间天堂，因为在这里你可以找到宽阔的大街、漂亮的房子、美丽的姑娘、吱嘎作响的四轮马车，还有摆满物美价廉货品的商店”。几年后，对西莉亚·芬尼斯来说，诺丁汉是她最喜欢的城镇，她借之来评判其他所有城镇——一般而言是发觉它们有欠水准。她说，诺丁汉是她所曾见过的最整洁的城镇。而查尔斯·迪林（Charles Deering）博士经过一番游历生涯后定居在那里，说“一位想要寻觅赏心悦目之地来建镇或建市的自然主义者，他还能碰到一个会更好地回应其期待的地方吗？”

237

图 **75.** 一个诺丁汉大院在 **1913** 年的模样。这幅景象是在一个明媚的日子里拍的，否则它会更加阴森无比。经过 **100** 年努力解决这一问题之后，诺丁汉城几乎完全摆脱了此般情形。像这样的贫民窟（许多比这还糟）大致是 **19** 世纪早期土地匮乏的产物。当时人口增长快，但该城镇不能往外扩展。

三代之后，诺丁汉变成了一个肮脏不堪的混乱之地。“我认 238
为”，那位在1845年将它上报给城镇卫生委员会的委员说，

> 在其他任何地方我们都没有看到像在诺丁汉一样的情形，如此庞大的一群居民挤进大院、巷子和小径，而那些地方的建筑也许是最糟糕的。在这里，它们彼此拥挤：大院套着大院，后院套着后院，巷子套着巷子，其方式难以形容……诺丁汉的某些部分如此糟糕，以致在我们制造业城市的整个范围内几乎找不到任何比它们还要惨的地方。

在一个包括了曼彻斯特和利物浦、利兹和伦敦东区贫民窟的英格兰，这真是语出惊人。

发生了什么如此彻底地毁掉了托马斯·巴斯克维尔心目中的人间天堂，西莉亚·芬尼斯心目中的整洁之城，查尔斯·迪林心目中的赏心悦目之地，时隔短短的三代就毁掉了它？紧挨着该城镇，在其以北、以南，包裹着它的3/4的环形区域，分布着将近一千一百英亩的敞田，作为安置新兴工业人口的宅地绰绰有余。但直到这些田地被圈围，众多的条田被重新划拨为紧凑的大块街区土地，其上的公共放牧权被消除之前，一英亩的建筑用地都无法获得。拥有放牧权的自治市居民坚决拒绝圈占田地。自治市镇选举就此问题争斗不休。按照18世纪的粗野方式，想要圈地的候选人被做成模拟像烧掉，他们的支持者则被塞进粪车里游街。即使是田地上的自由持有农——愿意将土地圈围起来，这样他们就能更有效地耕作，或将其作为建筑用地卖掉——面对那些可能无

地却想最后分得一杯羹，或坚守这些权利以放牧牛羊的自治市居民，也束手无策。

这种“挟牛为令者”（Cowocracy），如他们被冠上的名号，并非完全不了解贫民窟与拥挤不堪的祸害。但他们生怕圈地会为了大的自由持有农和某个腐败的市镇当局的利益而可能夺走他们的珍贵权利，那些极大地影响他们的生活水平与方式的权利。那时，
239 也有因为无法保证会保留用于公众利益的空地而反对圈地的人。而且如后来的事情所证实的，诺丁汉贫民窟的住户至少能在附近的田里散步并获得些新鲜空气。圈地可能会致使每一亩土地都被私人所有者夺占，他们会因为投机性建设而卖掉土地。

因此，诺丁汉大部分反对圈地的人都并非恶棍。他们有一些合理的理由支持他们的立场，但他们拒绝圈地的结果却造就了另
240 一批更可恶的对手——贫民窟地产的所有者。该城镇无法向外扩展。因此在老城范围内每座花园、每块果园和每英尺的空地都以过高的价格零碎地分配出去用以建房。街道建设甚至都成了对空间的过度浪费：大院和巷子能让更多的房子塞进特定的区域：在迪林生活的时代苹果园或樱桃园春日绽放之地，这时候则是背靠背排屋的大院，彼此间反隔一条露天下水道相互对望（示意图16）。在有些地区，一英亩的土地上住了（如果可以用这个词的话）800 人：每 6 平方码住一个人。

学校甚至修建在了拥挤的墓地角落当中，抑或在公共下水道上面，污水慢慢渗透进去。为租赁这些恶劣至极的住房—— 8000 栋排房，高 3 层，每层的单间摞在另一间之上——耗费了工人阶级收入的很大一部分。诺丁汉本地的历史学家钱伯斯博士估计，

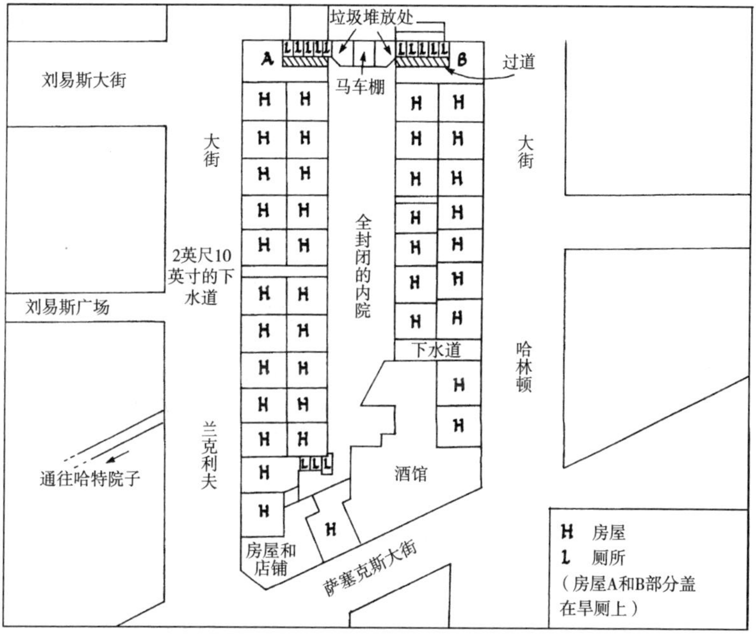

示意图 16. 1845 年诺丁汉的一个典型大院的规划

该规划取自《1845 年皇家委员会关于大城镇状况的报告》(*Report of the Royal Commission on the State of the Large Towns*，1845)，显示了因无法圈占周边敞田而对建筑用地造成的巨大压力。留意那背靠背排屋、通往全封闭院落的通道入口以及简陋的卫生设施。

该镇贫民窟地产每年总计产生 4 万英镑的收益，其中有些进到了小手艺人出资的建筑会社。贫民窟的所有者并非全都是大人物。

因此，养牛人和贫民窟所有者组成了一个令人憎厌的联盟，一再选出那种愿跟圈地这一“难看的怪物”—— 1825 年那位市长对它的称呼——殊死搏斗的市政当局。最终，当那届改革型的市政当局在 1845 年实施了圈地，而城镇能向外猛烈扩展时，损害已成定局。在老城范围内本可以体面地居住，却有 3 倍的人口被塞进那里，即使按百年前的低标准来看也多了，而往后直到我们自己的时代诺丁汉的贫民窟一直是一个笑柄。到 20 世纪 20、30 年代这种可怕的脏乱才得以真正清除，新的诺丁汉才开始从中浮现。

在 20 英里之外的莱斯特，有着非常相似的工业史和人口史，

241

示意图 17. 1845 年敞田被圈占后诺丁汉的住房开发

该地图显示了圈地后克莱菲尔德（**Clay Field**）的部分发展。粗黑线代表由圈地委员们拨给私人所有者的不同份地的界限。大约有 **400** 块这样的份地，多数被其所有者立即“开发”，丝毫也不考虑附近的份地和所有者。道路和大街的样式大都由中世纪的小径和敞田的垄-沟确定。因此，维多利亚时代的诺丁汉主要建于许多世纪之前确定的界线之上（见 **J. D.** 钱伯斯:《一个世纪的诺丁汉史，**1851—1951**》［**J. D. Chambers**，***A Century of Nottingham History*，*1851—1951***，**University of Nottingham**，**1952**］）。

事情的发生却极为不同。在这里，实际围绕古代城镇的三块敞田在亟需更多的建筑用地之前就全被圈占了。位于该城镇以东和东北的很大的一块地在 1764 年——对人口增长来说是一个合适的时机——已被圈占，而该城镇在那个方向很容易持续地扩展。供莱斯特扩展的空间几乎是无限的。在 1845 年委员们能够上报说，该镇“是在与其人口相比异乎寻常的土地范围内扩张”。还看得到 242
很多大花园，即使在城中心也可见到。新修的大街比工业城镇平均的街道要宽。跟诺丁汉的大院不同，风可以从它们中间吹过，太阳可以在它们上方照耀。工人阶级的住宅很少超过 2 层楼高。而且，这些房子有 4 间屋，每间都比其诺丁汉的类似房间大；而每座房屋的住户很少超过一家。它们一般拥有宽敞的院子，常有小花园，而且比大多数工业城镇的那些房屋建得都好。莱斯特也并非人间天堂：其平坦的地基使得排水成为老大难问题，而且即使按照当时的标准，死亡率也很高，但绝没有什么像诺丁汉那样恐怖。

斯坦福再次呈现出另外一种情形。整个城镇的北面都与敞田接壤，南面是塞西尔家族的伯利猎园和农田，没留出一英亩的扩展余地。这里的敞田存留到 1872 年。到晚近的这一日期之前，塞西尔家族成功阻止了任何圈围田地的动议，其原因当时从未完全披露。不过主要原因十分清楚。斯坦福选邑给议会推举 2 名议员，选举权限于户主。自 17 世纪末以来，恰好住在城外伯利宫的塞西尔家族通过一系列貌似滴水不漏的手段控制了 2 名议员的选举。其实，百密或有一疏。在庄园的荒地上，在敞田的边边角角，僭居者建起茅舍，设法占为己有。但埃克塞特侯爵（当塞西尔家族在1801年获封时）立即拆毁了这些茅舍，并控告这些僭居者。为何？因为每座建起来并留下来的房子代表了一张确定的反对他的政治候选人的选票。埃克塞特侯爵政治机关算尽——他控制了城里所有的买卖人和全城6个受俸牧师推荐权，他拥有的约200座房子每座都有一张选票，他绝对控制了市长、市政当局和市政当局的所有机构，却无法完全确定其余的投票人会不会在某一天使他的候选人出局。有太多的房子不归他所有，而看到哪怕多建一座房子他都受不了。一个在此种专制之下怒火中烧的城镇，每座新建起的房子都是反对塞西尔势力的一票。

243 因此，出于上述原因，他不可能容许圈围敞田。那将意味着大约有1200英亩无偿用于建设，想想都可怕。诚然，他拥有这块地的大部分，并且能够阻止在他自己地产上的任何建设。但有很多土地不归他所有。作为庄园的领主，他的许可对于任何想要圈围该镇田地的议会法案的通过都是必不可少的：而那种许可从来就没有出现过。如果斯坦福跟诺丁汉或莱斯特一样一直是个生机勃勃的工业城镇，那么，这种封建控制会对全体居民的健康与住房造成灾难性的结果。不过，埃克塞特侯爵也在监督斯坦福，要让它永不招引任何工业行业。1846年时有一个好机会，从伦敦到约克的铁路新干线将要经过斯坦福而不是彼得伯勒，当时后者还是一个无足轻重的地方。斯坦福人热切渴望那条铁路将会给他们带来机会，因为很明显，他们赖以为生的得意的马车买卖走到头了。出于我们无须深究的原因，埃克塞特侯爵成功地阻止了那条干线进入该城镇：它转而通过彼得伯勒。斯坦福被扼杀了：在19世纪50年代，之前一直都在稳定增长的人口实际却开始下降。在这里不存在住房问题。敞田又敞开了一代人的时间，直到 1872 年出现无记名投票，情况才发生变化，不过到这时，该城镇的大街上长满了青草。

英格兰中部地区的其他城镇，譬如像考文垂这样的城镇，面临着同样的如何获得外部扩展的建筑用地的问题。有一些城镇像莱斯特一样，毫无困难地解决了这一问题。其他的一些城镇，则像诺丁汉和斯坦福一样，没能解决。尽管这是由于全然不同的政治境况所致。在诺丁汉，是城镇居民自身短视的守旧做法与想要变化和改良的少数人抗争；在斯坦福，是贵族地主为了其古老的政治特权与城镇居民争斗。而在斯坦福那里，西莉亚·芬尼斯和笛福曾如此仰慕的美丽城镇，几乎分毫不差地跟他们所见的一样：不过，它固化下来，停滞不前了。彼得伯勒变成了巨大的铁路和工程中心；斯坦福本来很可能成为这个样子。不过现如今，转型中人类经历的苦难已经过去并且被遗忘，而且我们见到了现代的彼得伯勒，这样，我们或许可能会感激塞西尔家族，因为他们的 244
封建顽固曾阻止了其城镇的发展，并将它保存下来，在今天给我们带来了快乐。毕竟现代英格兰有太多的彼得伯勒，而斯坦福却不够。

以集市为中心的城镇

大多数老城镇是作为集镇成长起来的，而且它们全都暴露出了自己的特定问题。虽然这让它们看上去更加多样化，而一般来说或许更有诗情画意，但对于一些还没见过它们的人来说，它们是不容易理解的。集市是大多数城镇的生长点，它们围绕集市形成发展。站在集市上，我们就——不总是却往往是——处在了城镇发展的源点。当我们研究城镇的形状、大小、城镇布局与教区教堂的关系以及城镇地形地貌的细节时，我们所面临的是整个一系列的问题。如果我们要回答这些问题，我认为我们所应了解的东西就比该地最早的历史及其发展方式要多。是什么造成了此城与彼城的差异，或它们之间的相似性？

在英格兰中部地区，即使是在大型工业城镇，我们都能找到依然在运营的集市，它们在占地大概 2 英亩的大型空地上摆些摊位，与中世纪的方式一模一样。有篷的摊位堆着各种各样的货物，而在每一个露天摊位上小贩们叫卖着他们的货品，这一切完全是中世纪的风格。在这些露天集市周围矗立着堂皇的 20 世纪商店，它们是这种城镇能拿出来的最接近伦敦商店的铺面。中世纪被封装在 20 世纪的工业城镇里，这是一种奇特的遗存。举例来说，如此巨大的户外集市可以在北安普敦、纽瓦克（Newark）和莱斯特看到，而其中最著名的是在诺丁汉，那里巨大的三角形集市占地 5.5 英亩，过去甚至更大。只是在近几年它才作为市政中心被接管，而那个鹅市（the Goose Fair）就被放逐到了远郊；不过在大约 1000 年里它都是集市所在。在莱斯特，集市占据了城墙内城镇东南区的全部。自大概 10 世纪在那里初建以来，它略有收缩，但依然是这个国家最大的一个露天集市。

而在 30 英里之外的斯坦福，一个虽非工业城镇实际却一直是面向非常富裕之乡村的集镇，其市场缩小到原来大小的一小部分。红狮广场（Red Lion Square）占地至多半英亩左右，多半还为大北

 245

图 76. 威尔特郡的马尔伯勒。从远古时起这条街也是一个集市，其宽广的规模大概源于这一事实，即马尔伯勒位于威尔特郡丘陵地带的中心，自盎格鲁–撒克逊时代以来这里就提供了广阔的绵羊牧场。这种空间规模对一个羊市来说可能是必需的。

路所占，它标示的正是曾占地约 5 倍于那块地方的一个市场的缩微遗存。

并非所有的集市都是宽大的正方形、长方形或三角形，留作集镇发展之用。在马尔伯勒和泰姆（Thame），这两个盎格鲁–撒克逊古镇，今日的主街——无比的宽阔和悠长——曾充当过露天集市。摊位铺到主路两边相当深的地方，而那主路就像一个香肠形气球一样胀出半英里左右，然后又收紧了。所有这一切都必须在那个地点还没出现一座房屋前就已成型。直到很晚，这些巨大的空地上才出现鳞次栉比的建筑，即使在那时，房屋和店铺都位于很靠后的地方，以免妨碍摊主们享有的古老权利。在马尔伯勒和泰姆这样的城镇——以及其他很多城镇——集市上从未有过建 246
筑，而至今空旷依旧（图 76）。它们的规模异常巨大，这大概要归因于这样一个事实，即马尔伯勒从最早开始就是一个巨大的羊市，泰姆可能是个巨大的牛市。这两种市场都需要尽可能大的空间。另一方面，在其他许多城镇，集市有部分被盖上了房子，这样，人们就有了一条宽阔的主街、沿街道一边的大批建筑以及建筑后面与主街平行的又一条窄街。

至于集市的形状，有些呈现为巨大的开阔正方形，通常与交通主干道相隔很远，而有些是贸易主动脉上的一个肿块，一种动脉瘤，要问为什么会这样，这似乎没有什么规则可寻。三角形的集市也很常见：开始有一个宽阔的基底，从那里往前到 1/4 或 1/2 英里的地方持续变窄，直到抵达一条有标准宽度的主路路口为止。以圣奥尔本斯为例，如果我们排除位于现在的集市与背后那条被称为“格子街”（Chequer Street）的街道之间那一大栋建筑，它就是这种类型的一个范例。人们可能想了解不同形状的集市意味着什么。大概除了观念上的偶然情况外，什么也反映不了：但我怀疑，这里通常有埋藏的线索，事实上也是如此。如果能将它挖掘出来，我们就会了解许多集镇早期发展的一些情况；关于这一点，文献有时都不可能告诉我们。

非常偶然的是，有一份文献给我们提供了线索。圣奥尔本斯修道院的编年史家告诉我们，大约 950 年，男修道院院长伍尔辛（Wulsin）在该修道院北门外规置了城镇的雏形。它采取的是宽敞空间的样式，这个空间从修道院墙外的宽大基底逐渐变窄，向北抵达他建立圣彼得教堂（St. Peter Church）的那个地点。面对这块为了商贩的利益而创设的三角形空地，这位男修道院长把两边的土地分成一系列窄小的地块，鼓励商贩和其他人在上面永久定居，用他提供的木材和其他原料盖房。那个三角形的集市规划确定了这里城镇的形状，现在看来是一个符合其用途的完全合理的形状。商贩们自然会把靠近修道院院墙的摊点视为最利于做生意的地方。摊位尽可能多地聚拢在那头，而离开修道院向北往空旷的乡村走，对正经商贩来说危险重重，因此摊位很快就减少了。三角形集市 247
给最大多数的商贩以最大的保护；不过，我并不知道它是否代表了早期——比方说诺曼征服前——一种非常普遍的规划类型。

这样的集市布满了不同种类商贩的大小货摊。当摊位有所遮盖并变为常设，就发展到了下一阶段。当常设摊位变为房屋或店铺，就到达了最后阶段。到了这个地步，很可能出现的情况是，沿集市的一面往下会建起一大群店铺和房屋，取代许多摊位，因此出现了上面描述过的那个规划；在那里，原来的开阔空间缩小为一条宽阔的主街，街的一侧往下是隔开的大群建筑，建筑的背后是条狭窄的后街，如圣奥尔本斯或亨廷顿郡的金博尔顿（Kimbolton，Huntingdonshire）的情况那样，只举这两例。这种情况在斯坦福也出现过，当然，那里的集市上建起的房屋形成了杂乱无章的建筑群。圣奥尔本斯和斯坦福的档案显示，这些永久性的建筑在 14 世纪早期就已出现。我们应该稳妥地说，这种建于古老集市上的建筑是在 13 世纪繁荣时的贸易和人口大扩张的结果。但是，它们为什么选择在自己的寸土寸金的集市上建设，而不往外向郊区扩展呢？毕竟，郊区的存在十分古老。它们在 13 世纪就在英格兰很多城镇的城墙外发展得很好了，在有些地方甚至还要早一些。

集市与教堂的关系还引出了其他问题。常见的现象是，人们几乎总是发现它们二者在一起。但为什么在马基特哈伯勒，圣狄奥尼修斯（St Dionysius）教堂巍峨地从周围没有任何绿色空间的集市中拔地而起，而不带一座教堂庭院的遗迹？对这个问题的回答将我们带回到12世纪中叶这个城镇的最开端。在那之前，它只是一两英里外的村落即大鲍登（Great Bowden）的敞田的一部分。随着12世纪——直到我们进入19世纪之前，它大概是所有世纪中产生新城镇最多的一个世纪——贸易和工业的扩展，一些商贩定期在韦兰河上的一个渡口附近聚集。一个非正式、非官方的集
248 市开始发展。许多英格兰城镇都是通过这种偶然方式孕育而生的。这并非臆测，我们通过档案了解到它通常是这样产生的。

到1203年，在哈伯勒的偶然聚集已足够稳定和持续，从而引起了国王[①]的注意，他从未停止搜寻岁入，这个新生城镇因享有每周固定的开市权而被要求向国库缴纳3马克。大约40年后，该城镇发展壮大，需要有自己的一座教堂，而不去大鲍登的大教堂。不过，这座新镇教堂虽然宏伟、壮观，却只允许作为大教堂的附属小教堂，它没有埋葬死者的权利。这项权利是中世纪教区牧师收入的一项来源，被谨慎地保留给了大教堂。当马基特哈伯勒的人死了，他们被抬回大鲍登埋葬，也就回到了其城镇从它田里崛起的那个乡村。他们自己的圣狄奥尼修斯教堂是不允许拥有教堂庭院的。无论我们在何处看到一座没有教堂庭院的古镇教堂，我们都可以有把握地猜测这个城镇是附近某个母村的产物——现如今已被后来者完全遮蔽了——而且它是在比较晚的时期出现的，

① 当时在位的英格兰国王是约翰王（1199—1216年在位）。——译者

无论如何是在诺曼征服以后，很有可能在 12 世纪或 13 世纪。

在金斯林恩（King's Lynn），有两个大集市，每一个的边上都有一座富丽堂皇的教堂，它们是圣玛格丽特（St Margaret）教堂庇护下的周六集市，以及圣尼古拉斯（St Nicholas）教堂庇护下的周二集市，这一情况立即引起了人们的好奇。在这里，我们再一次被带回到这座城镇的最开端，到了刚好是诺曼征服之后的年份里——因为按英格兰的标准来说，金斯林恩并不算很古老。它是由诺里奇的第一任主教（Herbert Losinga，1091—1119 年）在沼泽地上建立的，这块地归他所有，而他看好其发展潜力。是他创设了周六集市，并在它旁边建起圣玛格丽特教堂，这刚好在 11 世纪末之前。两代人之后，是他的一个继任者，即威廉·德图尔贝（William de Turbe，1146—1174 年）将后续城镇的界限扩展到了沼泽以北，在那里创设了另一个集市，并在旁边建起了圣尼古拉斯教堂。从此有了这两个集市：原有城镇的周六集市，其 12 世纪扩展中出现的周二集市。每一个集市都标示着林恩的外观史中一个不同的阶段。

关于这座迷人的城镇景观背后的成因，这是一种过于大胆的说法。而在沃什湾的昏暗水域对面，坐落着另一座缘起类型、日期与方式都相同的城镇——波士顿（图 77）。几乎在同一时期，林恩由一位诺曼主教建立，波士顿由一位布列塔尼大领主建立。不过，它们并未妨碍彼此：它们之间隔着 20 英里之上的水域，并且是从英格兰的不同地区汲取活力与给养的。

在本章我努力去做的，是要引荐一种将城镇好似作为独特景观类型——它们的确是——的观察方法，从导游册和个别建筑的

249

图 77. 林肯郡的波士顿：集市与圣博托尔夫（St. Botolph）教区教堂。这座教堂使该城镇得名（博托尔夫镇［Botolph's *tun*］）。波士顿是在诺曼征服后不久由一位布列塔尼领主建立的，它迅速成长为中世纪英格兰的主要城镇之一。

背后去捕获这些地方的秘史：把注意力拉到我所认为的城市景观的一些重要的点滴，它们指引了通往这种秘史的路径。不过，即使是最简单的城镇景观，我们所不了解的——就我们所有的见解而言——都十分之多。

有如此多的城镇有待去观赏，第一次去的话，每一座都必须，或应当，徒步抵近：当然，所有的小城镇都应当如此游览。这是因为，人们只有步行才能察觉地面的微小起伏，最早的定居者对此曾十分敏感；或者才能察觉城镇景致的平直可能表明了当初规划所做的一些基本改变；或者才能察觉让脑筋立即开动的大街小

250

图 78. 1830 年左右的一个船坞城镇的主街，这座城镇是德文波特（Devonport，现在是普利茅斯的一部分）。这里的海军船坞建于 17 世纪 90 年代。直至 1815 年的连续战争中的每一场都使这个船坞和这座城镇两者得到扩大。此处展示了极为特别和庄重的一条街与一个镇。

巷的名称。在普利茅斯，看到老城街（Old Town Street），没有人不立马开始揣测这样一个名字的意义。而这个名字的确将我们带回到了最初，带回到那个住着农民和渔夫的深陷贫困的撒克逊小村，径直深入普利茅斯高地（the Hoe）后面，这个大海军城即是从那里发展起来的。接下来，还有所有的海滨城镇和船坞城镇，关于它们我没有进行论述。实际上，城镇景观本身就需要写一整本书。

人们需要阅读已出版的城镇历史，以及它们背后的城镇档案 251
本身。慢慢地，从档案中，从地方博物馆保存的考古发现中，从自己亲眼所见的证据中，一块块碎片就会拼凑起来，使我们理解到底发生了什么。如果不是因为这一事实，即对一个城镇景观的了解常常能够帮助我们解开另一城镇地形地貌的谜团，那么这将是一份没完没了的活计。考察的模式开始成形。谈论这个主题依然太早，如果真的有人能概括的话，也无法得出太多结论。不过与此同时，发现自己在傍晚抵达了从未到过的某个生机勃勃的英格兰小集镇，在那里可以暂时忘却科学的鼓噪前行，并安顿下来沉思文明的历史，是多么的惬意啊。

第十章　现代英格兰的景观

工业革命以及乡村住宅周围的公园建设将我们带进19世纪末 252
年。自那时，尤其是1914年以来，英格兰景观上的每一点变化要么使它变丑了，要么破坏了它的意义，要么两者兼具。在上两代发生的一切变化中，唯有为北部和中部地区工业城市供水而修建大型水库这一举措所加诸那片景色的任何东西，是人们可以不带痛苦地注视着的。虽然这是一个不讨人喜欢的主题，但我们在一段时间内还得面对它。

乡村住宅衰败了，坍塌了：几乎每过不了一个星期，你就会见到拍卖商贴出的宣布某个大地产即将被出售、分割的通知。那住宅很快会为拆迁承包商所占据，其猎园则被原木商的拖拉机和拖车搅得乱七八糟。房子倒了，高大的树木倒了，曾经美丽的猎园则花草全无，满目疮痍。或者，如果这份地产临近城镇，政治顾问们将蜂拥而至，使住宅变成过度拥挤的兔子窝，里面挤满戴着黑色帽子的各种长官；猎园则变成安置“过剩人口”——一个像它所描绘的对象一样令人厌憎之语词——的场所。我们确实可能会发现，大宅院依然令人满意地矗立在树木茂密的猎园中，不过它已被村民冷漠地称作“微不足道之人”（atom man）的那类人所占据。这些人离群索居，当然也没有他们自己可能想象的那么

图 79. 地道的英格兰景观：伯克郡的万塔芝（Wantage）附近。一道带状的后期海绿石砂岩地层（the Upper Greensand）沿白垩丘陵地底部延伸，十分肥沃。盎格鲁–撒克逊时代，一连串的村落得以在这一窄条有水的沙地上建立起来。这一沙地则分布在那渗水的丘陵白垩地层与不能渗透的溪谷重黏土之间。

与世隔绝。并且，如果那些顾问真的很幸运，他们就能用其文书和黑帽子塞满房间，与此同时，露天开采煤矿或铁矿将彻底毁了猎园。他们可以坐在大桌子后，带着极大的愉快思忖着现在如何让一切物尽其用。民主和科学从来都是联合统治的君王。

除猎园外，在英格兰的一些地方，如东盎格利亚，推土机夯平古老的树篱，抹掉它们，以便为新的农场耕作机器和拥有5000—10000英亩土地的商人农场主腾出足够大、足够空旷的田
253 地。幸运的是，拖拉机和推土机并不能轻易摧毁广阔的篱笆和巨

大的石墙，这些都是英格兰的古老的圈围痕迹。这么做也不划算，因为一位好的农场主知晓这些篱笆和石墙的价值，它们可以当作遮蔽物，而树篱还能够提供木材。由此，借助纠结在一起的深径和茂密树篱，大多数古老的田地模式保留了下来。

在英格兰乡村的古老景观上还发生了其他什么事情？我们看到，哪里有平坦而排水良好的大片土地，那里的机场建设就会将其掠取一空，在英格兰东部尤其如此。可怜的惨遭蹂躏的林肯郡和萨福克郡！还有科茨沃尔德丘陵地带那一排排绵长而平缓的斜坡，那薄雾笼罩的羊灰色鲕粒岩高地，它们为新时代的罪恶要求付出了怎样惨重的代价！在它们上空，日复一日地，形状丑陋的 254
可携带原子弹的轰炸机嗡嗡作响，在康斯泰布尔和根斯博罗[①]的天空留下酷似蛞蝓爬过后的肮脏轨迹。英格兰到处是尼森小屋[②]，即“预制装配式房屋”（pre fab），以及由高高的倒刺铁丝网作的电篱笆，矗立在一些无以名状的奇怪的建筑物周围；英格兰到处是呈网状分布的旁道，一棵树也没有，其上跑着非常危险的卡车，散发出柴油的恶臭；英格兰哪里曾经很宁静，哪里就成了轰炸练习场所，在欧特莫尔（Otmoor）或林肯郡的沼泽地就是如此；英格兰的布雷克兰荒原[③]成了作战训练之地，坦克从空荡荡的威尔特郡村庄废墟上碾过；英格兰的烈性炸药落在达特莫尔的史前遗迹上。

---

① 约翰·康斯泰布尔（John Constable，1776—1837 年）和托马斯·根斯博罗（Thomas Gainsborough，1727—1788 年），两人皆为英国著名风景画家。——译者

② 加拿大军官和矿业工程师彼得·尼森（Peter Norman Nissen，1871—1930 年）发明的简易房屋，形如中间切开的铁管，多为军队所用。——译者

③ 布雷克兰荒原（the Breckland heaths），英国的一个自然栖息地，由金雀花覆盖的沙质荒地构成，位于萨福克郡北部和诺福克郡南部。——译者

这就是由科学家、军人和政客统治的野蛮的英格兰：我们还是回过头去，注视这些肆意破坏者毁灭一切之前的过去吧。

从我撰写书稿这最后几页的房间看出去的风景虽小，但它不啻是未被蹂躏的色彩柔和的英格兰景观的缩影。在不到半英里外的地方为高大的乔木所环绕，此地景色中的细节涵盖了从撒克逊时期到19世纪的每个阶段。一幢房屋从1216年起就一直屹立于此，当时林肯的主教决定在这里建教区牧师住所，但随后它不断被重建，最后一次是在1856年。分布在花园、铺满河岸的无用的老苹果树是查理一世时代在此种植的那些苹果树的余孤。那时，1634年的教会土地地籍册提到了“一片果园，一个后院，两座小花园”。在这些苹果树外边，距河流数英尺之内有一个凸起的大平台，年复一年地被野草覆盖，只在冬天可辨识出来——这是一幢湮灭已久的大宅的遗迹，四周被石墙围着，石墙的痕迹今天仍历历可见。几乎可以肯定，这就是《末日审判书》中这片地产上所载的三座水磨坊之一的基址。其下流淌着多恩河（the Dorn）；撒克逊人称之为牛奶河，得名于雨后浑浊的河水。正如几分钟前我置身于从科茨沃尔德丘陵地带飘然落下的毛毛细雨中所见的景象，今天这条河的景观依然与千年之前撒克逊人所见的相同。

穿过那条滚滚流入格里姆河和埃文洛德河的溪流，我们就会看到一个宽阔的小山谷，莎草密布，长满垂柳树苗，金翅雀在晴朗的清晨成群高飞，翅膀映着阳光。这个由伟岸堤坝环抱的小山谷曾是该地领主的鱼池，在他1175年去世之前开始动工，由其子完成，证据如下：“奥多·德·柏顿（Odo de Berton）将罗
255 杰花园和通往桥梁的道路之间的土地，连同托马斯·德·圣约

翰（Thomas de St John）开始在此修建鱼池的荒原，都授予罗杰·德·圣约翰（Roger de St John），要求每年给他提供一副马刺或交纳两便士。”

这大约是1200年的事（该文献未标日期），不过今天我们还能见到那个鱼池。并且，有一条小径通往1948年重建的那座石桥，毫无疑问，这座桥是在甚至更早的一份文献中作为地标提到的那座石桥的遗址上重建的。“荒原”则是对因耕作而得到开垦之前的那片景色的描述。我们从这份文献的不加修饰的言辞中瞥见了先前的世界。

越过鱼池，地面逐渐升高，塑造了山谷的另一边，那是一片布满残破的歪七扭八的山楂树篱的地块。这些树篱的年代多么久远啊！虽然1685年另一份教会土地地籍册证明教区仍有敞田时，这里还未见其踪影，但是到1750年前，即圈地已然完成的时候，它们很可能已立在那里了。而其中一两片篱笆源自中世纪，因为圣约翰家族从1200年代早期起就有一块叫作“小草场”（Grascroft）的单独圈围的牧场，这片古老的地块今天依然可见。

在小径的另一边，靠右一点的地方，可以看到一座小公园，用于泛舟的湖泊波光粼粼，还能看到一些朴素的景色；透过光秃秃的冬季树林，有一幢看上去像是维多利亚时代的“大宅子”，烟囱清晰可见。那房子，那公园，晚至19世纪70年代才建起来。这一定是全英格兰最后修建的那些公园中的一座，因为此后不久土地所有者开始感受到租金下跌带来的紧迫压力。实际上，那房子更古老，因为19世纪70年代的那工程，尽管显然是彻底的重建，但只不过是一个环绕最初由斯坦普尔（Staple）的一位成功商人所建房子的石头外壳，而他的题词还依然刻在门上：“耶稣纪元1570年，沉思和感恩”（*Thinke and Thanke Anno 1570*）。300年后，他的房屋被另一个成功的资产者重新改造——这一次是一个富裕的牛津酿酒商。

但是，当批发商约翰·多默（John Dormer）接手时，这里成了一片古老的长期开垦的地产，其开垦史可上溯至诺曼征服之前，那时它是盎格鲁-撒克逊诸王的自领农场之一。10—11世纪，当他们在5英里外的伍德斯托克猎苑狩猎时，他们随时可用这片庞大地产（那时约7000英亩）上的农产品来供养家庭；今天，人们在写作了一个清晨之后，可以沿着一条宽阔的翠绿小径漫步，这
256 在最初是用来联接这片地产和那猎苑的。在撒克逊时期，它是皇室地产，但在比那更早的时期又如何？当571年撒克逊人占领不远处的爱因沙姆[1]时，这片土地又作何用？虽然我们还不知道，但现在，坐在这间屋里，我们正在通过观察这片最多几百英亩的土地，回溯十个世纪的英格兰生活，再一次辨识那之外的隐晦不明的深层次含义。

打开窗户，凭栏远眺，那座教区教堂穿过小径印入眼帘。它现在是一幢孤零零的建筑，空旷、阴冷，除每周一小时外都是空荡荡的。它大约重建于1300年，当时这座村落比较大，也很繁荣：这是中世纪农业发展的鼎盛时期。但那个洗礼盆是12世纪的物件，由此可见，那时候这里就有一座教堂。在教堂院子的深处，圣坛

① 爱因沙姆（Eynsham），英格兰牛津郡的一个大村庄和行政教区，系公元571年撒克逊人从布立吞人那里夺取的4座城镇之一，在《盎格鲁-撒克逊编年史》中被称作*Egonesham*。——译者

东边，有一堵埋在地下的墙基，可能是当年的一座撒克逊教堂的东墙。尽管今天它远离人们而孤伶伶地矗立着，但当年的圣玛丽教堂作为与皇家地产相匹配的神圣中心，却是一座影响四周广大地区的大教堂。而且，我们并不知道，在这个地方所矗立的一座建筑物究竟有多久远。1855 年进行重建时在塔楼下面发现了一枚罗马钱币，不过，人们不可能将其历史太过久远地上溯到那一时期。

最后，在视线之外但仅距这间屋子五六十码[①] 的地方，在挨着花园的田野中，那里伸展着这座古老村落的被掩埋的主干道。该村落被黑死病彻底摧毁了。人们漫步于标示房屋所在的田埂之间，留心一排排方方正正的砖石建筑如何插进赛马场（比大部分建筑都更为重要的建筑）之外的某个地方，看树根如何纠缠在农民住所的卵石基址中间；甚至还可以捡到 12、13 世纪的陶器——只是些碎片，边框、底部的残片，不过都能推断出年代：在黑死病暴发不久，当时整个村落变成了死寂之地。

在英格兰，并非每一处小景都像这片立于牛津郡北部鲕粒岩上的土地一样充满了细节，因为此地曾是富饶而为人喜爱的乡村地带，古罗马维拉的主人钟爱着它，即使换上青铜时代的人们也是如此。六十代或更多世代的文化遗产沉眠在这片土地上。不过英格兰的大部分地方都有千年的历史，而且我们只要漫步数里，差不多就能触及那漫长时段中的每一个世纪。

① 约 45.72 米至 54.86 米。——译者

在越过其门槛之前，先了解你故园的大部分房间。对英格兰的观察尤其如此，它将那么多值得欣赏的景致奉献给了你。

——托马斯·富勒（Thomas Fuller）

精 选 书 目

第一章　英格兰的原始风貌

BOWEN, H.C., *Ancient Fields* (British Association for the Advancement of Science, 1961).

CLARK, GRAHAME, *Archaeology and Society* (Methuen, 1939).

——, *Prehistoric England* (Batsford, 1940).

COLLINGWOOD, R.C., and MYRES, J.N.L., *Roman Britain and the English Settlements* (Oxford: Clarendon Press, revised edn 1937).

CRAWFORD, O.G.S., *Archaeology in the Field* (Phoenix House, 1953, revised edn 1960).

CURWEN, E.C., *Air Photography & the Evolution of the Corn-Field* (Black, 2nd edn 1938).

——, *Field Archaeology* (HMSO, revised edn 1963).

FINBERG, H.P.R., *Roman and Saxon Withington* (University of Leicester, Department of English Local History, Occasional Paper no. 8, 1955).

FOSTER, I.L., and ALCOCK, L., *Culture and Environment* (Routledge & Kegan Paul, 1963).

FOX, SIR CYRIL F., *The Archaeology of the Cambridge Region* (Cambridge University Press, 2nd edn 1948).

GODWIN, H., *The History of the British Flora* (Cambridge University Press, 1956).

Historian's Guide to Ordnance Survey Maps (HMSO, 1964).

MARGARY, I.D., *Roman Roads in Britain* (Phoenix House, revised edn 1967).

——, *Ordnance Survey Map of Roman Britain* (HMSO, 1956 edn.).

——, *Ordnance Survey Map of Southern Britain in the Iron Age* (HMSO, 1962).

THOMAS, CHARLES (ed.), *Rural Settlement in Roman Britain* (Council of British Archaeology, Research Report 7, 1966).

——, *Christian Antiquities of Camborne* (H.E. Warne, 1967).

第二章　英格兰人的定居

BAKER, A.R.H., 'Howard Levi Gray and English Field Systems : an evaluation', *Agricultural History*, 39, 1963, pp. 86–91.

COLLINGWOOD, R.G., and MYRES, J.N.L., *Roman Britain and the English Settlements* (Clarendon Press, revised edn 1937).

CRAWFORD, O.G.S., *Archaeology in the Field* (Phoenix House, 1953, revised edn 1960).
DARBY, H.C., *The Domesday Geography of England* (Cambridge University Press): vol. 1, *Eastern England* (1952); vol. 2, *Midland England* (with I.B. Terrett) (1954); vol. 3, *Northern England* (with I.S. Maxwell) (1962); vol. 4, *South-East England* (with E.M.J. Campbell) (1962); vol. 5, *South-West England* (with R. Welldon Finn) (1967)
EKWALL, E., *The Concise Oxford Dictionary of English Place-names* (Clarendon Press, 4th edn 1966).
FINBERG, H.P.R., *The Early Charters of Devon and Cornwall* (University of Leicester, Department of English Local History, Occasional Paper no. 2, 1953, new edn 1963).
———, *The Early Charters of the West Midlands* (Leicester University Press, Studies in Early English History no. 2, 1961).
———, *The Early Charters of Wessex* (Leicester University Press, Studies in Early English History no. 3, 1964).
GRAY, H.L., *English Field Systems* (Harvard University Press, Harvard Historical Studies vol. 22, 1915).
HART, C.R., *The Early Charters of Essex* (University of Leicester, Department of English Local History, Occasional Papers nos. 10 and 11, 1957).
———, *The Early Charters of Eastern England* (Leicester University Press, 1966).
HOSKINS, W.G., *Provincial England* (Macmillan, 1963).
———, *Fieldwork in Local History* (Faber, 1967).
HOSKINS, W.G., and FINBERG, H.P.R., *Devonshire Studies* (Jonathan Cape, 1952).
MEANEY, AUDREY, *A Gazetteer of Early Anglo-Saxon Burial Sites* (Allen & Unwin, 1964).
PAGE, W., 'The Origins and Forms of Hertfordshire Towns and Villages', *Archaeologia*, LXIX, 1917–18.
REANEY, P.H., *The Origin of English Place Names* (Routledge & Kegan Paul, 1964).
SEEBOHM, F., *The English Village Community* (Cambridge University Press, 1926).
THORPE, H., 'The Green Villages of County Durham' (*Proceedings of the Institute of British Geographers*, 1951).
———, *'Rural Settlement', Chapter* 19 in J. WREFORD WATSON and J.B. SISSONS (eds.), *The British Isles: a Systematic Geography* (Edinburgh: Nelson, 1964).

第三章　中世纪英格兰的人居环境

BERESFORD, M.W., *New Towns of the Middle Ages* (Lutterworth Press, 1967).
BERESFORD, M.W., and ST JOSEPH, J.K., *Medieval England: An Aerial Survey* (Cambridge University Press, 1958).
CRAWFORD, O.G.S., *Archaeology in the Field* (Phoenix House, 1953, revised edn 1960).
DARBY, H.C, *The Domesday Geography of England* (Cambridge University Press, 1952–67).
———, *The Medieval Fenland* (Cambridge University Press, 1940).
EMERY, F.V., 'Moated Settlements in England', *Geography*, XLVII (1962).

FINBERG, H.P.R., *Tavistock Abbey* (Cambridge University Press, 1951).
GRAY, H.L., *English Field Systems* (Harvard University Press, Harvard Historical Studies vol. 22, 1915).
HALLAM, H.E., *The New Lands of Elloe* (University of Leicester, Department of English Local History, Occasional Paper no. 6, 1954).
HELM, P.J., 'The Somerset Levels in the Middle Ages', *Journal of the British Archaeological Association* (1949).
HOSKINS, W.G. & FINBERG, H.P.R., *Devonshire Studies* (Jonathan Cape, 1952), essays on 'The Open Field in Devon', 'The Making of the Agrarian Landscape' and 'Three Studies in Family History'.
HOSKINS, W.G. & STAMP, SIR DUDLEY, *Common Lands of England and Wales* (Collins, 1963).
LAMBERT, J.M. (and others), *The Making of the Broads* (John Murray, 1960).
MILLER, E., *The Abbey and Bishopric of Ely* (Cambridge University Press, 1951).
NEILSON, N., *A Terrier of Fleet, Lincolnshire* (Oxford University Press, 1920).
PAGE, W., 'The Origins and Forms of Hertfordshire Towns and Villages', *Archaeologia*, LXIX (1917–18).
POWER, EILEEN, *The Medieval English Wool Trade* (Oxford University Press, 1941).
RAISTRICK, A., *The Story of the Pennine Walls, Clapham, Yorkshire* (The Dalesman Publishing Co., 1946, 2nd edn 1952).
SAVAGE, SIR WILLIAM, *The Making of Our Towns* (Eyre & Spottiswoode, 1952).
SMITH, R.A.L., *Canterbury Cathedral Priory* (Cambridge University Press, 1943).

第四章　黑死病及疫后的英格兰

ALLISON, K.J. *(and others)*, *The Deserted Villages of Oxfordshire* (University of Leicester, Department of English Local History, Occasional Paper no. 17 (1965).
———, *The Deserted Villages of Northamptonshire*, Occasional Paper no. 18 (1966).
ATKINSON, T.D., *Local Style in English Architecture* (Batsford, 1947).
BERESFORD, M.W., 'The Deserted Villages of Warwickshire', *Transactions of the Birmingham Archaeological Society*, 66 (1950).
———, *'The Lost Villages of Yorkshire', Yorkshire Archaeological Journal, Parts* 148, 149, 150 (1951–3).
———, *The Lost Villages of England* (Lutterworth Press, 1954).
HENDERSON, C., and COATES, H., *Old Cornish Bridges & Streams* (Simpkin Marshall, 1928).
HENDERSON, C & JERVOISE, E., *Old Devon Bridges* (A. Wheaton, 1938).
HOSKINS, W.G., *Provincial England* (Macmillan, 1963).
———, 'The Deserted Villages of Leicestershire', *Essays in Leicestershire History* (Liverpool University Press, 1950).

———, *The Heritage of Leicestershire, Leicester* (Edgar Backus, 1946).

HOSKINS, W.G. & FINBERG, H.P.R., *Devonshire Studies* (Jonathan Cape, 1952) *essay on 'The Wealth of Medieval Devon'*.

JERVOISE, E., *The Ancient Bridges of the South of England* (Architectural Press, 1930).

———, *The Ancient Bridges of the North of England* (Architectural Press, 1931).

———, *The Ancient Bridges of Mid and Eastern England* (Architectural Press, 1932).

Maps and Plans in the Public Record Office, c. 1410–1860 (HMSO, 1967).

MESSENT, C.J.W., *The Ruined Churches of Norfolk* (Hunt, 1931).

MOORE, J.S., *Laughton: A Study in the Evolution of the Wealden Landscape* (University of Leicester, Department of English Local History, Occasional Paper no. 19, 1965).

THORPE, HARRY, 'The Lord and the Landscape', *Transactions of the Birmingham Archaeological Society*, 80 (1965).

TOY, S., *The Castles of Great Britain* (Heinemann, 1953).

第五章　都铎王朝至乔治王时代英格兰的景观

BARLEY, M.W., *The English Farmhouse and Cottage* (Routledge & Kegan Paul, 1967).

CURTLER, W.H.R., *The Enclosure and Redistribution of our Land* (Clarendon Press, 1920).

DEFOE, DANIEL, *A Tour through England and Wales* (Everyman, 1928).

GONNER, E.C.K., *Common Land and Inclosure* (Macmillan, 1912).

GOTCH, J.A., *The Growth of the English House* (Batsford, revised edn 1928).

HOSKINS, W.G., *Provincial England* (Macmillan, 1963).

LELAND, JOHN, *Itinerary* (ed. Smith, L.T.) (Centaur Press, 5 vols., 1964).

MORRIS, CHRISTOPHER (ed.), *The Journeys of Celia Fiennes* (Cresset Press, 1947).

PARKER, L.A., 'The Agrarian Revolution at Cotesbach, 1501–1612', *Studies in Leicestershire Agrarian History* (ed. Hoskins, W.G.) (Leicester Arch. Society, 1949).

SUMMERSON, JOHN, *Architecture in Britain*, 1530–1830 (Penguin Books, 1953).

THIRSK, JOAN (ED.), *The Agrarian History of England*, 1500–1640 (Routledge, 1967).

第六章　议会圈地时期英格兰的景观

CHAMBERS, J.D., and MINGAY, G.E., *The Agricultural Revolution* (Batsford, 1966).

CLARE, JOHN, various poems.

CUTLER, W.H.R., *The Enclosure and Redistribution of our Land* (Clarendon Press, 1920).

ELLIS, C.D.B., *Leicestershire and the Quorn Hunt* (Edgar Backus, 1951).

GONNER, E.C.K., *Common Land and Inclosure* (Macmillan, 1912).

HARRIS, ALAN, *The Rural Landscape of the East Riding of Yorkshire*, 1700–1850 (Oxford University Press, 1961).

HIGGS, J.W.Y., *The Land (A Visual History of Modern Britain)* (Studio Vista, 1964).
MARSHALL, WILLIAM, *Rural Economy of Norfolk*, 1787.
———, *Rural Economy of Yorkshire* (1788).
———, *Rural Economy of Gloucestershire* (1789).
———, *Rural Economy of the Midland Counties* (1790).
MOORE, N.W., HOOPER, M.D., and DAVIS, B.N.K., 'Hedges: Introduction and Reconnaissance Studies', *Journal of Applied Ecology*, 4, 1967, pp. 201–20.
W.E. Tate's valuable Handlists to the enclosure acts and awards in most of the counties affected by the parliamentary enclosure movement have been published (usually) in the *Transactions or Proceedings* of the appropriate local historical or antiquarian society, and should be consulted for the detail about each county.

第七章　工业革命时期英格兰的景观

AIKIN, J., *A Description of the Country from thirty to forty miles round Manchester* (John Stockdale, 1795).
ASHTON, T.S., *The Industrial Revolution* 1760–1830 (Oxford University Press, 1948).
AUBIN, R.A., *Topographical Poetry in Eighteenth-Century England* (Modern Language Association of America, 1936).
BOOKER, FRANK, *Industrial Archaeology of the Tamar Valley* (David & Charles, 1967).
CHALONER, W.H. & MUSSON, A.E., *Industry and Technology (A Visual History of Modern Britain)* (Studio Vista, 1963).
COURT, W.H.B., *The Rise of the Midland Industries* (Oxford University Press, 1938).
DEFOE, DANIEL, *A Tour through England and Wales* (Everyman 1928).
History of Birmingham (Oxford University Press, 1952) vol. 1: 'Manor and Borough to 1865' by C. Gill, vol. 2: 'Borough and City, 1865–1938' by A. Briggs.
HUDSON, KENNETH, *Industrial Archaeology* (John Baker, 1963).
———, *Industrial Archaeology of Southern England* (David & Charles, 1965).
KLINGENDER, F., *Art and the Industrial Revolution* (Noel Carrington, 1947).
MANTOUX, P. J., *The Industrial Revolution in the Eighteenth Century* (Jonathan Cape, 1928).
SMITH, DAVID, *Industrial Archaeology of the East Midlands* (David & Charles, 1965).

第八章　英格兰的大路小径、运河与铁路

Architectural Review, Special Canals Number (July 1949).
BARMAN, CHRISTIAN, *Early British Railways* (Penguin Books, 1950).
BOURNE, J.C, *History and Description of the Great Western Railway* (David Bogue, 1846).
BRITTON, JOHN, *Drawings of the London and Birmingham Railway* (1839).

BUTTERWORTH, EDWIN, *Views on the Manchester and Leeds Railway* (Blacklock, 1845).
CRAWFORD, O.G.S., *Archaeology in the Field* (Phoenix House, 1953).
HADFIELD, E.C.R., *British Canals* (Phoenix House, revised edn 1959).
HOUGHTON, F.T.S., 'Salt Ways', *Transactions of the Birmingham Arch. Society*, 54 (1932).
JACKMAN, W.T., *The Development of Transportation in Modern England* (Cass, 2nd edn, with an introduction by W.H. Chaloner, 1961).
MARGARY, I.D., *Roman Ways in the Weald* (Phoenix House, 1948).
NOCK, O.S., *The Railways of Britain, Past and Present* (Batsford, 1948).
PRATT, E.A., *History of Inland Transport & Communication in England* (Kegan Paul, 1909).
SIMMONS, JACK, *Transport (A Visual History of Modern Britain)* (Studio Vista, 1962).
TAIT, A.F., *Views on the London and North Western Railway (Northern Division)* (1848).
WILLIAMS, F., *Our Iron Roads: their history, construction, and social influences* (Ingram, Cooke & Co., 1875).

第九章　英格兰的城镇景观

BALLARD, A., *British Borough Charters*, 1042–1216 (Cambridge University Press, 1913).
BALLARD, A., and TAIT, J., *British Borough Charters* (Cambridge University Press, 1923).
BELOE, E.M., 'Freebridge Marshland Hundred and the Making of Lynn', *Norfolk Archaeology*, XII (1895).
BERESFORD, M.W., *New Towns of the Middle Ages* (Lutterworth Press, 1967).
CHAMBERS, J.D., *Modern Nottingham in the Making*, *Nottingham Journal*, 1945.
———, *A Century of Nottingham History*, 1851–1951 (University of Nottingham, 1952).
CHAPMAN, S.D., 'Working-Class Housing in Nottingham during the Industrial Revolution', *Transactions of the Thoroton Society* (1963).
DYOS, H.J., *Victorian Suburb – Camberwell*, (Leicester University Press, 1961).
FOX, LEVI, *Stratford-upon-Avon* (Jarrold & Sons, 1963).
GILBERT, E.W., *Brighton, Old Ocean's Bauble* (Methuen, 1954).
GREEN, BARBARA, and RACHEL YOUNG, *Norwich: the growth of a city* (Norwich Corporation, Museums Committee, 1964).
HART, GWEN, *A History of Cheltenham* (Leicester University Press, 1965).
HILL, J.W.F. (SIR FRANCIS), *Medieval Lincoln* (Cambridge University Press, new edn 1966).
———, *Tudor and Stuart Lincoln* (Cambridge University Press, 1956).
———, *Georgian Lincoln* (Cambridge University Press, 1966).
History of Birmingham (Oxford University Press, 1952, *vol.* 1: 'Manor and Borough to 1865' by C. Gill, vol. 2: 'Borough and City, 1865–1938' by A. Briggs).
HYDE, F.E., and MARKHAM, F.S., *A History of Stony Stratford* (McCorquodale, 1948).

JOHNS, EWART, *British Townscapes* (Edwin Arnold, 1965).

MARSHALL, J.D., *Furness and the Industrial Revolution* (Barrow-in-Furness Corporation, Library and Museum Committee, 1958).

MARTIN, GEOFFREY, *The Town (A Visual History of Modern Britain)* (Studio Vista, 1961).

NEWTON, ROBERT, *Victorian Exeter* (Leicester University Press, 1968).

RUSSELL, PERCY, *A History of Torquay and the Famous Anchorage of Torbay* (Torquay Natural History Society, 1960).

SAVAGE, SIR WILLIAM, *The Making of our Towns* (Eyre & Spottiswoode, 1952).

STEPHENSON, CARL, *Borough and Town* (Medieval Academy of America, 1933).

插图、示意图一览表

插图

示意图

索　　引

（索引页码为原书页码，即本书边码）

译 后 记

终于，跟随霍斯金斯先生的步伐，在纸面上和想象中到英伦大地游历了一番。这一番游历，也即是一次古今穿越，上迄公元5世纪中叶英格兰先民到这里定居之前的“远古时期”，下至20世纪50年代英国人在现代城市中生活的“今日时刻”。在此期间，我们越过高地低丘，蹚过河湖海面，走过大街小巷，进过乡村客栈，听过野兽嚎叫，赏过鸟语花香，因而收获了异常丰富的知识，留下了颇为深刻的印象。那引人入胜的，那启发思考的，那感时伤怀的，点点滴滴，莫不让人欣喜。

在这部英格兰景观史中，霍斯金斯不仅用细腻的文字刻画了多彩多姿的景观，而且用大量的图像展示了不同类型的景观，图文并茂，引人入胜。这可能是景观史著作的一大特色吧，而霍斯金斯对这一特色的把握可谓得心应手。

从文字来看，书中的景观描述可说是细致入微，让我们引述一段略加品味。譬如，关于诺曼征服时期英格兰的景观，书中是这样描述的：

> 尽管到诺曼征服时大多数英格兰村落已经有模有样，当然其他许多村落业已消失，但是广大的地区仍保持自然状态，期

> 待着人声唱响。许多地区的原始森林，像肯特郡和萨塞克斯郡的安德里德的大片森林，或米德兰的大森林，仍然“在悄悄地抖掉落叶，萌发新芽，可是却无人驻足观赏，也无人为此感时伤怀。”其他地方，譬如在萨塞克斯郡和肯特郡海岸边，在英格兰东部神秘的沼泽地带，在萨默塞特平原，在低地各处的小块田地，许多这样的景观中只见大群水鸟栖息。内陆地区，特别是遥远的西部和北部，还保留了上百万英亩的石漠荒原，惟有野兽的嚎叫声经常回荡，老鹰和渡鸦自由自在地盘旋。什罗普郡的厄恩伍德村和德文郡的雅恩斯康比村就是对从前某座“老鹰森林”和“老鹰河谷”的纪念。与此同时，位于约克郡西区远方高处利顿谷地上方的石灰岩悬崖，为这些高贵的鸟儿提供了筑巢之处，没过多久，盎格鲁-撒克逊人的安克利夫村就得名于这座“老鹰悬崖”。在那里面一些遥远而僻静的处所，除了风声雨声，只有绝对的寂静笼罩上空。

这一段文字，几乎涉及11世纪初诺曼征服时英格兰各地的景观风貌，其类别包括人类社会的村落、田地，自然世界的森林、海岸、沼泽、平原、荒原、河谷、悬崖，还有经常嚎叫的野兽，自由盘旋的鸟儿。这些丰富的文化与自然元素，一同绘出了特定历史时期英格兰景观的细密画像，后世之人可以透过它们而感知彼时彼地景观之外貌和内涵，尤其是那自然的辽阔与寂静，和着风声雨声野兽声，力透纸背，令人难以忘怀。而这样的文字刻画所体现的不同时期英格兰景观的特色和细节，在书中处处可见，相信读者诸君不难领略、体会。

与文字相辉映，该书第一版所配图像包括示意图总共99幅（2013年版减为96幅），从达特莫尔的中央荒原、罗马大道、盎格鲁-撒克逊时期的农庄、中世纪的渔村和桥梁、伊丽莎白时代的庄园大宅，到议会圈地产生的田地模式、特尔福德所建的运河桥梁、1848年柴郡的克鲁火车站、林肯郡的波士顿教堂与集市、经过规划的城镇等，英格兰各个历史时期的各类景观画面不一而足。作者甚至还用了一幅图来告诉人们，他心目中“地道的英格兰景观”是什么模样。因此，如果说，图像是人类社会活动中最常用的信息载体，是对客观对象的一种相似性的、生动性的描述或写真，那么，霍斯金斯在运用这一载体来承载极其丰富的历史信息时，也力求它们对英格兰景观的描述达到生动、逼真的效果，这是令人钦佩的。

作为一部致力于探讨英格兰景观形成、发展的历史著作，与一般的关于英格兰景观风貌以及整体上研究英格兰地形地貌的作品不同，作者自己对它的定位是，如实地“呈现英格兰景观，竭尽所能解释它到底是如何呈现出当前的模样，那些细节到底是如何添加的，是什么时候添加的”（第一版序），因此，它关注一切已改变自然景观的东西，并极力回溯其背后的历史，力求为英格兰景观框架增添鲜活的内容和细节。这样一来，该书在引人入胜的同时，也启发我们如何更全面、更深入地思考和探讨与英格兰景观形成相关的诸多历史问题。其中对一些的问题探讨、分析，令人印象深刻。这里仅举一例，即霍斯金斯有关敞田制及其塑造的乡野景观随议会圈地运动开展而消失的论述。对此，他特别以北安普顿郡北部的海帕斯顿荒野（Helpston Heath，一译赫普斯通）

为例做了具体剖析。他引述了两位基本上属于同一时代的英格兰诗人的相关描述，从外在和内在于那个世界的角度，谈及局外人和局内人的不同认识和表现；他这样说道：

> 克雷布在《村庄》一诗中也描述了那片荒地，用语有些粗野。毫无疑问，他们都描绘了那里的村民们的艰苦生活，以及一如克雷布所见的其周遭环境的贫穷；但克雷布不像克莱尔，他不是农民，他以局外人的身份理解这里的景象，因而将它描绘得丑陋不堪且令人不适。克莱尔对于那片荒地的看法更真实一些，因为那是作为局内人的农民的见解。他在这里土生土长，是它的一部分。尽管他从没有故意去美化它，或假装它不过是"大自然的荒野"，但克莱尔在其中还是看到了克雷布全然忽视或敌视的东西，并感受到了它们在变化和"改良"到来时出现的损失。

这两位诗人，一位是乔治·克雷布（George Crabbe，1754—1832），一位是约翰·克莱尔（John Clare，1793—1864）。前者出生于英格兰东部萨福克郡的海滨城镇奥尔德堡（Aldeburgh），是外科医生、牧师兼诗人，对于北安普顿郡的乡村海珀斯顿来说，他显然是外乡人或霍斯金斯所说的"局外人"。后者在海珀斯顿出生，成长，与那片由荒野和树林构成的小世界融为一体，"是它的一部分"，并成为了"英格兰历史上最伟大的劳工诗人"[①]，还被认

① 关于今人对克莱尔的评论，参见 Jonathan Bate, *John Clare: A Biography*, New York: Farrar, Straus and Giroux, 2003。

为是“纯粹的农民出身并以农民身份创作的英格兰诗人”[①]。因为与那个地方的关系和身份的不同，所以他们对同一片乡野及其命运转变的态度和感受就判然有别。

上述差异及其产生的缘由，显然是不难理解的，因此不必对之过多地分析。而我在这里转述它们，其实是想强调，霍斯金斯的这种分析和评述启发我们，在研究和讨论某时某地的历史变化，分析变化的影响和得失时，除了需要了解它的外表如何、它的经济系统如何运作、外在的观察者如何描述它之外，更需要倾听身处变化之中的人们的心声，深入了解他们真切的得与失以及面对变化时茫然无措的感受。这种内外兼顾的方式方法，在历史研究中显然是需要倍加重视和普遍运用的。

更需要提及的是，在上述内外兼顾的分析和评述中，自然渗透着作为历史学家的霍斯金斯的忧患意识和人文关怀。这一点，在这部英格兰景观史，尤其是对近现代时期英格兰景观变化的历史叙述中表现得十分明显。而这一点，可能也是作者本人确定历史学家在地质学家构建的景观框架的基础上所应添加的鲜活内容之一。对此，作者在最后一章“现代英格兰的景观”的叙述中多有体现。其中他说到，自 19 世纪末年，“尤其是 1914 年以来，英格兰景观上的每一点变化要么使它变丑了，要么破坏了它的意义，要么两者兼具。”这样的说法，不免让人觉得有几分感时伤怀，甚至有些匪夷所思。然而，它毕竟是作为生于英格兰、长于英格兰

① 陈浩然：《从〈唐璜〉看约翰·克莱尔对拜伦的改写》，《外国语文研究》，2017 年第 1 期，第 32 页。

的英国史家，一位像19世纪的克莱尔那样的“局内人”，在见证自己所生活的20世纪英格兰的诸多变化时产生的真切感受。因此，作为局外人的我们，在谈论这个世纪英国取得的经济、社会建设的巨大成就时，一定不要忘了听一听作为局内人的这位英国同行的凄美心声。

以上所记的，只不过是这些年里我们研读、释译这部著作过程中所感、所思、所获的点滴，其实尚有太多的感受难以尽述，而个中烦恼和苦乐滋味，唯有自知。无论如何，做这项工作是有意义的，而我们对待这项有意义之工作的态度也是认真负责的。别的不说，单单那两百几十条译者注，就是我们额外付出时间和努力的一种反映。

如今，这项迟迟难以圆满完成的工作总算要告一段落。当此之际，特别想说的，即是感谢的话。首先要感谢的，当然是霍斯金斯这位出色的向导，因为他提供了一部了解英格兰景观史的上佳指南，把我们引入巨大无边的知识海洋，使局限于某个领域的我们能到这知识海洋的许多其他层流中去探险、考察和认知。其次要感谢的，是英国爱丁堡大学的狄金森教授、北京大学历史系钱乘旦教授以及清华大学历史系刘北成教授，他们合作主编“英国史前沿译丛”，因而开启了这本书的翻译工作。感谢他们的信任，由我们负责翻译这部历史经典，使我们有机会涉猎以前学习和研究英国历史时几乎未曾涉及的领域和问题。此外，还应该感谢的，就是北京大学历史系的高岱教授，他经常提醒我们如何做好这部历史经典的翻译工作，如何在“理解”和“表达”两方面下功夫。不仅如此，他还给予了很多直接的帮助，包括三校期间对两处翻译“硬伤”的处理，无不体现他的悉心关怀。而他偶尔针对译文中理解肤浅、表达欠妥之处所作的严厉却又合理的评点，更让我们心服，口也服。

最后，还需要说明的一点是，由于本书在讨论景观时仅仅涉及内含威尔士的英格兰，对苏格兰和北爱尔兰的有关情形未置一词，因此，根据高岱教授的建议，将中译本书名定为“英格兰景观的形成”。同时，对书中的 English 或 England 也一律译为“英格兰的”或“英格兰”，少数几处的“Britain”则译为“英国”。

愿细心的读者能从译文的字里行间以及诸多译注中，体会这份翻译工作的艰辛，因而在不经意间发现其中的错漏时，能心怀谅解之美意。作为译者，我们必须向几位极其认真地负责拙译编校工作的朋友表达由衷的敬意。谨以这部译著为我国出版界的老寿星商务印书馆的 120 寿辰献上一份祝福，祝愿这座百年文化老店在繁荣、发展先进文化方面再创辉煌。

译者

2017 年 6 月 27—28 日

图书在版编目(CIP)数据

英格兰景观的形成/(英)W. G. 霍斯金斯著;梅雪芹,刘梦霏译. —北京:商务印书馆,2020
(汉译世界学术名著丛书)
ISBN 978 - 7 - 100 - 18189 - 1

Ⅰ.①英… Ⅱ.①W… ②梅… ③刘… Ⅲ.①英格兰—历史—研究 Ⅳ.①K561.07

中国版本图书馆 CIP 数据核字(2020)第 041254 号

汉译世界学术名著丛书
英格兰景观的形成
〔英〕W. G. 霍斯金斯 著
梅雪芹 刘梦霏 译

商 务 印 书 馆 出 版
(北京王府井大街 36 号 邮政编码 100710)
商 务 印 书 馆 发 行
北京新华印刷有限公司印刷
ISBN 978 - 7 - 100 - 18189 - 1

2020 年 5 月第 1 版 开本 850×1168 1/32
2020 年 5 月北京第 1 次印刷 印张 13
定价:42.00 元